2021年国家社科西部项目《总体国家安全观视域下西北地区公安机关伊斯兰教事务管理法制化研究》的阶段性研究成果（21XZJ009）；

甘肃省2021年度社科规划一般项目《“三全一新”育人理念下专业课教学与思政教育的合力联动教学体系构建研究》的阶段性研究成果（2021YB086）；

2022年度甘肃省高等学校创新基金项目《甘肃少数民族自治地区治理体系现代化研究》的阶段性研究成果（2022A-102）；

2022年度甘肃省人文社会科学一般项目《甘肃少数民族自治地区乡村治理体系现代化国家建构研究》的阶段性研究成果（22ZC05）；

甘肃政法大学2020年度“习近平法治思想与马克思主义法学理论发展”校级专项项目“习近平法治思想的人民性研究”的阶段性研究成果（GZF2020XZX04）。

RESEARCH ON THE CONSTRUCTION OF RULE OF LAW CULTURE

法治文化建设研究

刘建宁◎著

中国经济出版社
CHINA ECONOMIC PUBLISHING HOUSE
·北京·

图书在版编目（CIP）数据

法治文化建设研究 / 刘建宁著. -- 北京 ：中国经济出版社，2024. 10. --ISBN 978-7-5136-7907-7

Ⅰ. D920.0

中国国家版本馆 CIP 数据核字第 20244YR631 号

组稿编辑　崔姜薇
责任编辑　罗　茜
责任印制　马小宾
封面设计　任燕飞

出版发行　中国经济出版社
印 刷 者　河北宝昌佳彩印刷有限公司
经 销 者　各地新华书店
开　　本　710mm×1000mm　1/16
印　　张　17
字　　数　267 千字
版　　次　2024 年 10 月第 1 版
印　　次　2024 年 10 月第 1 次
定　　价　88. 00 元
广告经营许可证　京西工商广字第 8179 号

中国经济出版社 **网址** http://epc. sinopec. com/epc/ **社址** 北京市东城区安定门外大街 58 号 **邮编** 100011
本版图书如存在印装质量问题，请与本社销售中心联系调换（联系电话：010-57512564）

序

Preface

刘建宁博士的新书《法治文化建设研究》即将出版，当他把这一消息告诉我并希望我能为该书作序时，我欣然允命。一则，新书出版，可喜可贺；二则，我与建宁博士相识已十年有余，作为师长，深知他对“做学问”的执着与坚持。早在硕士学习阶段，建宁就已对法治文化显露出了浓厚的兴趣，硕士论文选择了以《我国法治文明建设中人文精神的构建研究》为题，为此，我们多次围绕这一议题促膝长谈，有时甚至争论不休。进入博士学习阶段以后，建宁初心不改，仍然痴迷于“法治文化”的研究，还时常与我沟通交流，所不同的是，他对法治文化的研究思路更加清晰，研究视野更加开阔，对“法治与法治文化”的理解和认识也更加深透。经过不懈努力，最终形成了他的博士论文《中国特色社会主义法治文化建设研究》。如今，这一成果付梓出版，为法治文化研究园地增添了一抹新绿。

在《法治文化建设研究》一书中，开篇伊始，作者便提出了一个发人深思的问题：自党的十五大报告首次提出“依法治国，建设社会主义法治国家”的重大战略任务以来，中国便开启了法治建设的新征程。虽然经过长期不懈的努力，我国逐步建立了具有中国特色的社会主义法律体系，然而，我国的法治建设却步履蹒跚。导致这种现象的原因何在？作者认为，这是由于在当代中国，支撑法治建设的文化精神资源不足，即法治文化支持法治建设的作用没有完全被挖掘出来。法治文化是社会主义法治国家建设重要的文化软实力，是支撑法治社会的精神要素与文化土壤。法治文化支撑法治实践，法治实践检验和丰富法治文化，两者相辅相成，不可或缺。只有在文化层面使法治的价值、原则、制度、结构、功能等不断地获得社会的认同，法治才能具备从精神到行为的转化条件。故而不可低估法治文化在法治中国建设中发挥的作用。由此看来，法治文化建设就成为现代法治文明进程中不能回避的一个重要课题。

法治文化作为一种法治软实力，它既是民主法治建设的重要理论支撑，也是国家治理体系现代化的重要内容，在法治中国建设过程中发挥着不可替代的作用；又是一个具有多元内在结构和丰富深刻内涵的概念。它不仅是一种治理文化，更是一种文化自觉。就国家治理而言，法治文化作为一种治国方略，区别于人治文化；作为一种生活方式，区别于德治文化。就文化实践而言，法治文化作为一种精神力量，源自个体的自觉。基于这一认识，作者对法治文化作出了新的概括：从广义上讲，法治文化是由物质、制度、精神和行为等层面共同构成的一种文化现象和法治状态；从狭义上讲，法治文化是关于法治精神文明成果与法治行为方式相统一的文化现象和法治状态。由此可知，一方面，法治文化是一个国家文化群体中的一员，具有一般文化的功能与属性；另一方面，它又以一种特殊的个体形式存在，具有一般文化所不具有的特殊功能与效用，它在一个国家的法治文明建设中发挥着关键性的导向引领和精神支撑作用。

毫无疑问，法治中国的实现以及国家治理体系的构建和治理能力的提升，都需要科学的法治理论作支撑。法治文化可以为法治政府和法治社会建设提供理论依据。同时，法治文化作为法治建设的精神支撑，只有被广大人民群众理解、认同，才能转化为强大的物质力量，在法治建设的实践中发挥积极的作用。加强法治文化建设的研究，对于马克思主义法治理论的探索，对于拓展和深化治国理政理论和社会主义法治理论，有着十分重要的意义。

改革开放以来，尤其是 1997 年党的十五大明确提出“依法治国，建设社会主义法治国家”的历史性决策以后，法治建设和“依法治国”的研究成为学术界关注的重要课题之一。而真正对法治文化高度重视并使其成为研究热点，应该是党的十八届四中全会之后。2014 年 10 月 10 日，党的十八届四中全会召开，通过了《中共中央关于全面推进依法治国若干重大问题的决定》，首次将“建设社会主义法治文化”写入中国共产党的纲领，“法治文化”这一概念就此正式进入国人的视野。学术界抓住这一有利契机，掀起了关于法治文化研究的热潮，产生了许多极有学术价值的研究成果。然而，纵观这琳琅满目的研究成果，针对法治文化内涵、特征、建构路径等方面的研究相对较多，大多数研究者主要探讨的是法治文化或与法治文化相关的理论方面的问题，以及在“法律—制度”的范式中，探究法治文化建设的问题与方法，对法治文化内部结构之间的逻辑关联的研究，则明显不足。

建宁博士的《法治文化建设研究》一书，以社会主义法治文化为核心概念，综合运用马克思主义理论以及中共党史、政治学、社会学、历史学、法学等多学科的基本理论和方法，着眼于整体把握，对法治文化的基本问题进行了较为系统的研究。在坚持以服务法治中国建设和民族复兴的中国梦为任务导向，以解决中国转型时期亟待解决的法治建设为问题导向，以中国现实国情出发为条件导向，在受中国历史传统和世界文明样式影响的历史文化导向的基础上，以法治文化建设为主题，以法治文化的四个层面——物质层面的法治文化、制度层面的法治文化、精神层面的法治文化和行为层面的法治文化之间相互促进、相互融合为理论逻辑重点，围绕法治文化是什么、为什么要建设法治文化以及如何建设法治文化等问题展开研究，完整梳理和呈现了法治文化起源、探索和确立的历史发展脉络，总结了中国法治建设的经验和教训，深入细致地分析、论述了法治文化建设体系内部的逻辑关系，提出了法治文化是一个“包括物质、制度、精神和行为的有机整体”，法治文化正是“通过法治器物标识的力量、制度的力量、精神的力量和行为规范的力量的良性互动，推动着法治建设的进程，实现法治中国的目标”的基本观点，并在此基础上进一步提出了法治文化建设的基本原则、对策和运行机制，在一定程度上填补了学术界在这方面研究的不足。

希望建宁博士的新作《法治文化建设研究》能够成为研究法治文化建设的扛鼎之作；希望建宁博士在法治文化建设的园地里深入耕耘，结出更多丰硕的成果。

谨此为序。

胡金野

2024 年 6 月 30 日于金城

目　录
Contents

导 论

一、选题背景

依法治国战略在中国实施以来，法治建设就成为时代的基本语境。从法治发展的历程来看，依法治国战略早已被写入《中华人民共和国宪法》，并已成为国家的治国方略，但法治建设却遭遇到一些窘境和困惑，如受人治传统浓厚、人们权利意识淡薄、社会中人文精神和契约精神缺失等因素影响，加上理论准备不足、方法论失误以及实践过程中存在的急功近利等缺陷，直接导致了我国的法治建设之路走得极其艰辛。

为何中国的法治体系已经建立，而法治建设却一直在步履蹒跚地前行，中国法治建设问题的症结在哪里？这是因为当代中国支撑法治建设的文化精神资源不足，即法治文化支撑法治建设的作用没有被完全挖掘出来。在全球化背景下，法治文化是在社会主义现代化建设过程中逐渐生成的，既是社会主义法治国家建设重要的文化软实力支柱，又是支撑法治社会的精神要素与文化土壤。法治文化在法治中国建设中发挥的作用不可低估。要理解法治在一个国家的意义，充分发挥其运作的价值和规范功能，最重要的是法治文化的丰富与发展，而这种法治文化却时常得不到人们的足够重视。

党的十五大报告首次提出“依法治国，建设社会主义法治国家”的重大战略任务，中国开启了法治建设的新征程。法治在其发展过程中，不仅要具备主体支撑、体制基础，而且需要一定的文化基础与之相适应。法治“更重要的是要致力于改变意识形态、获得文化霸权”。[①] 当依法治国上升为治国方略时，法治文化就与法治建设形影不离，法治文化支撑法治实践，法治实践检验和丰富法治文化，两者相辅相成。只有在文化层面，法

① ［日］川岛武宜．现代化与法［M］．王志安，等译．北京：中国政法大学出版社，1994：7“法律秩序的传统与创新”（代译序）．

治的价值、原则、制度、结构、功能等不断地获得社会认同，法治才能具备从精神到行为的转化条件。在理论上，一个社会文化的发展与国家治理方式的关系是或然的，并不是必然的正相关关系。但是，如果要实现法治，必须有与法治要求相适应的法治文化。

党的十七届六中全会作出的《中共中央关于深化文化体制改革、推动社会主义文化大发展大繁荣若干重大问题的决定》，提出要建设社会主义文化强国的宏伟目标。法治文化是社会主义文化的重要组成部分，繁荣发展法治文化具有重要的战略意义。党的十八大进一步提出要使文化软实力显著增强，“社会主义核心价值体系深入人心，公民文明素质和社会文明程度明显提高。文化产品更加丰富，公共文化服务体系基本建成，文化产业成为国民经济支柱性产业，中华文化走出去迈出更大步伐，社会主义文化强国建设基础更加坚实”。①

2012 年 12 月，习近平总书记在首都各界纪念现行宪法公布施行 30 周年大会上发表重要讲话，他指出：“我们要在全社会加强宪法宣传教育……弘扬社会主义法治精神，努力培育社会主义法治文化，让宪法家喻户晓，在全社会形成学法尊法守法用法的良好氛围。”② 2013 年，党的十八届三中全会作出了“建设法治中国、推进国家治理体系和治理能力现代化”的重大战略部署。2014 年，党的十八届四中全会在中国共产党历史上第一次作出了《中共中央关于全面推进依法治国若干重大问题的决定》（以下简称《决定》），提出了“全面推进依法治国，建设中国特色社会主义法治体系，建设社会主义法治国家”③ 的总目标，对法治建设进行了专题阐述和部署，释放出党中央更加重视法治建设的重要信号。《决定》中提到“必须弘扬社会主义法治精神，建设社会主义法治文化……使全体人民都成为社会主义法治的忠实崇尚者、自觉遵守者、坚定捍卫者”。④ 这

① 胡锦涛：坚定不移沿着中国特色社会主义道路前进　为全面建成小康社会而奋斗——在中国共产党第十八次全国代表大会上的报告［M］. 北京：人民出版社，2012：17.

② 习近平 . 在首都各界纪念现行宪法公布施行 30 周年大会上的讲话［N］. 人民日报，2012-12-05（2）.

③ 本书编写组 . 中共中央关于全面推进依法治国若干重大问题的决定（辅导读本）［M］. 北京：人民出版社，2014：4.

④ 本书编写组 . 中共中央关于全面推进依法治国若干重大问题的决定（辅导读本）［M］. 北京：人民出版社，2014：26.

是我们党首次将“建设社会主义法治文化”写入全会决定，体现了对法治文化建设重要性的深刻认识和科学把握。此后，党的十九大报告又提到：“加大全民普法力度，建设社会主义法治文化，树立宪法法律至上、法律面前人人平等的法治理念。”[①] 总体来看，尤其从法治文化产生的社会背景来看，其兴起的原因有以下几个方面：

一是随着依法治国方略的持续推进，法治文化与法律文化、德治文化的交错，严重地制约甚至在一定程度上可能动摇法治的根基，尤其是在我国社会转型期，面对多发、复杂的社会矛盾，人们对法治的认识既可能偏向法律工具主义，也可能导向法律虚无主义。由于文化不自信、不自觉或归属感的迷失，法治理念无法深入人心，导致人们无法树立对法律的信仰。

二是我国法治文化的历史演进具有相当的复杂性，既植根于中国传统文化的“礼法合治”思想中，又受到苏联无产阶级专政法律思想和西方自由主义法律思想的影响，尤其当今学院派学者极力推崇西方法治模式，必然面临着法治的普遍原则与具体国情的适应性问题，因此，我国法治文化当属执政者的一种回应，也算是官方对我国所要坚持和推广的法治文化的“正名”。

三是市场经济的不断深化引起社会阶层分化，由此形成刚性的利益格局和“马太效应”，阶层流动困难、贫富分化加剧、民众幸福指数下降、制度性资源失衡、社会腐败现象丛生等一系列问题，引起了人们对经济建设过程中“公平正义”危机的极大关注。上述问题严重地损害了人们对法治的信仰，如果不能将“公平正义”作为社会治理创新的核心价值，并通过法治的途径予以切实践行，则必然会危及我国经济建设的成果，因而，法治文化为促进经济与社会发展提供了一个全新的视角，这也是我国为实现“文化强国”战略的一种具体表现。

法治文化在产生、发展的过程中，类同于其他文化的产生式样展现在世人面前。先是有了法治的出现，以及法治在形式与实质上的表现，相当于一种实实在在的事物出现在人们面前，在法治的背后必定是支撑它的一种强大的文化势力，作为一种现实的存在，法治文化成为一种学术界和当政者都重视的文化现象，其产生的势能会促进当下社会，乃至整个国家法

---

① 习近平．习近平谈治国理政（第三卷）［M］．北京：外文出版社，2020：30.

治的建设，而且其发挥的作用对于法治建设而言是决定性的。

基于此，关于法治文化的课题研究成为学术界关注的焦点，尤其法学研究者基于各种视角给出了深度各异的诸多解释。法治文化既是一门全新的理论科学，也是一个全新的法治实践。当人们初次接触这个问题时，首先面对的便是如何理解这个概念。不仅是法学界的专家，就连长期从事法律职业的工作者和政府公职人员，也都经常询问“法治文化是什么?”尤其在中国，法治文化的研究虽然经过了多年的积累，但是至今这一问题仍未得到很好解决并达成共识。从我国学者的论述来看，尽管他们对法治文化的研究方向各不一致、各有侧重，但是所有研究论著都不约而同地涉及了如何理解、界定法治文化的概念及内涵，如何选择法治文化建设的路径等方面。从国内近十年的研究情况来看，学者以认真、严肃的态度，根据对法治文化的理解，从不同的角度来力图科学地探求法治文化的真实内涵。

本书运用马克思主义基本理论和观点，并借鉴社会学、历史学、政治学、心理学、法学等学科知识，创新法治文化建设理论，结合我国实际提出法治文化建设之路，为理论界及各级政府和组织提供法治文化建设理论支持。法治文化发展的一般规律是与中国法治发展的特殊规律结合在一起的，法治文化不是“世外桃源”，它是人类进入中高级文明社会的表现，目前处于社会无序、受压迫状态下的国家不敢奢谈法治，更不要说法治文化。中国要在特殊的法治外来文化嵌入的状态下进行法治建设，就要摒弃那种全盘照搬西方模式的陋习，采取“取其精华，弃其糟粕”的态度，把法治文化发展的一般规律与中国实际相结合，创新我国法治文化建设的特殊规律。秉持这一点，我国的法治文化才能在科学化的道路上昂首前进，有力促进法治中国建设大业。

二、研究意义

法治文化建设作为一个时代课题，其实质是涉及法治文化能否正确传递、接受和认同，并进而影响法治体系能否顺利运行；法治国家、法治政府、法治社会“三位一体”建设能否形成；法治中国的目标能否实现的大问题。研究法治文化建设的理论自觉在于对当代法治中国建设的现实回应，是为更加有效地培育法治文化提供相关学理支撑。具体到本书，无论是对马克思主义法治理论的探索，还是对法治文化的培育都很重要，通过一定的视角对法治文化进行相关理论研究，可以成为其新的理论增长点，对于法治文化理论体系的进一步丰富与深化，具有重要的现实意义。

（一）理论意义

一是充实和完善社会主义法治理论。法治中国的实现需要科学的法治理论支撑。党的十八届四中全会提出了全面推进依法治国的战略决策，就是建设社会主义法治理论的时代回应和现实实践。现代法治从实质上看，就是法律治理的现代化阶段，现代法治成为几乎所有后现代国家所追求的一种治理状态，一定有其内在的原因。改革开放以来，法治建设取得了举世瞩目的成就，相应的法治理论却发展较慢，虽然学术界一直在不同层面上进行法治理论研究，并就一些法治理论展开了研讨，然而这一行动并没能随着中国法治建设深入而获得相应的发展。新时期，随着建设法治中国目标的提出，对法治理论建设提出了新的更高的诉求，本书借助多学科范式对法治文化建设进行探讨，借此推进法治理论向科学化靠拢，并将其作为法治文化建设的理论资源，进而充实和完善我国法治理论。

二是有助于推进国家治理体系和治理能力现代化。国家治理现代化的主要标志是全面贯彻落实依法治国基本方略，用“法治精神”来构建“国家治理体系”和提升“国家治理能力”，为全面深化改革提供所要求和相适宜的制度土壤。而法治文化是民主法治建设的重要理论支撑，是国家治理体系现代化的重要内容。实现民主既需要依靠制度和机制，也需要法治文化的支撑，法治是民主的前提，民主是法治的目的。在现实的民主法治建设中，民主从来离不开法治，法治作为一种国家治理的方式，必然依靠法治文化的软实力来支撑。本书在对法治文化进行研究的基础上，探索我国法治文化建设的重要路径，由此形成法治文化建设道路的有机内涵和创新维度，有助于推进国家治理体系和治理能力现代化。

三是反映马克思主义中国化时代化大众化的本质属性和要求。法治文化是法治建设的文化软实力及力量支撑，法治文化理论研究成为马克思主义中国化的重要内容。目前中国正发生着大规模的社会转型，在可预见的几十年中还会持续进行下去，当前的社会是一个法治社会，法治文化只有为广大人民群众所理解、所认同，才能转化为强大的物质力量，在法治实践中发挥作用。大力推进法治文化的大众化，就是要用这一理论支撑中国式现代化建设，在实践中不断发展创新，运用丰富的法治文化理论指导实践。因此，对法治文化的研究既丰富和发展了社会主义先进文化理论，满足了新时代中国法治建设对发展先进法治文化的需要，又对法治文化认同、传承工作具有重要的指导意义。

此外，法治文化研究对中国特色社会主义理论体系的丰富和发展，对百年法治中国梦的实现，对拓展和深化中共党史与社会主义法治的研究具有重要的理论意义。在各种矛盾、利益冲突相互交织的背景下，中国如何实现中华民族伟大复兴的中国梦，以及如何早日实现法治中国的法治梦，这是包括法学家、社会学家、政治学家等在内的社会群体共同关注的话题。

（二）实践意义

一是有助于解决中国当下法治进程中的难题。解决中国当下问题有必要对社会主义法治文化进行深入研究。当前，我国在社会主义建设中出现了一些稍显不和谐的现象，如规避法律惩罚的投机行为、司法领域腐败、严重的环境污染等，无一不对我国法治建设带来挑战。为了解决我国当下诸多社会问题，迫切需要弘扬社会主义法治精神，培育社会主义法治文化，运用法治思维和法治方式，实行法治化管理，建设法治中国。法治文化将法治的规范功能与文化的教育目标有机融合在一起，对于激发市场经济活力，建设社会主义政治文明、繁荣社会主义文化、培育社会主义和谐社会、建设社会主义生态文明，具有积极的意义。

二是有助于法治文化功能的发挥。社会法治秩序得以形成的重要前提是具有植根深入的法治文化，加强对法治文化建设的研究，对于维护国家的政治稳定，促进国家的经济、政治、文化、社会和生态文明的健康协调发展，具有重要的现实意义。本书的研究能够为党和政府制定政策、实施改革措施等提供理论依据和评价参考。经济发展遭遇信用危机、缺乏契约精神，文化软实力作用微小、法治信仰缺失，社会不和谐因素泛滥，人与自然的关系紧张等都是威胁我国法治建设的障碍。加强对法治文化建设的研究，可以更准确地为党和政府在法治国家、法治政府和法治社会建设决策中提供理论依据、评价参考和智力支持，更充分地发挥法治文化的作用，夯实法治建设的底蕴和根基，使“依法治国”真正发挥实效。

三是有助于推动法治文化向现代化转型。现代化需要法治文化的软实力支持。我国的法治文化脱胎于中国传统文化之上，导致法治文化结构松散，网格化、系统化的法治文化发展受阻，导致法治文化在服务法治中国建设中力量不足，也就同时阻止了其向现代化转型。中国经过了长期的法治实践，无论是法治发展水平较高的城区/市区，还是法治发展水平相对较低的乡村地区，法治发展中不和谐的因素仍然存在。就中国现状而言，法治无论是作为一种治国的方略，还是作为秩序的结果，都不是一种简单的制度性建构，它必须有一种社会文化伦理——法治文化作为精神支柱。因此，研究法治文化建设，重在考虑其发展的远景目标，即通过法治中国建设，在中华人民共和国成立一百年时建成富强民主文明和谐美丽的社会主义现代化强国，走向法治文明。①

三、研究综述

“问题”是时代的声音，“对象”是学术研究的基点。法治文化作为一种重要的社会文化现象，在长期的实践中形成了富有中国特色的内容和表现形式，理所当然成为中国特色社会主义先进文化的重要组成部分。长期以来，关于法治文化研究的著述繁多，理论成果丰富，为我们进一步探索法治文化建设之路提供了翔实的历史文献资料。本书立足我国法治现状，以法治文化的构成要素和培育逻辑为考察“对象”，以法治实践中存在的“法治文化”缺失问题为导向，以此来综合评述国内外已有研究成果，旨在为法治文化建设研究提供理论基础和研究的着力点。

（一）国外研究现状

现代意义的法治源于西方，最早可追溯到古希腊时期，西方法治文化

① 法治文明在内涵上是指人类在改造社会和自身进步过程中，在法律制度方面取得的成果。在外延上，法治文明包括各种法律制度，体现为法律制度由非理性化状态向理性化状态进化的动态过程。（范进学，夏泽祥，秦强．法治文明论［M］．北京：中国经济出版社，2008：23.）法治文化与法治文明存在天然耦合的关系，两者既有共性与联系，也有差异与区别，相互渗透，相辅相成。即法治文化是培植法治文明的根基，法治文化的传承与弘扬，推进了法治文明建设的进程；法治文明建设的进程，又丰富了法治文化的时代内涵。从发展理念上看，法治文化与法治文明发展理念同样应深刻融入和全面贯穿经济、政治、文化、社会和生态文明建设各方面和全过程。从社会形态上看，法治文明作为人类社会发展的一种更高级、更复杂、更进步的社会形态和发展阶段存在；法治文化作为法治文明社会中的最本质的核心要素，是法治文明时代以社会主义核心价值观为根本向度的主流文化，它服务于法治文明社会，为建设法治文明提供强大的发展动力。

是经历过多次的碰撞、冲击后积淀下来的。西方学者对法治文化进行了多角度、多层次的研究，其研究具有时间跨度长、内容丰富等特点。

从古代起，法律与权力之间的关系问题就成为西方社会人们争论的焦点，而这恰好奠定了法治观念的基础。法律思想与社会实践的斗争与融合所达到的历史积淀经过了漫长的社会发展，最终形成了法治的治国理念。学界普遍认为，法治思想的起源可以追溯到古希腊时代，缘由是朴素自然法观念和原始宗教是古希腊人思想意识中最早的存在。在西方，法治是由古希腊雅典的毕达库斯最早提出的，而法治的概念总结，最早是由古希腊的亚里士多德在其著作《政治学》一书中阐述的。古罗马的思想家们受古希腊法治思想的影响，强调法律具有至高无上的权威。

随着时代的进步，到资产阶级革命时期，在启蒙思想家的宣传下，法治的理念深入人心，孟德斯鸠的《论法的精神》、洛克的《政府论》等，都在潜移默化中影响着人们法治理念的萌芽和成熟。19 世纪末，从现代法治意义的角度，英国法学家戴雪在《英宪精义》中提出了法治的三项著名原则，其主要内容包括："巴力门的主权""法律主治""宪法与宪典的联络"。之后，拉兹、戴维、狄骥、哈耶克、昂格尔、罗尔斯等一大批法学家或思想家著书立论，从不同的维度阐述法治的内涵及价值意蕴，极大地丰富了法治理论的内容。在现代，法治已经成为政治文化研究的重要组成部分。从法治文化的价值和基本功能看，在法治理论研究中，一般可将法治划分为形式法治与实质法治。随着全球化的迅速发展，特别是经济一体化的演进，两大类型的法治组成形式不断进行自然融合，出现了从形式法治向实质法治转化的发展趋势，其主要内容和精神已没有根本区别。而在当代，法治理论研究的发展趋势已变成了整合和超越这两类法治，实现二者整合——寻找建立新型的法治模式，发展新型法治文化，演进为当代法治理论研究的新课题。

就西方文本而言，法治文化的命题出现于 20 世纪 70 年代，那些新文化干预主义者是美国激进的批判法学者和受到西方教育的非西方学者。他们认为，没有文化的先决条件，没有大批的人相信法律的价值，法律就不能够发挥实效。新文化干预主义者希望创造一种法治文化，在那里人们都开始相信法律制度的价值。法治就是一组制度性的文化，法典就是普通人的习惯、行为和信仰的表达。他们于 2007 年在提交给美国国际发展总署的报告中宣称："提升法治来改变文化，最终达到新的制度。没有对法治理念广泛的文化认同，法院只是房屋建筑，法官只是公共雇员，宪法只是空洞纸片。"具体地说，他们首先把文化设定为"意识"，文化是精神的世界，是个人拥有的有意识的价值和信仰；其次，文化是"类似于法律的规则"，文化是行为的世界，是一套社会规则，它能够带来行为的改变，让人们的行为朝着规范和合理可预期的方向改变。①

对于西方法治文化的核心内容，大多数西方学者认为是尊重和保障人权。在西方法治文化中，法的出现就是为了保障权利，法律与权利具有一定的内在关联，权利是主观的法律，法律则是客观的权利。西方学者认为法治文化在功能上具备很强的传导性和教化性。法治文化的传播途径多种多样，政府推动的普法式传播、体现法治理念的法治设施和法治载体都是传播的途径。

（二）国内研究概况

法治文化是法治中国建设的文化底蕴，是提升中华民族凝聚力和创造力的力量源泉，是推进国家治理体系和治理能力现代化的法治软环境保障。学术界对政治文化的研究时间较长，而对法治文化的研究是在党的十五大召开之后才逐步兴起，所以不管从哪方面说，对法治文化的研究要滞后于对政治文化的研究。众所周知，对法治文化首先发声的是法学界，应该说在过去的十多年里，不管是对法治文化含义的解释，还是对法治文化建设实践的总结之类的众多理论成果，我们都是从法学家那里知悉的，对于法治文化建设研究来说，这是不利的。近些年来，学术界对法治文化建设的研究在多元拓展和多维探索。本书拟以改革开放以来各界对法治文化的研究轨迹为观察视野，着重从以下几个方面进行考察：

一是通过对研究法治文化的基本状况进行梳理，明确既有研究现状的基本情况，从而来判断本书选题的必要性。

二是通过对法治文化研究的主题和范畴进行评述，分析研究理论的进展，为本书的选题进行可行性论证。

三是对中国知网收录的以法治文化为研究题目的博硕士论文进行分析，明晰学位论文选题的眼界和研究成果，以此来判断本书研究方法的可行性。

① 徐爱国．从法律文化到法治文化［N］．人民法院报，2012-02-17（5）．

1. 我国法治文化研究的基本状况

改革开放以来，法治文化一直是学术界关注和研究的重大课题之一。21 世纪以来，“法治”这个词被叫得越来越响亮，法治文化的研究也越来越热。一是研究论文与文章的大量发表。进入 21 世纪的 20 多年，关于法治文化的论文和文章大量发表，保守估计不下 10 万篇。近年来，实务界与学术界的不少人士参与到法治文化的研究中，还有一些博士、硕士论文专门研究法治文化。二是研究著作陆续出版。从 1994 年梁治平出版的《法律的文化解释》一书到 1999 年刘作翔的《法律文化研究》问世，这两部著作开了我国法治文化研究的先河。截至目前，成百上千的著作围绕着“法治文化”主题展开研究。这些著作的问世，初步厘清了中国法治与法治文化研究的界限，从此，法治文化研究步入了“快车道”。三是研究机构逐渐增多。这些研究机构的相继成立，既为法治文化的研究奠定了深厚的人才基础，也有力推动了对法治文化的深层次研究。四是研讨会、座谈会和论坛频繁举办。尤其自党的十八届四中全会召开以来，各种形式、级别的研讨会、座谈会和论坛的举办，进一步促进了对“法治文化”的研究。五是网站、专栏与专刊相继创立。随着信息技术的发展，从政府到学校，都非常重视运用网站、专栏与专刊展示法治文化信息，进行法治文化研究成果交流。六是专题征文、讲座等学术活动常态化开展。全国范围内的“法治文化”主题征文活动相继举办，有关法治文化的讲座也在全国各地政府、司法机关和院校中频繁举行。

2. 学术界对于法治文化的多角度研究

党的十五大报告提出了“依法治国，建设社会主义法治国家”的历史性决策。党的十五大以后，党的几代中央领导集体创新发展了依法治国理论，使法治在中国社会的影响力日益提高。党的十八届四中全会首次将“建设社会主义法治文化”写入党的纲领中，法治文化这一概念也正式进入国人的视野。

21 世纪以来，关于法治、法治文化的研究已逐步成为学术热点，当然法学界是杰出的代表，没有法学界在法治文化理论上奠定的基础，我们对法治文化不会有如此深入的认识。刘作翔教授曾对法治文化进行过阐述，认为法治文化是一个包含正向价值的法律文化。这一观点得到学者的普遍赞同，这也从基础概念上为我们认识法治文化奠定了基础。

（1）关于法治文化的概念和含义

龚廷泰认为："法治文化是基于人性的需求而产生的。所谓法治文化，是指一个国家或地区的全部法律活动的产物和结晶，既包括法治意识，也包括法律制度、法治实践，是人们从事立法、执法、司法、法律监督等各种法律活动的行为模式、传统和习惯。法治文化的结构可以分为理念、制度和实践三个层面。其中，理念是制度的先导，制度是理念的固化。"①

李林认为："在我国语境下，'社会主义法治文化'一词，实质上是指中国特色社会主义法治文化。对'法治文化'可作出广义和狭义的界定。可将社会主义法治文化分为精神文明成果、制度文明成果、社会行为方式三个层面，并进行了四个向度的比较，将之定性为社会主义性质法治文化，定位为中国特色的法治文化，阶段向度上属于社会主义初级阶段法治文化，国际向度上属于植根于中华法系文化传统的法治文化，同时又吸收搬用了以苏联为代表的社会主义法系的大量内容，借鉴了英美法系和大陆法系的法治文化传统，极大地丰富了我国法治文化的内涵，拓展了我国法治文化的外延和空间，使之在当代世界主要法系中越来越呈现出'混合法系'的法治文化特征。"②

刘作翔将法治文化纳入文化观的视野，认为文化观可分为广义、中义、狭义三种（见图 0-1），而法治文化应取中义，因为法治文化应该包括法律制度结构和法律观念结构，离开这样一个法律制度结构和法律观念结构来谈法治文化是有缺漏的。③

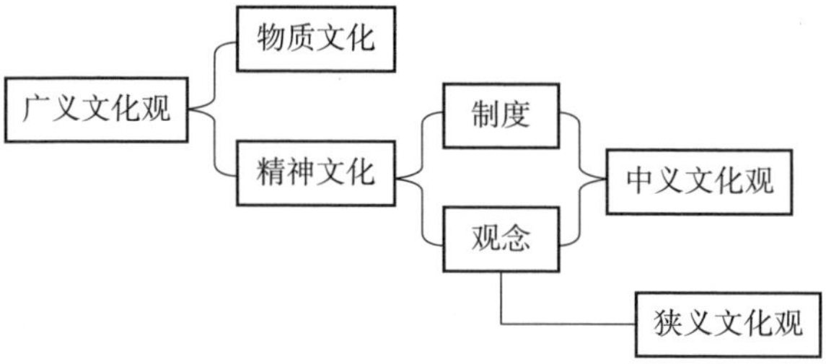

图 0-1　文化观的三个层面

---

① 龚廷泰．法院文化建设的最高境界：追求司法的真善美［J］．中国审判，2012（1）．

② 李林．社会主义法治文化概念的几个问题［J］．北京联合大学学报（人文社会科学版），2012（2）．

③ 刘作翔．法治文化的几个理论问题［J］．法学论坛，2012（1）．

缪蒂生认为："法治文化是社会物质生活条件决定的，经过长期历史积淀而成的共识性的法治价值观，以及由这种价值观支配的法律规范和法治实践活动的总和。与其他类型的法治文化相比，中国特色社会主义法治文化具有鲜明的特征：一是社会主义性；二是历史传承性；三是与时俱进性；四是思想开放性。"①

王金霞认为："当代学界至少在三种意义上使用法治文化概念。第一种是作为领域或对象的法治文化概念，第二种是作为方法的法治文化概念，第三种法治文化概念强调法治文化的整体意蕴。"②

刘斌认为："法治文化是指融注在人们心底和行为方式中的法治意识、法治原则、法治精神及其价值追求，是一个法治国度的法律制度、法律组织、法律设施所具有的文化内涵，是人们在日常生活、工作中涉及法治的行为方式，是人们的法律语言、法治文学艺术作品和法律文书中所反映和体现的法治内涵及其精神。法治文化的内涵主要包括法治的基本理念、基本关系和基本理论，法律制度文化，法律组织文化，法治设施文化，法治行为文化，法律语言与文本文化。"③

李德顺认为："法治文化不是一个部门性的二级文化概念，而是一个社会整体性的一级文化概念。法治国家和法治社会必然要有自己的法治文化。中国特色社会主义法治文化，是指以依法治国为原则、以建设社会主义法治国家为目标的法治理念，在社会生活各个领域、各个层面得到充分贯彻，以法治为特征的物质文化、精神文化的全面生成。"④

刘雁鹏认为："中国特色社会主义法治文化是社会主义法治理论和法治实践的集中反映，它是在吸收和借鉴中西方法律思想的基础上，结合我国的特殊环境和体制而形成的。"⑤

张文显教授把当代中国社会主义法治的文化内涵概括为十个方面（十个核心要素），即"规则文化、程序文化、民主文化、共和文化、人权文

---

① 缪蒂生．论中国特色社会主义法治文化［J］．中共中央党校学报，2009（4）．
② 王金霞．论当代中国的法治文化概念［J］．中国政法大学学报，2014（1）．
③ 刘斌．法治文化三题［J］．中国政法大学学报，2011（3）．
④ 李德顺．法治文化论纲［J］．中国政法大学学报，2007（1）．
⑤ 刘雁鹏．中国特色社会主义法治文化的构成要素［J］．社会科学家，2014（11）．

化、自由文化、正义文化、和谐文化、理性文化、普适文化”。[①]

此外，近年来国内关于法的文化研究日益兴起，形成了一批重要的学术科目和理论概括，如“法文化”“法学文化”“法律文化”“法制文化”“法治文化”和各个司法部门的专业文化（“法官文化”“律师文化”等）。这些基本上是由法学界提出的拓展型概念和命题，反映了我国法学学科正在转向为与人文学科紧密交叉的开放性研究，大多还处于对文化的狭义理解层次，表现为总体上还是单纯在法的范围内谈文化，较多地注重法学理论或法律文献自身的思想、语言及其历史发展等方面；对于涉及社会现实的研究，则局限于具体的实践形式，保持着部门分列的研究方式，尚未针对社会现实形成整体性的、统一的文化理念及其表达形式。因此这些研究难以在法学和司法领域之外产生更大的影响，未能在更广泛的社会层面引起应有的共鸣。

对法治文化的概念和内涵进行研究的文献主要有：俞荣根著《文化与法文化》，法律出版社 2003 年版；刘作翔著《法律文化理论》，商务印书馆 1999 年版；梁治平著《法辩：中国法的过去、现在与未来》，贵州人民出版社 1992 年版；梁治平著《寻求自然秩序中的和谐：中国传统法律文化研究》，商务印书馆 2013 年版；李林《中国语境下的文化与法治文化概念》，载《新视野》2012 年第 3 期；李林《社会主义法治文化概念的几个问题》，载《北京联合大学学报》（人文社会科学版）2012 年第 2 期；王若磊《法治文化之要义及其在当代中国语境下的建构》，载《理论与改革》2013 年第 4 期；李德顺《法治文化论纲》，载《中国政法大学学报》2007 年第 1 期；云书海、秦娟《法治文化的内涵解析》，载《河北青年管理干部学院学报》2012 年第 6 期。

（2）关于法治文化的比较研究

大多数学者对法治文化与人治文化、德治文化、法律文化等概念进行了比较研究。梁平认为：“人治文化是一种官本位的‘权力—个人决定’型治理文化，而法治文化则属于个人权利本位的‘权利—法律保障’型治理文化，二者的根本区别不在于权力是否存在、是否存在着治理国家的规

① 张文显．法治的文化内涵——法治中国的文化建构［J］．吉林大学社会科学学报，2015（4）．

则，而在于规则形成于权力主导下的个别意志还是社会共同意志形成规则并对权力予以规制，以及当个人的意志与规则相冲突时应以哪一个作为行为准则。人们对此分别达成的普遍性共识，便形成了人治文化与法治文化的分野。”①

刘斌认为：“法律的表征是条文、强制性规范，法治的表现形式是法的统治、是一种社会治理模式，法律是实现法治的前提，法治的基础在于有较为完备的法律。法律文化是法律在起源、制定、实施、演变、沿革过程中所具有的文化内涵和所体现的精神风貌，法治文化是法治社会呈现出来的一种文化状态和精神风貌。法治文化与法制文化的联系与区别要从法治与法制二者的联系和区别中找寻。‘法律’‘法制’与‘法治’含义的不同，必然带来‘法律文化’‘法制文化’与‘法治文化’内涵的差异。”②

对于法治文化与德治文化，梁平认为：“‘依法治国’与‘以德治国’是我国官方关于治国方式的两种表达，实际上反映了我国的社会结构所孕育的文化土壤与法治文化或德治文化的内在联系。两者的区别在于：一是法治文化以法律规范作为行为评判依据，法律规范是法治的直接依据，要求法律规则具有明确性和稳定性；而德治文化则以道德作为行为评判依据，经验法则作为道德标准的主要来源，使得道德标准具有模糊性和易变性。二是法治文化的威慑力源于法律，强调外在强制与内心自觉并举；而德治文化的威慑力源于内心，主要发端于内心自觉。三是法治文化的权利义务具有法定性、对等性，主张对自然正义追求的制度性，包括物质文化和精神文化；而德治文化主要强调道德义务，实际上是加重了义务，其对真善美的追求具有朴素性，主要体现为道德观念而不包含物质文化。四是法治文化本质上属于政治文明范畴，表现为政治建设；而德治文化则属于精神文明范畴，表现为思想建设。”③

对法治文化的意蕴进行比较研究的文献主要有：张中秋著《中西法律文化比较研究》，法律出版社 2009 年版；梁漱溟著《东西文化及其哲学》，商务印书馆 2010 年版；范忠信著《中西法文化的暗合与差异》，中国政法

① 梁平．语义与实践：中国特色法治文化及其建设进路探究［J］．法学杂志，2013（3）．

② 刘斌．法治文化三题［J］．中国政法大学学报，2011（3）．

③ 梁平．语义与实践：中国特色法治文化及其建设进路探究［J］．法学杂志，2013（3）．

大学出版社 2001 年版；崔永东著《中西法律文化比较》，北京大学出版社 2004 年版；张波《论当代中国法律文化的多样性及中国特色法治文化的生成》，载《南京社会科学》2001 年第 11 期；陈仲《法律文化与法治文化辨析》，载《社科纵横》2009 年第 9 期。

（3）关于法治文化建设及路径研究

刘作翔认为："法治文化建设，是建立在深入理解法治文化的基础之上，法治文化建设就是制度性文化建设和观念性文化建设的结合和互动。我们既应该高度重视法律制度的建设，也要高度重视对公民观念的塑造和提高。制度性文化建设和观念性文化建设就是我们所说的法治文化建设。"①

刘斌认为"法治文化的研究范畴主要包括法治理念文化、法律制度文化、法律组织文化、法治设施文化（物质）、法治行为文化、法律语言与文本文化六个方面。"②

法治文化建设的任务是由法治文化的障碍决定的。李德顺认为："我国历史上是一个由人治文化主导，缺少民主和法治传统的社会。人们的思想观念、心理习惯、行为方式等还有许多旧的传统烙印，这些不利因素有一个共同特征，就是以人治的眼光看待法治，以人治的思维构建法治，以人治的方式实行法治。人治化的主要表现有三，即将法治单纯地形式化、手段化、部门化。这是我们目前面临的最大思想障碍，是法治文化建设必须解决的任务之一。"③

应深入掌握现阶段中国特色社会主义法治文化建设的特殊规律。李林认为："法治文化的规律特征包括以下几个方面：一是导向上的政治性。应当坚持政治与法治的有机统一；应当坚持党的领导、人民当家作主和依法治国的有机统一；应当围绕中心，服务大局，坚持以社会主义法治来实现政治效果、社会效果和法律效果的有机统一；应当以人为本，保障人权，坚持以社会主义法治来实现执法、司法、法律监督的政治性、人民性和法律性的有机统一；应当坚持社会主义方向，在社会主义法治文化建设中实现树立社会主义法治理念、弘扬社会主义法治精神、崇尚社会主义法

① 刘作翔．法治文化的几个理论问题［J］．法学论坛，2012（1）．
② 刘斌．中国当代法治文化的研究范畴［J］．中国政法大学学报，2009（6）．
③ 李德顺．法治文化论纲［J］．中国政法大学学报，2007（1）．

治价值、增强社会主义法治观念、提高社会主义法治意识的有机统一。二是内容上的法律（法治）性。建设社会主义法治文化，必须充分体现其法律（法治）性的特征。三是背景上的文化性。一方面，中国特色社会主义法治文化在形成和发展过程中，受到中华传统政治法律文化、苏联东欧社会主义法律文化、西方大陆法系和英美法系的法治文化的影响，吸收了道德文化、宗教文化、社会文化、政治文化、行为文化、管理文化等文化因素，是人类先进文化的集大成者；另一方面，社会主义法治文化本身是'文化建设'，必然具有'文化'软实力的特征。四是过程上的长期性。中国特色社会主义的法治建设和法治文化建设，是相互依存、紧密结合的实践过程，必然也是一个长期的发展过程。五是受众上的实用型。社会主义法治文化建设离不开对人的影响和教化，离不开传播手段和传授过程。"①

梁平对中国特色法治文化建设的时代背景进行了阐述，提出了中国特色法治文化建设的时代背景、基本内容和实践进路："中国特色法治文化建设的时代背景应包括开放的经济关系、民主的政治制度、包容的人文精神等方面。中国特色法治文化建设的基本要素包括：终极目标为谋求社会福祉；核心价值为坚持公平正义；外观形式体现为法律至上；根本症结在于权力规制；实质要义在于全体社会成员的权利保障；法治的形态为良法善治。"②

对法治文化建设从各个角度进行了探索性研究的文献主要有：李林、冯军主编《依法治国与法治文化建设》，社会科学文献出版社 2013 年版；梁治平著《礼教与法律：法律移植时代的文化冲突》，上海书店出版社 2013 年版；公丕祥著《法制现代化的理论逻辑》，中国政法大学出版社 1999 年版；王运声等著《中国法治文化概论》，群众出版社 2015 年版；段凡《中国特色社会主义法治文化研究》，载《科学社会主义》（双月刊）2014 年第 4 期；梁平《语义与实践：中国特色法治文化及其建设进路探究》，载《法学杂志》2013 年第 3 期；朱崇坤《我国法治文化建设路径探讨》，载《吉林省教育学院学报》2012 年第 9 期；宋

① 李林．我国社会主义法治文化建设的若干问题［J］．哈尔滨工业大学学报（社会科学版），2012（5）．

② 梁平．语义与实践：中国特色法治文化及其建设进路探究［J］．法学杂志，2013（3）．

春香《论中国当代法治文化生成中的人文困境及其突围路径》，载《中国政法大学学报》2009 年第 4 期。

3. 21 世纪以来相关博硕士论文研究现状

学位论文在一定程度上体现着对法治文化研究的趋势，通过查询中国知网，截至 2022 年，以法治文化为研究题目的博士学位论文有 5 篇，硕士学位论文有 71 篇，最早的一篇硕士学位论文是 2004 年完成的，是四川大学冯宇撰写的《中国电视法治文化批判》。应该说，21 世纪以来，伴随着法治建设的实践进程，关于法治文化研究的学位论文在数量上呈上升趋势，尤其是 2014 年党的十八届四中全会召开后，学位论文数量上升的幅度较大。出现这一状况主要有两方面原因：一是随着党的十八届四中全会召开，全面推进依法治国上升为中国共产党的政治决定，在这种大背景下，基于法治文化建设的学理研究成为热点话题之一，逐渐得到了学术界的普遍重视。二是法治文化研究的机构和研讨会逐渐增多，部分高校招收法治文化方向研究生后，关于法治文化研究的博硕士学位论文质量得到了提高，这为进一步研究法治文化提供了基础研究资料。

从博硕士论文研究的领域来看，法学视角居多，马克思主义理论学科仅次于法学学科，其他学科研究得较少。从授予博硕士学位的年度结果看，近年来在数量上逐年上升。从选题来看，大多数博硕士学位论文着重于法治文化建设路径研究，而法治文化基础理论研究相对较弱。

法治文化作为一个理论与实践问题，近年来吸引了众多博硕士研究生的关注。当然，每篇论文都有一定的问题意识，坚持问题导向，并紧密结合问题破题，显示出对我国法治文化建设的学术关注和理论自觉。一方面，研究者关注了法治文化显现的问题层面，提出的解决方案有雷同之处，而对法治文化现状深层次的原因和理论挖掘方面表现出力不从心，这与他们的知识面窄和学术功底薄弱有很大的关系。另一方面，研究者多从一定的视角来探究法治文化建设问题，而提出的又是大众化的建设路径，效果平淡，面对法治文化建设的复杂问题，系统化、整体化的构建路径需要研究者具有全局视域，具有国际视野，着重体现“中国特色”，不应一味地进行应景和跟风。因此，研究法治文化建设应根据法治文化现状对症下药，建设路径的经验与法治文化建设前瞻性策略并举，根据多种理论的知识关涉，在法治文化建设主体和路径上协同推进。

综上所述，国内学者主要针对法治文化内涵、特征、建构路径等方面进行的研究相对较多，且大多数研究主要探讨的是法治文化或者与法治文化相关的理论方面的问题，而尚未对法治文化内部结构之间的逻辑关联进行深入研究，仍有部分学者未摆脱对狭义法治文化的考量，主要从法治的角度对法治文化建设提出建议，研究相对片面。其实法治文化是一种综合性的文化体系建构，不了解其内部的结构就没有办法找到法治文化科学的建构路径。当然，不同的学术观点对于本书均有重要的理论参考价值。

（三）研究特点

法治文化自正式在党的十八届四中全会提出以来，引起了学术界的广泛关注，迄今为止也积累了较多的理论文献。从已经发表的理论文章来看，为法治文化提供理论阐释的论文虽然不少，但其中的多数文章，偏重论证法治文化研究中存在的某些问题，希望以此为法治文化研究提供一些积极的建设性意见。这些建设性意见虽然引起了学者的进一步思考，体现了学术界对于法治中国建设的主人翁精神，但是，从解释力、社会效果，特别是从思想效果来看，这些意见很可能仅局限于“学术同人”之间的“专业话语”或“圈内人话语”（尤其是在法学界为甚），难以充当理论与实践之间、政治与学术之间的商谈性话语。因为这些批评性的论述和建设性的意见，几乎都是在“法律—制度”范式中展开论述，探究法治文化建设的问题及其方法，表现出成果繁多、理论多元的情况，缺乏系统研究和协同研究。

首先，理论研究多元，但是缺乏共识。目前对法治文化的研究多从定性角度去分析，从理论上研究法治文化建设的必要性、现实性及可操作性等，但是缺少对法治文化在相关领域的实证调研，缺少定性和定量的综合性研究，导致法治文化研究过于理论化、分散化，倾向于理论性阐释和主观性判断，并因缺少实践的具体考证而导致建设路径的针对性偏弱。在关于法治文化研究的文章中，多数文章是应景性的、描述性的、解释性的，主要阐释或演绎文件或领导人的讲话，缺乏独到深入的见解。一部分关于法治文化建设的文章，虽然在实务的层面能够结合本系统、本地区、本单位进行一些有益的探讨，但缺乏理论的高度和新意。

其次，概念使用混乱，鲜有深入辨析。目前对法治文化研究的视角多种多样，但是对法治文化相关理论概念的界定不统一，如法治意识、法治观念、法治理念、法治价值、法治原则、法治精神、法治思想、法治思维、法治情怀、法治理论、法治学说等，用法较为混乱，这些概念既在学者的访谈与论述中使用，也在党和国家的文件及领导人的讲话中使用。基于法治文化调研的政治性和功利性目的，鲜有调研报告能够深入法治文化理论系统，从理论角度解释现实，以现实问题回应理论，只就调研的结果得出一些显而易见的结论而已，得出的结论往往是孤立的或脱离实际的。

最后，研究特征趋于法学化，难成共性。目前针对法治文化的研究一个显著的特征就是法学界发声较为集中，多数理论概念多由法学界来定义，从单一学科角度研究偏多的态势影响了法治文化研究的范围和科学性，交叉学科研究的态势尚未形成，在一定程度上阻碍了法治文化研究的延伸。法治文化建设是一个系统工程，需要不同层面、不同主体、不同领域的协同参与、共同努力才能完成，是一个网格化的系统工程，当前，这种理想建设格局的研究还处于初期孕育萌发阶段。

在当前社会状态下，法治文化建设研究迎来了重要的机遇期，且随着全球化进程的一步步深入，涉及学科的日趋繁兴，应大力加强法治文化基本理论的研究。法治文化建设离不开理论指导，应拓宽法治文化研究领域，深化研究内容，推进法治文化基本内涵、法治文化传承与创新、法治文化与法治文明的关系及其互相促进效应、中外法治文化发展史解析及其比较等方面的综合性研究，增强对法治文化建设的历史性、规律性和适应性的认识，提升法治文化建设理论指导的科学化水平。

四、研究思路与研究内容

（一）研究思路

研究法治文化建设，主要基于两方面的考虑：一是当今我国法治文化建设面临重大挑战，建设的紧迫性、复杂性与特殊性并存；二是我国法治文化建设路径选择上的多头绪与实际情况的不匹配。为了解答这两个问题，本书着力从法治文化的基础理论出发，力求通过对法治文化的本真研究，揭示法治文化理论的内在逻辑关联，为法治文化建设寻求可行性路径。

那么法治文化建设从何入手呢？这是一个理论问题，更是一个实践问题。作为理论问题，我们要清楚法治文化建设是中国特色社会主义“五位一体”总体布局中文化建设的一个分支，可以运用文化建设的相关理论来进行构建；同时，法治文化建设又起着法治建设的软实力作用，是法治建设不可忽视的方面，就像邓小平同志提出的“物质文明和精神文明要两手抓，两手都要硬”，对此，他有一系列的论述，“搞四个现代化一定要有两手，只有一手是不行的。所谓两手，即一手抓建设，一手抓法制”。[①] 对此，无论文化建设还是法治文化建设，都应贯彻邓小平的“两点论和重点论”等哲学论断。

（二）研究内容

本书的基本研究逻辑进路如下：一是对法治文化现有文献进行综述。从不同学科角度考察法治文化的研究范式和趋势，挖掘一般意义上法治文化的价值内涵和基本规律。二是对法治文化进行概述，界定法治文化的基本概念，说明法治文化的丰富内涵，以明确法治文化的基本内容。三是对法治文化的理论和实践进行探源，在此基础上提出法治文化建设的必要性。四是对法治文化按照物质、制度、精神和行为四个层次进行逻辑关联性分析，以期掌握彼此之间的相互联系，并提出法治文化的架构模式。五是提出法治中国背景下建设中国法治文化的可行性路径。

本书将以社会主义法治文化为核心概念，综合运用马克思主义理论、中共党史、政治学、社会学、历史学、法学等基本理论和方法，着眼于整体，对法治文化的基本问题进行较为系统的研究。就研究内容而言，主要包括以下章节。

第一章为研究基础：法治文化概述。这部分内容是本书研究的理论起点。就目前而言，无论是在理论界，还是在政界，抑或在每一个人具体的社会生活中，法治文化都不是一个生疏的概念、新鲜的词汇。不同的群体从不同的角度对法治文化进行了解读，使法治文化成为边界不太明显的、很难把握的词汇。鉴于法治文化进入人们生活中的时间较短，积极尝试结合中国特色的社会实践历程，作出符合当下中国实际的理论解释和分析思路，成为目前学术自觉的重要任务。本章对法治文化的内涵，以及法治文

① 邓小平．邓小平文选（第3卷）［M］．北京：人民出版社，1993：154.

化相关概念进行了梳理，并对法治文化的特征、结构与功能进行了阐述。在此基础上，提出了法治文化结构优化与功能提升的建议。

第二章为理论溯源：中国法治文化的理论渊源。在法治文化建设中，我们必须坚持以马克思主义理论的法治文化思想为指导。本章首先回顾了马克思恩格斯关于法治文化的思想、列宁关于法治文化的思想；其次回顾了毛泽东、董必武等老一辈无产阶级革命家关于法治文化的思想，以及改革开放以来中国共产党领导人关于法治文化的思想。马克思主义理论的法治文化思想是中国法治文化建设的理论基石。中国传统法治文化与西方法治文化的优秀因子是我国法治文化建设不可或缺的思想资源，因此，应扬弃继承中国传统法治文化思想，批判借鉴西方法治文化基本内容的民主自由、权利义务等思想观念，结合时代特色，与本土文化资源相融合，实现法治文化中国化，使之成为中国法治建设的文化支撑。

第三章为实践考察（一）：中国法治文化建设的历程与成就。一般而言，各个历史阶段法治文化的发展状况与各个阶段的法治实践紧密相连，不能单纯就法治文化而论法治文化，法治实践是法治文化的基础，离开法治实践，法治文化将会成为无源之水。中国法治文化的实践过程起源于新民主主义革命时期，在社会主义革命和建设时期不断探索，最终在改革开放新时期成熟并发展起来。改革开放以来，中国法治文化取得了巨大的成就，如对国家法治战略的支撑、对法律制度的引领、对法治价值观的促进等，法治文化在物质、制度、精神与行为层面均发生了翻天覆地的变化。

第四章为实践考察（二）：法治文化建设的现状。本章着重分析了法治文化建设的必要性。重点分析当前法治文化建设中的缺陷与不足。考察法治文化建设的利弊，深入分析法治文化建设过程中存在的各种问题，探究问题产生的根源，进而创新和完善法治文化建设的路径。

第五章为构建框架：法治文化建设的内容与架构。本章是本书的重点，也是立论的关键。法治文化是一个整体，在法治文化内容结构中，物质层面的法治文化、制度层面的法治文化、精神层面的法治文化和行为层面的法治文化具有一定的逻辑关联，彼此之间相互制约、相互促进，法治文化就是在其内部四个层次相互起作用的情况下向前发展。对于法治文化建设事业，需要一定的架构方式去支撑，科学立法、严格执法、公正司法、全民守法支撑起了法治文化建设大厦。其中，科学立法是法治文化建设的基础，严格执法是法治文化建设的支柱，公正司法是法治文化建设的底线，全民守法是法治文化建设的目标。

第六章为构建选择：法治文化建设的路径。本章是本书研究的最终目标。法治文化建设是一个理论建构、塑造价值、集中合力、创新共进的复杂工程。法治文化建设呈现出系统性，不仅要从法治文化的内容结构层面推动其发展，也需要从法治文化建设重点工作方面不断发力。法治文化建设是一个不断创新、动态的过程，法治文化的运行机制包括动力机制、传播机制、创新机制和保障机制。本章主要从法治文化建设的特点、建设的基本原则、建设的对策和运行机制入手，详尽系统地论证和构建了新的历史条件下法治文化建设可行性路径。

五、研究重点与研究方法

（一）研究重点

英国文化学者马林诺夫斯基认为："社会制度是构成文化的真正要素"①，"社会组织除非视作文化的一部分，实是无法了解的。"② 没有法治，就根本谈不上法治文化。法治是法治文化这一社会文化存在的前提和基础。而法治又表现为一系列的制度体系和规范体系。因此，作为法治表现形式的法律规范和法律制度就理应是文化的组成部分。这一思路对法治建设的现实意义是：除了重视法律制度体系和法律规范体系的建设，保证法治的实现，也需要将与之相关的实施机构及实施设施作为法治文化总体建设与发展的重要内容。

法治文化可分为显性层面和隐性层面。③ 显性层面的法治文化具有较强的技术性和显著的外部形态，可通过短期化的建构来实现，而且无须全社会所有成员的共同参与（如法律规范的制定由立法机关负责）；而隐性法治文化正好相反，它属于社会个体的精神层面，需要采取教育的手段，

① ［英］马林诺夫斯基．文化论［M］．费孝通，等译．北京：中国民间文艺出版社，1987：2.

② ［英］马林诺夫斯基．文化论［M］．费孝通，等译．北京：中国民间文艺出版社，1987：18.

③ 美国文化人类学家克鲁克洪将文化分为显性文化和隐性文化。一般来说，制度文化和物质文化属于显性文化，精神文化属于隐性文化。

以润物细无声的方式进行，但是个体的意识观念在短时间内很难改变。由此得知，法治文化的形成是一个长期的过程，这也是法治文化建设的根本所在。基于此，有学者认为："事实上，在当代中国，社会主义法律文化由于有社会主义显性结构层面上的法律文化的支持，其主导地位已经形成，基本不可动摇。因此，法律文化建设的重心应放在隐性层面上的法律文化的建构上。"①

法治文化建设研究，从一定意义上说，就是使法治文化成为中国先进文化的重要组成部分。法治文化在本质上可看作人的一种生活方式，而中国有着长期的人治传统，要把法治文化培育成为中国人的一种生活方式，为法治建设提供文化基础，这是我们需要解决的问题。法治文化应当在建设情景、建设导向、建设目标、建设难题等方面契合实际。坚持任务导向，以服务法治中国建设和民族复兴的中国梦为蓝图；坚持问题导向，以解决中国转型中亟待解决的法治建设问题为着力点；坚持条件导向，本着从中国现实国情出发的基本立场；坚持历史文化导向，受中国历史传统和世界文明样式影响。法治文化所欲解决的问题，排在第一位的是通过制度革新和重构为法治中国实现提供深厚的文化底蕴，提供其所需以及与其相对应的法治精神、法治观念等元素。

首先，党的十八届四中全会召开后，法治中国建设面临着改革不断深化的历史机遇期，与法治中国相关的法治文化建设问题就摆在了面前。然而就法治文化本身而言，虽然法学、社会学、政治学、历史学等都做了一定的研究，一些学者和政府人员对法治文化建设也有所涉猎，但还是缺乏系统性、科学性的理论考察。

其次，依法治国的总方略已经提出，那么在这种背景下需要什么样的法治文化来支撑法治建设呢？党的十八届四中全会指出："全面推进依法治国，总目标是建设中国特色社会主义法治体系，建设社会主义法治国家。这就是……实现科学立法、严格执法、公正司法、全民守法，促进国家治理体系和治理能力现代化。"② 法治文化建设研究就是要紧紧围绕依法

---

① 张波．论当代中国法律文化的多样性及中国特色法治文化的生成［J］．南京社会科学，2001（11）．

② 中共中央关于全面推进依法治国若干重大问题的决定（辅导读本）［M］．北京：人民出版社，2014：4．

治国这个基本方略，通过揭示法治文化内部各层次之间的互动关系，勾画其建设路径，找准法治文化发展的方向，使法治文化为依法治国方略服务。

最后，应该说法治文化是通过法治器物标识的力量、制度的力量、精神的力量和行为规范的力量，来推动中国法治建设的进程，实现法治中国的目标。法治器物、制度文明、精神文明和行为规范四个层面的文明成果，可看作一堆堆建筑材料，而科学立法、严格执法、公正司法、全民守法，就如同是大厦的设计、施工、验收、使用的过程，也就是从大厦的建设思路起，到大厦建设完成并交付使用，使大厦释放功能的过程。面对一座宏伟的法治文化大厦，研究建筑材料固然重要，因为它是大厦质量的基础和保障，但是研究大厦的构建更为重要，因为它决定着大厦的功能。我们只有深入了解法治文化大厦的设计理念、构建方式、使用功能和维护保障等，才能更好地利用这座法治文化大厦为法治中国服务。也就是说，对法治文化的架构方式进行深入研究，有利于对法治文化形成的过程产生深刻的认识。

（二）研究方法

方法是人们在实践活动中必须服从的事物内在的客观逻辑，在人们的认识或实践活动中，方法具有至关重要的作用。所有学科的研究都是理论与方法的统一体。理论是“静态的观点”，方法是“建构理论的动态的观点，并不是纯粹的手段”。研究对象的性质决定着研究方法，研究方法在一定程度上决定着研究结果。由于法治文化建设的理论与实践内容的丰富，不得不采取多种科学的研究方法综合运用才能洞悉其内在的本真。

1. 历史与逻辑相统一的方法

辩证唯物主义认为，社会存在决定社会意识，理论体系的逻辑是客观历史发展的反映，由客观历史发展所决定。对法治文化的理论逻辑分析必须与社会历史发展的轨迹相一致，是对客观历史轨迹的理论表达。本书大量使用了历史与逻辑相统一的分析方法，以历史文献和历史事实为依据，遵循法治文化各层次的逻辑关联，进行纵向和横向的考察，得出相对客观科学的结论。

2. 分析和综合相促进的方法

综合运用语义比较分析方法，加深对法治文化内涵的认识。既要具体分析我国法治文化建设理论逻辑的独特性，也要综合分析西方国家具有普遍性和规律性的理论逻辑。

3. 文献分析和实证调查相结合的方法

目前，已有大量有关法治、文化和法治文化的文献资料，这是研究法治文化建设的基础，对这些材料的挖掘、整理和学习，将为本书的研究奠定理论基础。同时，大量的社会现实材料也是研究必须依赖的重要依据。

六、研究创新与不足之处

（一）研究创新之处

党的十八届四中全会作出了《中共中央关于全面推进依法治国若干重大问题的决定》，第一次把“依法治国”作为议题列入党的会议进行专门研究，这充分体现了中国共产党从顶层设计上对依法治国的重视。2020 年召开的中央全面依法治国工作会议，最重要的意义就是明确了习近平法治思想在全面依法治国工作中的指导地位。习近平法治思想科学回答了 21 世纪中国法治进程面临的重大课题，标志着马克思主义法治思想的新飞跃，是 21 世纪马克思主义法治思想，是全面依法治国的根本遵循和行动指南。2021 年，中共中央办公厅、国务院办公厅印发了《关于加强社会主义法治文化建设的意见》，对社会主义法治文化建设工作作出全面部署。制定出台意见是深入学习宣传贯彻习近平法治思想的重要举措，是推进全面依法治国和建设社会主义文化强国的必然要求，是深化新发展阶段全民普法的有效途径。2023 年，全国宣传思想文化工作会议召开，正式提出和系统阐述了习近平文化思想，强调“持续加强对习近平文化思想的学习、研究、阐释，并自觉贯彻落实到宣传思想文化工作各方面和全过程”。本书立足习近平法治思想、习近平文化思想，以及习近平总书记关于法治文化建设的相关论述，结合法治文化建设的实践基础，提出具有创新性的法治文化建设路径。

第一，研究思路的创新。本书以法治文化建设为主题，以法治文化的四个层面——物质层面的法治文化、制度层面的法治文化、精神层面的法治文化与行为层面的法治文化之间相互促进、相互融合为理论逻辑重点，围绕“法治文化是什么?”“为什么要进行建设?”“如何建设?”等问题展开探讨，力图从历史与现实、理论与实践相结合的角度，综合运用马克思主义理论、政治学、法学等学科知识，进行跨学科研究，在对法治文化进行理论分析的基础上，提出法治文化发展动因，形成理路，探讨其建设的基本路径。

第二，研究内容的创新。一是本书从法治文化存在着诸多发展困境入手，把马克思主义法治理论中国化与社会主义法治文化的形成历史过程密切结合，完整梳理和呈现法治文化源起、探索和确立的历史发展脉络，总结中国法治建设的经验和教训，为法治文化建设找到了论据。二是深入细致地分析、论述了法治文化建设体系内部的逻辑关系，即把法治文化看作一个有机整体，这个整体包括物质、制度、精神和行为层面，并且这几个层面需要进行良性的互动。三是在法治文化建设实践领域，从分析当前法治文化建设的路径入手，提出法治文化建设的基本原则、对策与运行机制。

第三，研究方法的创新。本书综合运用多种科学研究方法。一是坚持历史的分析与逻辑的抽象相结合。把法治文化建设道路的曲折历程，与法治文化体系内各层次相结合，不是纯粹的法制史研究，而是把历史与逻辑、纵向与横向有机结合起来，立体把握历史脉络。二是坚持多学科研究方法的综合运用。本书所运用的学科知识，涉及马克思主义理论、政治学、历史学、社会学、心理学、法学等多个学科，因此，本书采用了跨学科的综合研究法，实现了研究方法创新。

（二）研究的不足之处

本书的研究涉及马克思主义理论、政治学、法学、社会学等学科的内容，由于笔者的学术功底、理论视野等方面的缺陷，致使本书存在着一些不足之处。

1. 因本书的选题过大致使研究创新举步维艰

目前国内对文化建设有着成熟的理论，但是对于法治文化建设这一特殊领域，由于理论研究不足，使得创新异常艰难。对于一般意义上的法治文化而言，法治文化建设属于文化建设的范畴，文化是一个多元概念，涉及面广，很难准确界定，究竟从哪一方面阐述法治文化建设，似乎变得难以下手。本书从多个层面深入分析法治文化的结构，在论述中从物质、制度、精神、行为等层面厘定它们之间的逻辑关联等理论问题，当然这可能有所片面，不足以反映法治文化建设的全貌，但是从现有的研究成果来看，从法治文化的四个层面剖析法治文化体系，从而掌握法治文化形成的机理，这在研究视角上还是有一定的新颖性。

2. 研究内容把握不准，存在合理性风险

法治文化建设研究按照一般的三段论设定，即是什么？为什么？怎么办？这样的研究逻辑框架符合一般的学术著作写作规范，把法治文化这个研究对象谈清楚，没有什么大问题，但是在论述有关问题时如果把握不准，就会存在合理性风险。例如，在对法治文化建设的现状进行分析时，采用国内外法治评价体系的某些指标来反映法治文化的建设形势，存在一定的合理性风险，但是从关联性上说，又能基本说明法治文化现状，这既是一次创新，又是一种冒险。当然，法治文化建设是一个非常包容的大课题，从宽泛的视角来看，这种内容表述风险又会虚惊一场，不足为论。

3. 研究深度受到多种因素制约

由于目前学术界对法治文化及其建设理论多从法学视角切入，导致法治文化出现了法学化倾向。如何处理好这一问题，笔者在本书写作过程中，从法治文化建设的整体视角出发，以马克思主义为指导，去除法学化研究倾向，从法治文化的内涵和结构入手，就如何培育法治文化进行学理上的分析，探究法治文化如何形成的内在规律。但由于选题本身的宏观性，从微观上阐述法治文化的逻辑理路及建设路径制约因素过多。一方面，现有的文献资料偏少，难以找出有价值的观点；另一方面，法治文化建设实践活动与笔者所处的生活环境相距较远，使笔者难以从实践层面上准确把握，一系列的问题制约着对法治文化建设研究的深入。因此，笔者在研究过程中着重从理论上研究法治文化建设路径，力求在宏观层面上准确把握法治文化建设规律，而不拘泥于细枝末节的表象性研究。

书中的不足之处可以作为今后继续研究的方向，同时也是一种新的研究视角的开拓。相信通过对法治文化建设课题的研究，可以带给更多从事法治文化研究工作的学人一种理论上的启发。

第一章

研究基础：法治文化概述

第一节　法治文化的概念界定

一、法治的含义

（一）法治内涵的不同界定

法治是一个蕴含丰富内容的概念。纵观人类法治文明历史，对这一问题的解说，可谓众说纷纭。归结起来，与法治相关联的表述，在西方主要有“rule of law”（法的统治）、“rule by law”（依法统治或通过法律的统治）、“government through law”（依法统治或通过法律的统治）、“government by law”（依法治理）。中文则为“法治”“法治主义”“以法治国”“法治天下”等。因此《牛津法律大辞典》作出这样的界定：它“是一个无比重要的，但未被定义，也不能随便就能定义的概念”。[①]

法治代表着规则的统治。从规则的角度出发，英国法学家拉兹认为：“法治（the rule of law）意味着法律的统治（the rule of the law）。从广义上说，法治意味着人民应当遵守法律并接受法律的统治。但在政治法律理论中，则应对法治作狭义理解，即指政府应受法律的治理、遵从法律。这个意义上的法治理念经常被表达为‘政府由法律而非由人来统治’（government by law and no by men）……法治意指政府的全部行为都有法律依据、得到法律的授权。”[②] 类似的解释认为法治的“基本含义是任何事情都必须依法而行”，“法治的实质是防止滥用自由裁量权的一整套规则”。[③]

---

① ［英］沃克：牛津法律大辞典［M］. 北京：光明日报出版社，1988：790.

② J. Raz. The authority of law［M］. Clarendon Press，1979：142；Conrad Johnson. Philosophy of law［M］. Macmillan Publishing Company，1993：127.

③ ［英］威廉·韦德. 行政法［M］. 楚建，译. 北京：中国大百科全书出版社，1997：25-26.

《牛津法律大辞典》将“法治”（rule of law）解释为：“指所有的权威机构、立法、行政、司法法律的各种特性，如正义的原则、道德原则、公平和合理诉讼程序的观念，它含有对个人的至高无上的价值观念和尊严的尊重。在任何法律制度中，法治的内容是：对立法权的限制；反对滥用行政权力的保护措施；获得法律的忠告、帮助和保护的大量的和平等的机会；对个人和团体各种权利和自由的正当保护；以及在法律面前人人平等……它不是强调政府要维护和执行法律及秩序，而是说政府本身要服从法律制度，而不能不顾法律或重新制定适应本身利益的法律。”①

“法治”在《布莱克法律词典》中被解释为“法治是由最高权威认可颁布的，并且通常以准则或逻辑命题形式出现的，具有普遍适用性的法律原则”；有时被称为“法律的最高原则”，“要求法官制定判决（决定）时，只能依据现有的原则或法律而不得受随意性的干扰或阻碍”。②

《晏子春秋·谏上》讲道：“昔者先君桓公之地狭于今，修法治，广政教，以霸诸侯。”这是中国古代典籍中最早出现的“法治”并用的表述。之后管子也指出：“以法治国，则举措而已”（《管子·明法》）。但是，传统典籍中“法治”概念在传统社会的语境中有着不同于现代法治观念的含义。传统社会所讲的法治，建立在专制制度的基础上，受到在思想领域占据主流地位的儒家思想的影响和浸润，有着特有的含义和内容。

法治在中国学者的视野中也看法不一。法治即不论统治者或人民，均平等地同受法律约束的政治主张，换言之，即被治于法，以客观的法律规定来代替个人的主观意志为施政根据。其手段是以宪法确立政府行使权力的界限，防止政府专制；其目的在于保护人民的自由。③

1959 年，国际法学家在印度召开会议，主题是讨论有关法治问题的一篇论文报告，这篇报告是在总结 7.5 万名法学家以及 30 个国家的法学研究机构对国际法学家委员会就征询对法治问题而作的回答基础上形成的。征询所得出的初步结论是：法治观念要服从于两个理想，首先，国家的一切权力必须根源于法，而且要依法行使；其次，法必须建筑在尊重人类人格基础之上。会议结束时产生了《德里宣言》，该宣言对法治提出了三条基

① ［英］沃克．牛津法律大辞典［M］．北京：光明日报出版社，1988：790.

② J. Finnis. Natural law and natural rights［M］. Oxford University Press，1980：270.

③ 参见梁实秋．名扬百科大辞典［M］．北京：光明日报出版社，1988：790.

本原则：第一条是保持人类的尊严；第二条是要防止政府滥用行政权；第三条是司法独立与律师执业自由。

从上述对“法治”内涵的解释中可以发现，其都是把“法治”作为与“人治”对立的一种社会组织结构来分析和看待的。现代法治的内涵产生了两种解读路径：一种注重法律背后的价值分析，如《德里宣言》中确立的法律原则就是对法治的实体价值的一种表达，也就是实质法治的理念；《牛津法律大辞典》也是从法治的实体价值着手的。另一种注重法律本身的价值分析，如《布莱克法律词典》的定义，肯定了法治的形式价值，即法律形式化的意义，其本质是形式法治的理念。通常认为，法治是指一个社会或一个国家的一种治理模式，这种模式最基本的特征就是“法的统治”、法律权威至上。因此法治至少包含以下特征：①法律优良，良法是法治的基本前提；②法律权威，一切国家力量均应该获得法律上的授权，并在法律之下受法律的限制；③民主立国，民主的国体和政体是法治的制度载体；④司法公正，一切主要社会纷争特别是官方行为的司法性；⑤分权与制衡，即对权力进行划分与制约；⑥保障人权，法治以人权为逻辑起点和终点。

（二）形式法治与实质法治

1. 形式法治的界定与意义

法治形式价值或法律形式化原则是指这样一种法律关系：它是由一套公认的形式规则所组成；这套规则是明确的、抽象的而又可操作的；这套规则要求非人格化的服从，要求具有专门性的司法组织执行和保障。[①] 形式法治遵循下列价值：一是法律至上原则，包括宪法至上、司法权威；对于公民而言，“法不禁止即自由”，对于政府而言，“法无明文规定不得为、法有明文规定必须为”；二是法律普遍性原则，包含普遍性调整、一般性陈述、普遍性适用等要素；三是法律的可操作性原则，包括法律的公开性、确定性、不矛盾性及适中性等要素；四是法律的程序正义原则，主要指法律纠纷处理的程序正义，包括调解、复议、仲裁和诉讼；五是法律的组织职业化、技术化原则。

---

① 王人博，程燎原．法治论［M］．济南：山东人民出版社，1998：107.

严格的程序规则是形式法治的重要运行机制，也是形式法治的内在要求。如果没有理性化的程序，那么，形式法治不仅是不完整的，而且根本无法存在，更不用谈其与实质法治之间的关联性。而形式法治的程序规则主要有三个方面：①公众表述经验性社会预期的现实化与立法整合程序；②行政执法主体实现社会预期的行政程序；③化解预期实现纠纷的司法审查程序。

一般而言，形式主义的思维方式（法条主义）有着明显的不足和缺陷。对于形式主义理性的局限性，波斯纳有深刻的揭示："法律的自足性和客观性是通过仅仅在形式层面分析法律来保证的，这一层面的分析只要求探讨法律观念之间的关系。而当法律的结果取决于与现实世界有关的事实之际，法律的自足性和客观性就受到了威胁，因为这些事实可能有争议，或者是与创造或解释规则相关的社会事实或伦理事实。"而"形式主义从骨子里就有一种反对法律变化的偏见，为什么形式主义有如此广泛的吸引力，由此可以有所了解"。[①] 所以，需要以实质理性或实质法治来弥补形式法治的缺陷。

2. 实质法治的界定与意义

关于实质法治，德国的毛雷尔给实质法治作了定义："实质意义的法治国家不仅要求国家受法律的约束，而且要求法律本身具有社会的正当性。实质意义的法治国家是形式意义的法治国家的补充和发展。现代法治国家是指实质意义的法治国家。"[②] 20 世纪自由主义理论家弗里德里希·冯·哈耶克（F. A. Hayek）提出了"法治之法"。哈耶克将法律区分为"形式意义上的法律"和"实质意义上的法律"。如果"法律授予某些人非常广泛的、近乎绝对的权力，他们可以为所欲为，恣意运用其手上的权力，其他人完全受他们控制、摆布。这种情况中的法律只是形式意义上的法律，即它表示是由立法机关通过、行政和司法机关执行的，但它不是实质意义上的法律，因为它不符合法治精神，不是真正的法律，即哈耶克所说的'法治之法'",[③] 哈耶克的"法治之法"其性质属于实质法治。"法

① ［美］理查德·A. 波斯纳. 法理学问题［M］. 北京：中国政法大学出版社，2002：51-52.
② ［德］哈特穆特·毛雷尔. 行政法学总论［M］. 北京：法律出版社，2000：105.
③ 陈弘毅. 法治、启蒙与现代法的精神［M］. 北京：中国政法大学出版社，1998：6.

治之法”应当是自由之法，因为“法治之法是维护和保障个人的自由和尊严的法，它是普遍、抽象、有一般适用性的法则，平等地应用于人们，避免不合理的差别对待，而且不能是为了特别的、个别的利益或目的而制定的，即它的内容是‘盲目’的（不特别针对某个案、某对象、某利益的）、非个人化的”。①

3. 形式法治与实质法治的内在关联性

形式法治与实质法治是判断一个社会“法治”与否的两种基本标准。形式法治关注法治的形式价值，即法律的实证化、规则化，它从法律本身特性表明法治是一种“真法之治”；实质法治则注重法治的实体价值，它从宏观角度、社会层次表明法治是一种“良法之治”。这样两种不同的价值取向表明，二者是不能相互替代的，但彼此之间的内在联系也是不言而喻的。

在法治发展史上，基本上是以自然法学为代表的实质法治与以分析法学为代表的形式法治之间的辩论、争执和博弈。当然对法治的这两种基本形态的认识，各个时期都有不同，甚至在同一时代，不同的学说流派也有截然不同的见解，如在资产阶级启蒙时代，以自然法为代表的实质法治占据主导地位，所以极力排斥形式法治即实证方法，只研究法律的“应然”范畴，而不关心法律的“实然”状态。这种“法律工具主义”的倾向多有偏颇。而在近代，实证主义法学派又极力排斥实质法治即法治的实体价值，排除法的正义性思考，撇开法律的社会条件、社会意义，陷于语言逻辑分析，把法律肢解为纯形式化的东西。

当前，学术界认为我国正从形式法治走向实质法治。对此可以理解为：一种是指否定形式法治以后实现实质法治的状态，如同抛弃“人治”实现“法治”一样；另一种是指在不排斥形式法治的基础上实现实质法治的状态。笔者认为，若是第一种含义就失之偏颇，因为实质法治离不开形式法治。所以只有第二种理解才能成立。法治是形式正义与实体正义的辩证统一体，是人类法律与社会实践所追求的共同目标。严格地说，形式法治应当是常态，实质法治只有在形式法治暴露出其无可弥补的缺陷时才启动其补救功能。有学者因此认为，把握住法治的这两个方向，就真正站在

① 陈弘毅．法治、启蒙与现代法的精神［M］．北京：中国政法大学出版社，1998：7.

了法治这个概念的入口处了。

（三）当代中国语境下法治的内涵

法治是保障我国经济发展、政治稳定、文化繁荣、社会和谐和生态文明的一个重要途径，在当代中国，“法治”一词使用频率之高，也许是史无前例的。“法治”一词指的是一种法律的和政治的愿望，即创造“一种法律的统治而非人的统治”。从这种意义上说，法治诞生于法律机构取得足够独立的权威以对政府权力的行使进行规范约束的时候。[①] 法治作为一个无比重要的法律概念但未被定义，也不是随便就能定义的，因其内涵是丰富纷繁的。在我国，由于传统人治意识和封建法制观念的影响很深，对它的理解和运用历来就比较混乱，因此，需要从各个侧面进一步作辨析和探讨。[②]

法治一词，有多种含义，在应用范围上也有广义、狭义之分，广义的法治概念是指依照法律治理社会、管理国家。这一概念大致包含以下含义：第一，只要将法律作为治国理政的主要机制，该社会就是实行法治。第二，法治与法律制度不同。法治是指一种社会治理模式，以存在法律制度为前提，但仅存在法律制度并不足以实现法治。第三，法治并非起源于现代，而是古已有之，法治也并非西方的特产，在非西方社会亦有典型体现。第四，作为治理模式的法治一旦付诸实践，便体现为法治秩序，每一个社会系统即基本社会结构、社会关系和价值观念不同，作为秩序的法治亦呈现不同形态。

法治从狭义上来理解，指治国。顾名思义，即依照法律治理（统治）国家的意思。但这样解释，未免过于笼统，可以引出不同的甚至相对立的含义。法治的概念，不仅是法律的，而且是政治的（当然也是社会的、文化的）；它还有鲜明的历史界划，即有古代和现代之分。本书主要指现代法治以及与此相关的历史渊源。

现代法治是与民主密不可分的。英国的宪法原则最早体现于 1215 年《大宪章》和 1689 年《权利法案》之类的宣言以及已经形成传统的政治习惯或“惯例”之中。这些原则起初源于封建领主限制王权的斗争，后来成

---

① 转引自刘平．法治与法治思维［M］．上海：世纪出版集团，上海人民出版社，2013：33.

② 黄稻，刘海亮．社会主义法治意识［M］．北京：人民出版社，1995：22-24.

为新兴资产阶级反对封建专制主义的武器。它们采取议会立法和司法独立判决活动以建立一种限制王权（政府）的政治制度。上述英国人的所谓“法治”，就是以民主政治取代专制政治的意思。社会主义法治也属于现代法治的范畴，建立在以生产资料公有制为主体的多种经济成分构成的社会经济基础上。“一切权力属于人民”，人民普遍享有参与国家管理的权力，这是社会主义宪法的根本原则和最高原则；同时，社会主义国家是属于民主共和制的国家，国家权力机关是全国和各级人民代表大会，由它依法定程序选举产生的国家机构是人民的政府①，为人民服务、向人民负责是国家机关及其工作人员的根本宗旨。基于这两个根本点建立起来的社会主义法治，无疑超越了资本主义国家的民主与法治实践。社会主义法治应是更完善、更高层次的现代法治。

为保证上述基本原理实现，除了必备的民主制度和法律制度等基础性条件，还必须贯彻普遍守法、法律面前人人平等、自由、安全和公正等原则，必须为此建立立法、执法、司法、法律监督等一整套严密的、制衡的法治机制。特别是强调依法行政，行政权必须依法行使；设置和加强司法机关依法独立行使司法职权，是建立现代法治的基本要求。

二、文化的含义

文化是人类社会的特有现象，人类个体生活于文化之中，无时无刻不受到文化的影响，同时，人类个体又反作用于文化，发展和创造着文化。“正因为有了文化，人类才真正过上了人的生活。文化是人类‘生活’和‘存在’的一种特有方式。”② 文化的概念，是一切进行文化研究都需要去甄别和解释的一个元命题。但是，很多人给出了自己的解释，却从来没有一个得到大家普遍认同的确定含义，不同的人赋予它的内涵和外延有着很大的差别。其实，文化可以融合自从有了人类以来所有的文明成果。

（一）几个“经典性”的文化概念

文化是一个多义性概念，在一些学者的论著中多有提及。英国文化人

① 此处提到的“政府”，主要是指广义的，即一切国家机关而不是仅限于指行政机关。

② ［法］维克多·埃尔．文化观念［M］．康新文，晓文，译．上海：上海人民出版社，1988：9.

类学家泰勒在其 1871 年的著作《原始文化》一书中，从文化人类学的高度对人类文化现象进行总结和概括，他认为，“所谓文化或文明乃是包括知识、信仰、艺术、道德、法律、习惯以及其他人类作为社会的成员而获得的种种的能力、习性在内的一种复合整体”，即文化是与过社会生活的人类所特有的状态相关联的东西。① 自泰勒对于文化的经典性定义之后，文化学的研究中对文化的定义都是从自己的理论视角和研究需要的角度出发的，对其后文化概念的研究产生了深远的影响。

美国文化人类学家克鲁克洪对文化概念作了如下的定义：“文化是历史上所创造的生存式样的系统，既包括显型式样也包含隐型式样；它具有为整个群体共享的倾向，或是在一定时期中为群体的特定部分所共享。”②

康德把文化定义为：“有理性的实体为了一定的目的而进行的能力之创造。”③ 这种创造，指人类在精神和肉体两个方面由受自然力统治的“原始状态”向统治自然力的状态的逐步发展，文化一开始就不属于个人，而是属于整个民族和人类。

1987 年美国人威廉·A. 哈维兰定义文化是一系列规范或准则。在广义的角度，与哈维兰的定义相印证的是签订于 1966 年的《世界经济社会文化权利公约》，该公约中起到全约总纲作用的第一条、第二条规定文化是指特定族群的生活方式。人类文化学的先驱——进化论学派，通常把文化定义为“人工的辅助和自造的环境”。摩尔根在《古代社会》中把人类文明的发展看作改造自然能力的增强，文化包括了从蒙昧社会到文明社会顺序继承的全部历程。20 世纪初，英国的“文化功能学派”孜孜不倦探求文化始因，他们认为，文化是一个民族生存条件的最初的、最基本的、最重要的因素。功能学派马林诺夫斯基指明：“文化不过是人类的有组织的行为。”④ L. A. 怀特（L. A. White）的文化概念与卡西尔的文化概念是相通的。怀特认为：“全部文化（文明）依赖于符号。正是由于符号能力的产生和运用才使得文化得以产生和存在；正是由于符号的使用，才使得文

① 庄锡昌，顾晓鸣，顾云深，等．多维视野中的文化理论［M］．杭州：浙江人民出版社，1987：98.

② ［美］克鲁克洪，等．文化与个人［M］．高佳，等译．杭州：浙江人民出版社，1986：6.

③ ［德］康德．判断力的批判［M］．韦卓民，译．北京：商务印书馆，1970：16.

④ 庄锡昌，顾晓鸣，顾云深，等．多维视野中的文化理论［M］．杭州：浙江人民出版社，1987：105.

化有可能永存不朽。没有符号，就没有文化，人也就仅仅是动物而不会成其为人类。”① 从怀特开始，文化学就作为一门从文化人类学中“生长”出来的独立学科出现了。

（二）权威辞典对文化的定义

1973 年版的《苏联大百科全书》对文化的定义是：“社会和人在历史上一定的发展水平，它表现为人们进行生活和活动的种种类型和形式，以及人们所创造的物质和精神财富。”②

《苏联百科词典》中把文化解释为“物质文化和精神文化统一有机体”。每一种社会经济结构都由一定类型的文化体现出来，随着经济结构的变革，文化类型随之也发生变化，但其全部精华都被继承下来。在对抗性矛盾的社会里，精神文化带有互相矛盾的、阶级分化的性质。在资本主义条件下，除居统治地位的资本主义文化外，也并行地发展了民主主义和社会主义的文化因素。社会主义革命胜利后，建立了新型的文化——具有社会主义内容的，多种民族形式的和具有国际主义精神和性质的文化，它继承了全人类的精神财富。③

《辞海》中这样定义文化：第一种：广义的文化指人类社会历史实践过程中所创造的物质财富和精神财富的总和。狭义的文化指社会的意识形态，以及与之相适应的制度和组织结构。第二种：泛指一般知识，包括语文知识，如“学文化”，指一个人的语文和知识程度。第三种：中国古代封建王朝所实施的文治和教化的总称。④

《辞源》界定的文化：文治和教化。今指人类社会历史发展过程中所创造的全部物质财富和精神财富，也特指社会意识形态。⑤

（三）文化概念的语义分析

德国诗人斯蒂芬·格奥尔格曾动情写道：“词语破碎处，无物可存在。”⑥ 因为“当人们使用一个含义过于宽泛，内容没有精确界定的术语却

---

① ［美］L. A. 怀特．文化科学——人和文明的研究［M］. 杭州：浙江人民出版社，1988：382.

② 覃光广，冯利，陈朴．文化学辞典［M］. 北京：中央民族学院出版社，1988：749.

③ 苏联百科词典［M］. 北京：中国大百科全书出版社，1986：1366.

④ 辞海编辑委员会编．辞海（下）［M］. 上海：上海辞书出版社，1989：4022.

⑤ 辞源（第二册）［M］. 北京：商务印书馆，1980：1357.

⑥ ［德］海德格尔．在通向语言的途中［M］. 孙周兴，译．北京：商务印书馆，2005：150.

未对其中包含的不同意思加以区分时，混淆就产生了，大多数争论皆源于此”。[①] 反之，通过对研究对象进行语义分析和界定，“对词的深化认识去加深我们对现象的理解”。[②] 西语中“文化”源于拉丁语“cultura”，原意为对土地的耕耘和改良，植物的栽培，如英语、法语的“culture”和德语的“Kultur”。这一含义在少数现代英语词中仍保留着，如“agriculture”（农业）、“horticulture”（园艺）。古罗马的西塞罗在使用“文化”一词时却赋予它比喻的意义，他采用了“耕耘智慧”（cultura mentis）的说法。而类似用法16世纪初才在英语中出现，指为增进某种东西的质量所做的努力，如“工艺的改进”（the culture of the arts），以后又出现了“精神耕耘”（mental culture）以及“智力耕耘”（intellectual culture）等用法。[③]

在汉语中，“文化”一词古已有之。“文”原本是指“各色交错的纹理”，有纹饰、文章之义。《说文解字》称：“文，错画也，象交文。”这里的“文”就是指各种象征符号，以及文物典章、礼仪制度等。“化”原意是“交易、生成、造化”，如《周易·系辞下》中的“万物化生”。“化”的引申义是“改造、教化、培育”等。

最早将“文”与“化”合在一起使用的古代典籍是《周易·贲卦》：“观乎天文，以察时变；观乎人文，以化成天下。”这句话中的“天文”，是指自然天体的构成及其规律；而“人文”则指人类社会的构成及其规律，包括文明礼仪、人伦道德在内。整句话的意思是：治理国家者既要观察天文，掌握自然发展规律，以明耕种渔猎之时序；又要观察人文，把握社会中的人伦秩序，使天下之人均能遵从文明礼仪，并进而推及天下，以成大化。这句话中“人文”与“化成天下”相结合，其实已经有了“文化”一词的基本含义，即通过人伦教化使人们自觉行动。

西汉以后，“文”与“化”真正合并成一个词。西汉刘向的《说苑·指武篇》：“凡武之兴，为不服也，文化不改，然后加诛。”其中的“文化”用作动词，意为以文德教化之，与武力征服相对应，其源似出于《周

---

① ［美］本杰明·N. 卡多佐. 法律的成长·法律科学的悖论［M］. 董炯，彭冰，译. 北京：中国法制出版社，2002：19.

② 转引自［英］哈特. 法律的概念［M］. 张文显，等译. 北京：中国大百科全书出版社，2003：序言.

③ 徐行言. 中西文化比较［M］. 北京：北京大学出版社，2004：8-9.

易》中“观乎人文，以化成天下”之句的凝缩，这一词义以后引申为文治与教化。此后，“文化”一词的用法延伸到后世，并进一步引申出多重含义，分别与天造地设的“自然”相对，或者与无教化的“质朴”“野蛮”相对，取其人伦、人文之义。

现代汉语中“文化”一词是个外来语——cultura。它是 20 世纪初由欧洲经日本传入中国的。我国学术界的文化概念，大体上沿用了苏联学术界的传统用法。现今文化概念有广义和狭义、显性和隐性之分等。有人于 20 世纪 90 年代把文化归结为“人化”“化人”等。

综上所述，不难看出，汉语中的“文”“化”两字联用具有以下两种含义：一是用作名词，表示的是人类精神、智慧、意识及其创造成果的总称。二是用作动词，用以表示以“文”化之的过程，即使用一定的方法将文明礼仪普及教化。

三、法治文化的含义

（一）法治文化所对应的文化概念

如果试图给文化概念确定一个范围时，发现这是十分困难的事情，而对于文化概念进入学术领域后的演进路径，不难看出，文化概念越来越灵活得让人难以把握。从对文化的溯源考察可知，文化是对事物的培养与改良，使其能有所完善进步。进而可引申出，文化是对人的培养与改造，即把人培养改造成为有文化的人。文盲与法盲是相伴而生的，文盲更是法盲，一个文盲、法盲众多的社会和国度，一定不会是法治社会，也一定不会有法治文化。要使人们充分地认识到，法治本身就是一种文化，遵守法律本身是有文化的重要表现，把尊重法治塑造成为一种浓厚的文化氛围，在这种文化氛围中，法治才能成为文化。人法治“化”了，有了法治之人，自然就会有法治文化。也只有当尊重法治本身成为一种文化时，法治才能成为文化。

对于学术研究，我们不仅要对文化概念的内涵和外延进行区分，而且要抓住文化概念的本质，因此我们大致可以归纳出两种文化观，即广义和狭义的文化观。广义的文化划分为物质文化、制度文化、精神文化和行为文化。狭义文化观认为，文化就是指社会的意识形态，或社会的观念形态，以及与此相关的行为方式。针对上述两种文化观，法治文化的研究对文化概念如何定位呢？从某种程度上说，法治文化不管采用广义文化观还是狭义文化观，是要根据不同的语境来区分的。

（二）法治文化的内涵

法治文化最早的提法可以上溯至法律文化，根据国际上公认的说法，这一概念是美国学者劳伦斯·弗里德曼第一个提出来的。中国开始研究法律文化大概是在 20 世纪 80 年代中期。梁治平 20 世纪 80 年代中期在《中国社会科学》上发表了《法辨》一文，产生了较大的影响，因此梁治平先生在中国法律文化研究中属于开拓者。其后续的著作《寻求自然秩序中的和谐：中国法律文化传统研究》，主张用法律解释文化，用文化解释法律。此后中国研究法律文化的风潮逐渐形成。

法治和文化都来自西方，法治文化当然也就难以抹掉它身上西方的印记。这既注定法治、文化、法治文化有着一脉相传的联系，又说明了这三者不能割断与西方的关系。人类文化是一个复杂的组合体，按照不同的分类标准可以给出不一样的文化自身形态。但是从人类治理的历史维度来看，可以说只是“法治”文化与“人治”文化的分类而已。法治文化其实是法治进程中国家、社会及个体通过法律治理或行为的文化形态。它是一种治理文化，无论主动或被动，涉及每一个公民。

根据对“法治”和“文化”的一般理解，现在我们可以对“法治文化”作出广义和狭义的界定。广义上讲，法治文化是由物质层面的法治文化、制度层面的法治文化、精神层面的法治文化和行为层面的法治文化共同构成的一种文化现象和法治状态。狭义上讲，法治文化是关于法治精神文明成果和法治行为方式相统一的一种文化现象。

四、法治文化相关概念的梳理

从法治文化的内涵可以看出，它具有多元性。法治文化不仅是一种治理文化，更是一种文化自觉，是发自人们内心深处对法治的尊重、向往。因此，作为学术研究领域的概念，与法治文化相关的法治观念、法治理念、法治意识、法治精神等概念的内涵如何界定，成为困扰学术研究和治理实践的一大难题。基于此，我们有必要对与法治文化相关的概念进行梳理。

（一）法治观念

观念是一种哲学范畴，是人们对事物主观与客观认识的结合体，人们根据自身的各种观念来进行生产和生活。正确的观念可指导人们的生活实践，有利于人们面对纷繁复杂的社会环境作出正确的合法选择，提高人们的生活质量。法治观念是人们对法律的性质、地位、作用等问题的认识和看法，也指人们在运用法治思维认识自身、认识世界、管理国家、治理社会的过程中所形成的意识。法治观念实质上指法律至上、依法治国的理念、意识与精神的有机统一。

公民在一定的社会历史条件下，通过法治实践，接受法治教育，在掌握基本的法律知识的基础上，形成的对法治的认知、理解、认同等内心观念。法治观念在结构上包含法治认知、法治评价、法治情感。法律知识是法治观念生成的前提，公民法治行为是法治观念的体现。法治观念生成需要依赖法治实践、法治宣传教育等方式。法治观念一般指具有正向意义的、对法治建设有促进作用的观念形态，而不是宽泛意义上的与法治相关的一切认知和评价等。法治观念一般强调对法治的价值、原理的正确认知，最终表现为对法治原则的理解与遵守、对法治价值的认同与追求、对法治实践的支持与参与。

（二）法治理念

法治理念是人们对法治所持有的思想观念和理想信念的总和，是人们对法治的内在要求、精神实质、基本原则的理性认识和高度概括，是指导立法、执法、司法和守法实践的思想基础和价值取向。法治理念作为法治建设的理论基础和实践向导，是法治理论向法治实践转化的中介与桥梁，其深深地根植于一定社会的经济、政治、文化等诸多要素之中，对法治实践起着引领和推动作用。法治理念的正确与否，直接影响一个国家法治事业的兴衰成败。法治理念不清、定位不准，将会导致法律制度的无序，也可能会造成执法不严、司法不公。

社会主义法治理念是体现社会主义法治内在要求的一系列观念、信念的集合体，是指导和调整社会主义立法、执法、司法、守法和法律监督的方针和原则，是社会主义法治的精髓和灵魂。社会主义法治理念的内容可以概括为依法治国、执法为民、公平正义、服务大局、党的领导。社会主义法治的独特性在于服务大局和党的领导两个方面。社会主义法治建立在社会主义民主基础上，并确认和保障社会主义民主政治。社会主义法治以服务大局为重要使命，以党的领导为根本保证，试图做到法治和政治的有机结合和相互统一。

社会主义法治理念把现代法治文明的精髓与我国社会民主政治发展的特殊性有机结合起来，具有法治的一般属性，又从我国实际出发，基于中国国情和中国社会经济、政治、文化发展的现实需要，并考虑中国未来社会发展趋势，体现我国法治构建理念，进一步揭示和彰显我国法治的社会主义性质。

（三）法治意识

马克思对意识进行了界定，他认为："意识在任何时候都只能是被意识到了的存在，而人们的存在就是他们的现实生活过程。"① 在马克思的眼里，意识有两种用法："一是当作动词，即指'意识到'的活动，也就是认识活动；二是当作名词，即指与物质概念相对立的、人的认识活动的结果（知识）。显然这个名词只能是个动名词。"② 具体而言，法治意识是人对法治的观点、观念和概念的认知，是法治的精神底蕴，塑造法治意识是实现法治的必然要求。

法治意识的要素包含了主体的法律认识程度和权利、公平、正义、平等等一系列基础价值观念。这种法的意识，扩展开来讲，在于促进实现统治群体内部每一个成员遵从和认可法律，并使其政治、经济权利得到平等地承认和保护。具体来说包括：一是平等、公正和正义观；二是公民的权利意识；三是民主参与意识；四是法律权威意识；五是不同职业的公民要具备法律素养。法治意识作为法治主体自觉地在法治的框架内进行创造性活动，活动环境是由法治来保障的，人对自己生活的世界认识越深刻，法治建设水平越高，法治意识的层次就越高，也就意味着人获得自由的空间就越大。

法治意识在被普遍认同后就会积淀为一种文化。在法治意识的指引

---

① 中共中央马克思恩格斯列宁斯大林著作编译局．马克思恩格斯选集（第1卷）［M］．北京：人民出版社，2012：152.

② 张建云．主体意识论［M］．石家庄：河北人民出版社，2004：12.

下，现代法治社会自身具有了权力制约、主权在民、人权保障等特质。这些内容被称为法治文化，法治文化是人类社会普遍存在的法律文化的一种，它是适应现代政治文明和民主法治的一种文化形态，是法律意识形态以及法治意识形态相适应的法律规范、法律制度及法律组织机构和法律设施的综合。因此，要引导全社会树立法治意识，强化人们对宪法和法律的信仰与崇敬之情，把法律规定切实转化为行为准则，自觉地遵守宪法和法律。只有这样，才能为全面推进依法治国，实现科学立法、严格执法、公正司法、全民守法奠定坚实的思想基础。

（四）法治精神

法治精神是指人们在长期的社会实践和日常生活中在一定的法治价值理念支配下逐步形成的，由全社会包括立法者、执法者和守法者在内的各类群体所共有的敬畏法律、推崇法治的群体风气、心理状态、精神风貌和思想境界。法治精神是法治社会建设之魂，尽管看不见、听不到、摸不着，却能够时刻感受到它的存在，感受到它对法治社会建设事业的巨大影响。法治精神作为人们共有的维护社会公平正义、确保社会法治秩序的一种群体风气、心理状态、精神风貌和思想境界，一旦形成，就能够在社会上形成一种强大的向心力，形成科学立法、严格执法、人人守法的社会法治秩序。首先，敬畏法律、推崇法治的法治精神像摄魂术，把人们的心拢向法治建设事业；其次，敬畏法律、推崇法治的法治精神像方向盘，引导人们向法治社会建设的价值目标前进；再次，敬畏法律、推崇法治的法治精神像黏合剂，使人们的思想言行遵从法律，服从法治，化解各种矛盾，实现社会稳定；最后，敬畏法律、推崇法治的法治精神像遥控器，以一种无形的力量调整、规制人们的思想和行为，使其符合法治建设与法治生活的整体利益。

法治精神是法治的思想内核，是法治文化的重要内容，是法治价值的重要体现。社会主义法治精神是一种体现党的领导、人民当家作主、依法治国有机统一的本质要求。社会主义法治精神蕴含着诸多价值理念，如公平正义、保障人权等，这是法治文化的灵魂，法治精神的关键词有公平、正义。言及公平、正义，首先就必须归结为平等。关于平等的内涵，恩格斯指出：“平等应当不仅是表面的，不仅在国家的领域中实行，它还应当是实际的，还应当在社会的、经济的领域中实行。”① “正义”是政治学、社会学、伦理学的基本范畴之一。正义的观念比法律广泛，只要有规则典章的地方，不论它是否具备法律的性质，都可以运用。正义是一个可用于多个层次的知识范畴或语词，让人充满了迷恋的魅力，是人类一直在孜孜不倦追求的价值，它无处不在，让古今思想家为之痴迷、倾倒。在西方，尽管正义（justice）是大家都很熟悉的词，但并不是一个十分清晰的概念。用博登海默的话来说，它有一张普洛透斯似的正义面孔。②“以平等对待平等的人，以不平等对待不平等的人——这才是正义的真正口号；这样说来，你不应该使不平等的东西平等。”③ 西方对正义的解释和正义概念的变化总是与法律联系在一起。这启示我们，对正义概念的探索有必要追索到法律中去。

（五）法治信仰

法治信仰是指社会成员对法治从内心深处认同、信服、尊重和崇敬，从而形成对法治的信赖感，并自觉以法律为行为准则，愿意为维护法律尊严和权威而献身的崇高境界。法治信仰是法治中国建设的必然要求。法治内涵的基本理念是民主、自由、公平、正义、秩序，法治信仰还是人们对于这些理念价值心悦诚服的信奉和不懈追求，是一种在长期的实践中建立起来的心理认同感。同时，法治信仰就是人们对法治的真情实感和精神寄托，是对法治能够保障民主、自由、公平、正义、秩序以及维护人的尊严与幸福功能的期待。

法治的根基在于公民发自内心对它的拥护，法治的威力也在于公民对它的真诚信仰。法治信仰是实现法治的精神支柱，如果一个国家没有法治信仰，一个社会缺乏法治精神，法治就会成为无本之木。实践证明，一个国家能否实现法治，其重要条件就是这个国家有无崇尚法治的信仰，是否

---

① 中共中央马克思恩格斯列宁斯大林著作编译局．马克思恩格斯选集（第 3 卷）［M］．北京：人民出版社，1995：448.

② ［美］E. 博登海默．法理学——法哲学及其方法［M］．邓正来，姬敬武，译．北京：华夏出版社，1987：237. “正义”之谜除了其含义的变化性，还有其含义的多层面、多视角的不同理解。所谓道德正义，归结到伦理上讲的是良善；政治正义主要是讲民主；分配正义是指经济上的合理性；社会正义则与法律上的公平、公正相联系。

③ 转引自［美］E. 博登海默．博登海默法理学［M］．潘汉典，译．北京：法律出版社，2015：42.

形成厉行法治的信念。法治国家不可能只是一套法律体系加一套治理体系，而是与人们思想观念、价值取向、社会心态和行为方式的高度契合。

法治信仰的培育取决于经济、政治、文化的发展，取决于整个民族文明素质的提升。建立和完善社会主义市场经济，是培育法治信仰的经济基础；发展和完善社会主义民主政治，是培育法治信仰的政治条件；建立和健全社会主义法律体系，是培育法治信仰的必要前提；提高全社会的科学文化水平，是培育法治信仰的内在要求；广泛开展法治宣传和普法工作，是培育法治信仰的有效举措；重视法学教育，开展法学研究，是培育法治信仰的关键环节；建设高素质的执法队伍，是培育法治信仰的重要保证。

（六）法治思维

思维是人类以自己的感知感觉为基础，运用已有的知识和经验对事物进行分析、比较和整合，形成概念、判断和推理的过程。法治思维是一种运用法治理念、法治精神、法治原则和其他要素来发现问题、分析问题、处理问题的理性思维方式。法治思维以民主政治为前提，以规范、约束和监督公权力为核心，以保障人权、实现公平正义为目的，以科学立法、严格执法、公正司法、全民守法为途径，以注重程序、依法办事为原则。

“法治思维”一词在我国是一个概念创新，英文表述为 law-based thinking。但在西方的法学语境中，“法治思维”一词很少出现，普遍使用的是“法律思维”一词，英文表述为 legal thinking。在我国的语境下，更多地指“法治思维方式”。

法治思维的主体是公权力的享有者和行使者。只有公权力的享有者和行使者符合法治精神、原则、理念和要求的思维习惯和程式才属于法治思维。法治思维的问题导向决定了它必定与运用法治方式解决社会中的具体问题相关联，因此，“合法性”是公权力行使所有正当性的来源，同时，法治思维要保障人权，其他目标的贯彻和运用必须服从于并且最终归属于人权保障的根本目标。

总之，法治思维是人们遵从法治精神来思考、研究和解决问题的思维路径，是认知过程中的心理逻辑，是追求更高理性的认知活动，因此法治思维强调思维主体对于思维客体（社会问题）的“穿透性反映”，久而久之，这种“穿透性反映”必定会定格成思维主体头脑中的“法治意识”，从而在一切社会活动中最终保障人的权利。

法治文化不仅关注法律、制度本身及与之相关的社会政治、经济、文化中的法律现象和法制问题，同时注重对法治观念、法治理念、法治意识等概念的集中阐发，注重对法的价值追求的体现以及对人的尊严和权利的维护。区别“法治文化”“法治观念”“法治理念”“法治意识”“法治精神”“法治信仰”“法治思维”等概念，既是研究法治文化的需要，也是建设中国特色社会主义法治文化的时代要求。

第二节 法治文化的特征

法治文化是人类在法治实践活动中能动地发挥自身主动性的文化成果之一，是一个国家、民族在法治领域所拥有并传承的制度模式、观念形态和行为方式。中国法治文化是我们党领导人民传承中国传统文化精华，借鉴人类法治文明成果，在当代中国法治实践中形成的，体现法治精神和理念、原则和制度、思维方式和行为方式的一种进步文化形态，是法治文化普遍性与社会主义法治文化特殊性的有机统一。它除具有法治文化的一般特征之外，还具有体现我国国情特点、时代特点及法治构建理念和方式的特殊性。

一、内涵的当代性与结构的层次性

法治文化内涵的当代性。这里所说的当代性是指国民对法律理性精神的崇敬与对当代社会现实的正确认识，从法治国家建设的社会历史性、具体实践性两个方面，正视法律嬗变的现代化特征。当代性是法治文化先进性的标志，坚持当代性，当然要继承民族传统，但也要立足当代，摒弃糟粕，抛却情绪化指责，开辟新的理念视界。也就是说，法治文化构建的当代性，只能是“结构系统”的调整，而非系统的倾覆；是新质渗入，而非全盘移植；是实践成效的塑造，而非法律理念的悬空争论。

法治文化在结构上的层次性。法治文化的内涵包括了物质层面的法治文化、制度层面的法治文化、精神层面的法治文化，以及行为层面的法治文化，这是一个层次分明的完整体系，各个层次之间具有内在联系，互为补充，缺一不可。物质层面的法治文化、制度层面的法治文化是构成法治文化体系的主体；精神层面的法治文化是法治文化的精髓，是法治社会的灵魂；行为层面的法治文化是法治文化的实效反映。在社会生活中，法治文化的载体一般是看得见摸得着的，这种载体大体上表现为宣传载体，如报纸、电视、网络、宣传栏等。对于法治文化的这种层次性，需要民众的普遍认知，我们不能妄想让群众在对法治文化知识毫无了解的情况下就拥有很强的法治文化认同感，这既不符合法治文化建设的规律，也不符合人民群众对事物的认知规律。要想真正使法治文化成为民众耳熟能详的现实之物，需要民众产生对法治文化的高度认同，这样，法治文化就会深入人心，基础就会很牢固，法治中国目标的实现指日可待。

二、思想的先进性与功能的渗透性

思想的先进性。社会主义法治文化是在马克思主义法治理论指导下建立起来的一种文化形态，它与专制文化相对立，是一种崇尚法治、拒绝人治的文化，是一种制约权力、反对专制的文化，它总是具有先进性。社会主义法治文化以先进的法治理论为统领，以先进的法治理念为核心，以先进的法治制度为基础，代表了当代中国先进法治文化的价值取向，是社会主义先进文化的重要组成部分。思想上的先进性是社会主义法治文化的根本属性。

功能的渗透性。文化像水一样润物细无声。法治文化具有很强的感染力和渗透性，能够创设一种浓厚的法治氛围，浸染、弥漫在整个组织当中，强烈影响人的道德情感、价值选择、思维方式和行为习惯，对形成崇尚法治、鄙弃人治的思想理念、价值取向、行为规范和社会风尚具有潜移默化的促进作用。在一个拥有法治文化的社会里，即使法治运行的状态不尽如人意，但在法治文化动力的强力推动下也会慢慢地向好的方向转变。如果欠缺这种文化的浸润，法治建设过程中面临的困难和遇到的问题会日益凸显，因而可能会产生相互背离的后果，会给整个法治建设带来较大的危害。法治文化渗透在人们的价值观念、环境氛围，以及法治文化作品、载体、活动中，是法治价值理念与法治制度规范的统一、个体行为与社会风尚的统一、法治文化活动与法治文化产品的统一。

三、价值的标引性与人性的终极性

价值的标引性。这是从文化的功能角度来说的。法律文化是人类文化中导引功能最强的文化形式。虽然经济基础决定上层建筑，但以法律制度、法律思想为代表的上层建筑要素，对经济基础的反作用是巨大的。一种成功的社会制度，必然与成熟的法律体系相匹配。如果缺少优秀法律体系的标引，社会制度就会因失去“罗盘”而丧失其正义性。因为法律制度、法律思想作为人类社会之“游戏规则”，具有可通约和可检验性，是公平正义社会制度的必要条件。在中国传统文化中，中国古人往往专注于法律的惩罚功能，故法律的价值标引功能也就不甚突出。近代以来，中国法律界有识之士不遗余力地推动中国司法体系改革。这意味着，社会发展不仅在于政治信仰的价值标引，还在于法治文化价值标引。

人性的终极性。这里所说的人性问题，绝非庸俗的滥情主义，而是基于人类良知意义上的宽厚、朴素、仁爱思想。在此语境下，某个人的行为、某件事的发生，是否符合人性，在价值判断上是不言自明的。“人性终极”是人类精神价值判断不能再退的认知悬崖，一切与之相悖的思想、行动理由，不管多么光芒四射，在它面前都要作出让步。具体到法治文化，那就是在绝对正确的法律之上，还有绝对正确的人道主义。只有当法治文化获得这一终极坐标的牵引，法治中国建设才能不失航向。在法治软文化环境中，一些文本“故意”在人性和法律之间制造对立，通过情与法矛盾的两难抉择，让法治与人道保持一定的张力关系，这些文本表层结构着意表达法不容情主题，并非为了撕裂情法关系，而是在深层结构中表明：法律离开人道是酷法，人道离开法律则滥情。法律是社会秩序小关怀，博爱才是人性大关怀。以程序正义才能达到人性博爱，两者辩证依存，保持悖立与平衡关系。

四、形式的多样性与进程的开放性

形式的多样性。无论显性还是理性，可感器物还是精神理念，法治文化都表现出多样性特征。从当代印刷文本到古色斑斓的羊皮法典；从象征性法律器物到当代法治题材文学，无不是法律精神借助文化形式的显现。

古罗马“十二铜表法”以其新奇的文本形式，获得了无法估量的文化认知价值；我国法官法袍上四个红底黄色大纽扣所拥有的丰厚意旨，是法律象征文化表现形式；央视“法律讲堂”以案说法讲述鲜活案例故事，则是法治文化新型传媒形式；法治题材影视剧中的法官人物形象，是法治文化审美表现形式；公职人员就职时宣誓效忠宪法，是法治文化仪式的重要特征。

进程的开放性。法治文化建设不是封闭的，而是一个逐步开放的建构过程。结构主义理论认为，一个结构系统只有具备了整体性、转换性和自我调节性①三个特征，方能自在延续。结构不是封闭的，它需要演变，需要通过新质的加入，新的规则的形成，达到结构的“解构”与“重构”，从而保持结构系统的生命力。具体到法治文化建设，也需要将其看作一个既封闭又开放的结构形态：封闭是就其稳定性而言，开放是就其发展而言。也就是说，在建构过程中，由于时代变化，结构在保持其整体性的同时，必须有新要素的不断加入，促使结构作出调整，从而达到一种继承性转换。现阶段，法治文化需要根据社会主义市场经济不可逆转之规律性，适时引入现代法治文化通则与核心理念，从而推动法治文化新结构的转换生成。这已是不争的事实，法治文化建设实践已充分表明，只有敢于接受新质对旧质的“解构—重构”挑战，才能构建真正意义上的现代法治文化。

第三节　法治文化的结构与功能

法治文化是由诸多文化要素构成的具有特定功能的文化有机体。法治文化既是人的创造，同时又是对人自身的塑造、是人的实践活动并通过这种活动对社会产生影响。在人类长期的历史进程中，法治文化像树木的年轮一样不断地生成、更新和积淀，其结构逐渐复杂，其功能日趋完善。

一、法治文化的结构

（一）法治文化的横向结构

根据法治文化不同的表现形式，其横向结构可以划分为多种类型。这

---

① ［瑞士］皮亚杰．结构主义［M］．北京：商务印书馆，1996：2.

些不同的类型，构成了法治文化的整体。

按照法治文化形成的地域来分，有国外的法治文化、国内的法治文化，国外又可以按国别划分，国内也存在地域之别。不同地域的法治文化由于受到地理、历史、民族和经济社会发展状况等因素影响，会表现为当地独特的风格和特色，在整体上表现出文化的多样性。这种文化的多样性，更多的是与当地人民的生产生活相适应的，有时候很难用先进或落后来进行评判。

按照影射的客体分，每种法治文化作为人的精神反映和集中体现，都有它所关注的客体。客体既可以是法治系统整体，也可以是法治系统的一部分。因此，法治文化就有整体性的中国特色社会主义法治文化，专门性的组织法治文化，如人大法治文化、政府法治文化、法院法治文化、检察法治文化、公安法治文化、监狱法治文化等。

从行业与专业特征来划分，法治文化可分为显性法治文化和隐性法治文化。关于“显”与“隐”，也可从法治文化“软”与“硬”、内部与外部两个方面来理解。显性法治文化属于法律“硬文化”范畴，即通常所说的法制文化或法律文化，其特点是富有法律专业特性，属于法律内部知识范畴；隐性法治文化则属于法律“软文化”范畴，是法律文化向其他文化维度的浸润与延伸。例如，与法治中国建设密切相关的法治社会学、法治心理学、法治文学等，都属于法治软文化或外在延伸部分。

（二）法治文化的纵向结构

纵向结构是揭示不同层次之间的联结方式。在纵向结构上，法治文化如同一般意义上的文化概念一样，从广义上分为物质、制度、精神和行为四个层次。法治文化是由物质层面、制度层面、精神层面和行为层面法治文化组成的有机整体。

1. 物质层面的法治文化

物质层面的法治文化，也称法治物质文化，是指人类法治文化意识形态、行为实践及其制度规范活动作用于法治系统的物质成果，是法治文化的物质表现。在广义上包括融入人类情感和法治关怀、蕴含深厚的历史人文背景和故事的法治文化主题公园、法治艺术长廊、法治文化物质产品等；狭义上主要指各种法治文化的物质载体，如各种法治活动场所，法院、检察院的建筑物，其他具有威慑力的徽章、法槌、警车，以及其他警务器械。

2. 制度层面的法治文化

制度层面的法治文化，也称法治制度文化，是与法治有关的法律法规、政策、制度管理机构的总和。法治建设的政策、法律和制度在一定程度上决定或制约着法治文化建设的进程。在法治文化中，法治制度文化起着重要的作用。它是法治精神文化的集中体现，是法治行为文化的制度规范，对保障和巩固法治文化物质成果起着十分重要的作用。

3. 精神层面的法治文化

精神层面的法治文化属于意识形态范畴，是人类对法治的认识、情感的综合，是法治文化的精神内核，其文化形态主要包括法治精神、法治意识、法治观念等，在这里我们统称为法治精神文化。法治精神文化在法治文化中处于核心地位，为了实现其自身的价值，它要通过法治制度文化、法治行为文化等环节，逐级外化和延伸，最终达到法治物质文化。同时，法治精神文化在发展中也会受到法治物质文化、法治制度文化和法治行为文化的影响、渗透和制约。

4. 行为层面的法治文化

法治文化的行为层次，是人类与法治的行为方式和实践活动的总和，也称法治行为文化。它是主观与客观相统一的联结人与法治的媒介，同时又是人类以各种工具为中介创造法治物质文化的过程，反映了人与法治的关系表象。法治行为文化受到外界环境的约束，由法治精神文化和法治制度文化支配，在创造和发展法治物质文化的过程中，其行为方式必然要受到法治精神文化的导向和法治制度文化的规范。一方面，法治精神文化要外化为法治物质文化，实现其价值；另一方面，法治物质文化要得到生产和消费，通过认识和审美以内化为法治精神文化。这两者都需要通过人的活动来完成，而这种活动本身就构成了法治行为文化。

法治文化的各个层次是一个整体，各要素之间是相互依存、相互影响并相互制约的。法治文化分层结构如表 1-1 所示。

表 1-1　法治文化分层结构

四层结构	结构内容
物质层面的法治文化	1. 法治组织[①]的法意建筑与设施：专门用来立法、执法、司法和法治宣传的场所或建筑物，如法院、检察院的建筑； 2. 法治组织的器物设施：徽章、法槌、警车，以及其他警务器械； 3. 法治组织的服饰设施：法袍、检察服、警服等； 4. 各种法治文化公园、法治宣传教育中心、法治艺术长廊、法治博物馆等
制度层面的法治文化	1. 社会主义的根本政治制度、基本政治制度、基本经济制度、基本文化制度、社会制度、生态文明制度； 2. 社会主义的宪法制度、民主选举制度、人权保障制度、民主立法制度、严格执法制度、公正司法制度、法律监督制度、自觉守法制度等； 3. 中国特色社会主义法律体系、民法经济法行政法等法律部门、各种法律规范和法律条文、立法司法解释等
精神层面的法治文化	1. 法治精神、法治意识、法治观念、法治价值、法治原则、法治思想、法治思维、法治理念、法治理论、法治学说等； 2. 公民的法治态度、法治心理、法治偏好、法治立场、法治信仰等
行为层面的法治文化	1. 立法行为、执法行为、司法行为、法治监督行为、守法行为等； 2. 法治习惯、法治功能、法治实效、法治权威、法治秩序、法治环境、法治状况等

资料来源：根据王运声，易孟林，陈鸿彝，等．中国法治文化概论［M］．北京：群众出版社，2015 年版整理。

（三）法治文化的生成结构

1. 法治文化的生成要素

法治文化的生成系统，包括主体、客体和中介三大要素。正是由于这三大要素的有机组合和相互关联，法治文化才能不断进行内在生成和实现历史进化。

法治文化的生成主体是具体的历史上的人，他们通常是拥有一定的知识水平的人。例如，《中华人民共和国刑法》是法律专家作为立法者共同

① 法治组织主要是指依法设置的制定、执行、维护法律制度的专门法律机关和组织。一般而言，是指人民代表大会、人民法院、人民检察院、公安机关、司法行政机关、仲裁机构等组织。国务院系统和民主党派、社会组织等也是依法设置的机关和组织，虽然其不属于专门的法律机关和组织，但也属法治组织范畴。（参见王运声，易孟林，陈鸿彝，等．中国法治文化概论［M］．北京：群众出版社，2015：42.）

直接创作的结果，所反映的是全国人民的意志。《中国法治文化概论》是一种法治文化，其作者是生产主体。同时，作者又是一定时代的代表人物，他们的思想在某种程度上又反映了同时期的认识水平。法治文化的生成客体是法治文化所反映的对象，是一个庞大的法治系统。法治系统，既是认识对象，又是建设对象。具体的历史的法治文化，其客体的范围和性质有不同的针对性。法治文化的中介是法治文化生成过程中主体对客体认识、改造时所运用的手段和工具，如语言文字、思维方式、知识经验等。以往的或外来的法治文化也会被继承或借鉴。例如，在《中华人民共和国刑法》的制定和完善过程中，要针对法律草案的各种概念、术语、条文和章节等，深入开展交流研讨，并最终要经过全国人民代表大会审议通过，这中间都要运用各种知识、介质和工具。

2. 法治文化生成过程

法治文化生成过程，表现为人有目的地生产法治文化以满足自身需要的创作过程。这个过程主要包括目的、路径、结果三个环节。

人类生产法治文化①的目的是从根本上满足人的不断增长的法治物质需要和法治精神需要。例如《中华人民共和国刑法》的立法意图，是自然人规范自身行为，保护人身和财产安全，实现我国社会文明秩序的有序发展。人类总是先有目的②，而后才进行生产实践活动。

其次，人类为了实现既定的法治文化生产目标，会运用一定的中介针对一定的客体进行法治文化制作和加工。在这个过程中，会不断对初级产品进行修改，最终形成比较完善的产品。这个过程实质上是人类用概念和判断，来反映与客体本身所存在的冲突，并提出解决这种冲突的方法和途径。例如，《中华人民共和国刑法》的制定会经历一个长期的调查论证过程，会征求各方意见和建议，才能够最终形成代表国家和人民意志的法律。

法治文化生产的具体结果通常表现为一定的法治文化产品。这种产品的表现形式是比较丰富的。例如，《中国法治文化》期刊是成文的；每年

① 生产文化是人类在各种生产活动中形成的内容繁杂的文化体系总称。它们的形成变化和演变反映出生产水平的不断提高、生产种类的不断增加、生产技术的不断精湛。体现发展性、多样性、进化性、高科技性等特点。

② 根据生存发展的实际需求、历史实践经验的积累和认识水平总结得来。

的3月15日是“国际消费者权益日”，通过相关活动的举办，扩大对消费者权益保护的宣传；宪法宣誓制度可以通过看得见的仪式，强化对宪法的认同，增强自我的责任感与使命感。这种种形式是法治文化建设进程的象征。然而，法治文化产品无论多么复杂、多么精致，其实它要传递给人们的只是一种信息、一种情感、一种价值观，它都可以被概括为一种精神信念。法治文化产品一旦生产出来之后，如果能够得到当时当地人们的心理认同，它就可以被人们多次地反复地应用于生产生活中，影响人们的精神和行为，从而发挥文化产品所具有的功能和作用。

二、法治文化的功能

功能是事物作用于他物的性质和效用。作为一种文化软实力，法治文化对促进法治建设发挥着重要的内在支撑作用。法治文化的功能主要有以下几点。

（一）法治文化的教化功能

法治文化在社会主义现代化进程中，兼具教化调控的作用。法治文化从某种意义上说，就是一种层次的文化，文化具有的一般功能应该说法治文化都具有，但同时法治文化又具有特殊性，有文化所没有的特殊功能。对人的教化就是用法治理念、法治生活方式对人进行熏陶，使人具有一种法治社会所需要的法治信仰，从而形成一种法治的生活习惯，同时，法治文化调控个人的行为方式，从而调节整个社会的运行规则。不管是个体的人还是组织、机构，既受到法治文化的熏陶，也是言传身教者，在相互影响之下，整个法治社会就有了一种文化软实力的支撑。

法治的关键在于法律的践行与信守。但如何保障法律能够得到践行与信守呢？历史事实和现实经验表明，成功的法治实施离不开强制力，但是，法律的强制力量有限，保障民众践行和信守法律，离不开法治文化的支持。首先，文化是塑造人的特殊手段。民众信法、守法习惯是建立在法治文化浓厚的基础之上。法治文化能把某种价值观念灌输给处于社会生活中的个体，使个体在内心确立对法律的信念，内化于心，外化于行，长此以往，形成个体的一种良好的守法行为习惯。其次，文化是人的一种社会化方式。人的社会化过程其实就是社会文化的内化。法治文化发挥教育功能的体现，就是通过法治实践让法治成为在这个社会这个时代生活的人们社会化的重要标志。再次，法治文化的形成与法治秩序的构建是同源同流的。建立一种合理有效的法治秩序，必须以法治文化的充分发展为前提。最后，只有法治文化长足发展，才可能构建起人类向往的理想的法治秩序，并使之在法治文化氛围中得以永恒维系。

良好的法治环境是个体树立法治信仰的基础。法治社会环境包括自治的社会生活、自由的经济生活、民主的政治生活、多元的文化生活等方面。这是法治生存和发展的“土壤”，是法治在其中存在和运作的社会环境。对于我国社会主义法治建设而言，法治的一系列规范的确是重要的，然而，更为关键的工作，可能在于根据“法治”的精神和原则来改良我国由传统和现实而形成的并不太适宜于法治生长和发育并使之得以持续维系的“社会土壤”或社会环境，以使这种经过改良的“社会土壤”既能滋生承载法治的精神和原则，又能支撑和维系法治的规范和制度构成及其现实运作。在一个良好的法治社会环境影响之下，个体的法治行为可以感染、教化人，促使其他人产生法治行为动机，依法进行社会活动。正因为人是有感情的动物，是会被感染的，所以法治文化才有可能发挥作用，而且，人与人之间的感情还是会相互影响、相互促进的，这样可以形成一种从众效应，进而影响人们的行为选择。

（二）法治文化的规范功能

法治文化的规范功能，指通过对法律法规的反复适用，使人们对法的认知水平得到提高，并逐步从法律条文层面进入个体内心，使人们习惯于守法，最终形成一种意志和行为自觉。

法治，从其本意上讲，它所表达或描述的是一种通过具有至上地位和最高权威性的法律对社会的治理或统治。相较于人治而言，法治把人治的不定期而随时可能爆发的“危险”用程式化的理性规则来代替，从而使社会行为及其后果具有可预期性，社会关系和社会程序即可达到比较坚实的稳定状态。在这种情形中，社会成员对于法律的普遍遵循，尤其是社会成员高度认同法律并自觉自愿而非外在强制或者出于对惩罚的恐惧，对法律的普遍遵守，这既是法治的核心要素，又是法治能否成功的关键。

法治文化具有可预测性的特征，指在社会实践中，人们可以预估到相互之间的行为及后果。这种预测作用的对象是双方之间的相互行为，包括公民之间、社会组织之间和国家、企事业单位之间的相互行为，以及它们相互之间行为的预测。法治文化内涵的规范性、确定性的特点告知人们如何行为，使人们可以进行相互行为的预测。法律制度是预设的，比较明确，这为人们进行行为预测提供了可能，人们可以预见到自己的行为是否合法，以及是否有效，是会受到国家肯定、鼓励、保护或奖励的，还是应受到法律撤销、否定或制裁的。这种预测能够对人们的行为选择进行事先干预，有利于维护社会关系的稳定。因此，法治文化通过行为预测来规范人们的言行，维护整个社会的秩序和安定。

从法治文化的横向结构维度来考察，法治文化可分为显性法治文化和隐性法治文化。显性层面的法治文化作为一种行为标准和尺度，具有判断、衡量人们行为的作用。在实际生活中，法治文化同风俗习惯等都具有对行为的评价作用，但是法治文化所作出的评价有不同的特点。一方面，法治文化的评价具有比较突出的客观性。法治文化的评价标准主要有合法和违法以及“合理性”。即什么行为是正当的，什么行为是不可为的，这在法律规范中有规定。法律可以避免其他方式评判时主观因素太强的弊病，法律规范对人的行为的评价不会受到外界干扰，也不会因人而异。另一方面，法律规范的评价具有普遍的有效性。由于人们道德观念和宗教信仰的不同，每一个个体对一定行为所作出的评价只有在与该个体具有相同标准的那些人中才是有效的。法律不会顾及个人感受，一旦个体的行为进入法律行为范畴，法律规范的评价对他们来说就是有效的。

（三）法治文化的引导功能

法治文化肯定法律在社会中的统治地位，法律权威的树立最终也需要公众对法律的自觉服从。法治靠规则与信仰支撑，没有规则必然无法可依，缺乏信仰则会有法不依。法律规范只是告诉人们在社会生活中应该做什么，不应该做什么，人们不能随心所欲，法律规范指引民众作出符合法律规范的行为。当然，当民众感觉到法治带给自己的方便和利益时，其就会对法治产生“好感”，久而久之，法治认同感会逐渐增强。对于法治文化而言，要使人们确信法治建设对人们自身生活意义的重要性，为实现法的信仰创造坚实的民众基础。文化是通过教育来实现的，文而不化，还是没有文化。法治文化是教化的结果，法而不教，同样没有法治文化。文化的过程就是把“文”化入“人”的过程，使人不断地从动物状态中提升出来的过程；[①] 文化是使人有文化的过程，即把一个野蛮、粗陋的人变化成谈吐自如、文明有礼之人的过程，有了文化之人，才有文化。同样，法治成为文化，关键是以“法”“化”人，只有当人人化成“法人”，人人信仰法治，法治深入人心时，法治才能成为文化。

法治文化要求所有利益分配规则、个体之间的交往活动都要在法治的范围内进行。而现实生活中，利益分配不公、个体之间交往尔虞我诈会使整个社会处于一种无序的状态之下。单靠法律和制度的强制力约束已经不能使社会在一种正常的秩序下运行。现代社会需要一种有序的环境，不管是学术界还是当政者都深刻地认识到这一点，选择了法治的治理模式，提出了法治国家、法治政府、法治社会一体建设的法治中国目标，这也成为当前中国进行依法治国的总体目标。鉴于此，力促法治中国目标实现的法治文化建设被提上了议事日程，法治文化对社会的协调作用越来越明显。

实践证明，法律是定分止争的最有效手段，法律明确规定了社会成员的行为和利益边界，以法律为依据构建冲突解决机制，在法治轨道上解决矛盾和纠纷，可以避免或减少矛盾激化和社会冲突，确保社会正常秩序。当前我国经济发展进入新常态，建设现代经济体系已经成为国人的共识，社会转型遇到新问题，因此，必须运用法治思维和法治方式化解矛盾纠纷，以此推动维护稳定工作迈入依法治理轨道。

（四）法治文化的整合功能

推进法治文化建设，首先要解决的是如何看待人的生存和发展问题，特别是人的全面发展问题，法治文化有助于塑造人的全面发展。法律的存在，自始至终就是一种人为的存在，而不是自然的存在，法律是人创造的，其符合人的本质属性，人是法律价值的主体，人作为价值主体是主动的、自觉的，并可作出明确的价值评价。人类其实是用法律来实现对自己的终极关怀的，当法律制定和运作的过程反映人类发展需要时，法律便成为人类自身发展的必要条件。法律具有最高权威，才能保证人类基本权利不被践踏。

① 张岱年，程宜山．中国文化论争［M］．北京：中国人民大学出版社，2009：3.

法治文化的目的在于塑造人的全面发展，但是不能以此为由而放纵人的行为，法治文化可以为人类提供良好的生存环境。人类生存离不开生态环境，要处理人与自然的关系，建设生态文明，关键要纠正人的行为，因而，生态文明的法律制度的出发点要放在约束和调整人的行为上，指导思想应从征服自然、损害自然、破坏自然转向尊重自然、顺应自然、保护自然。法治规制了人对待自然的行为，使人们在法治的框架下利用和开发自然资源。

现代法治以弘扬人的主体自由理性为价值取向，它体现的是正义和理性原则下的自由与责任、权利与义务的和谐一致，即基于形式法律设定的权利义务权威性的认同和服从。法治文化为人的活动提供行为模式，法治作为一种行为过程和价值理念，能维持和创造社会秩序。在法治价值的指导下，法治文化为人的活动提供行为模式。同时，法治文化可以弥补制度供给不足。法治文化是司法政治主体、理论学术主体和社会大众个体在理论和实践的相互交织中通过共同努力形成的一整套政治措施、社会管理措施与社会心理、文化心理机制。当出现立法空白或冲突时，法治文化蕴含的文化判断力可以弥补制度供给的不足，其所负载的核心价值就可以为个体行为和社会生活提供一定的指导，解决社会上的矛盾冲突，保障经济社会平稳发展和有序推进。

总之，法治文化的功能是一个有机的、立体的、动态的体系，各个功能之间是相互联系、相辅相成的。我们只有认清法治文化的功能，才能形成合力、制定有力措施推进法治文化建设。

三、法治文化结构优化与功能提升

新陈代谢是事物发展的普遍规律。在新的形势下，为促进法治文化建设，推动经济社会可持续发展，就必须不断地创新法治文化的要素，优化法治文化的结构，提升法治文化的功能，进而驱动法治文明进程。提升法治文化功能的途径主要有以下几种。

（一）更新法治文化要素以提升功能

古为今用，传承创新。中国传统法治文化是在长期的历史进程中形成的，其内容丰富，包含法治的许多成分，这一部分需要摒弃落后的成分，以继承优秀的成分。但也有一些不可避免地带有历史局限性，这部分需要改造。比如，传统文化中的“德主刑辅”思想，则过分注重教化的调节作用，致使法治不够严谨。中国古代重视立法，注重法典的完备性。管子主张，立法要“博而不失，因以备能而无遗”（《管子·宙合第十一》），即法律只有完善没有遗漏，其功能才会完备而没有遗失。春秋战国时期，各诸侯国实施变法，开始了成文法典的颁布活动。由于重视立法，我国古代形成了完备的法律内容体系。但是我们也要看到，古代中国的立法活动只是官僚阶层极少部分人的行为，法律的制定缺乏广泛的民众参与，极易与社会实践脱节，以这种方式制定出来的法律，其目的与实践效果往往南辕北辙。这些不足之处启示我们，立法工作一定要紧紧依靠人民，联系社会实践，以有效规范社会系统。

洋为中用，引进创新。他山之石，可以攻玉。借鉴国外有效经验，也是法治文化发展的重要途径。后发者因为可以学习现有的成熟做法，往往具有后发优势。典型国家的法治文化建设经验，如英国、法国、德国，可供条件相似的国家借鉴。当然，借鉴不同于照搬，借鉴是有选择性地吸收。为了能够做到借鉴，不仅要知其然，还要知其所以然，要深入细致地学习其精髓、规律、秘诀，做到活学活用。外部经验要与本国的实际情况相结合，消化吸收、引进创新，生成管用的新成果。

与时俱进，综合创新。生活实践是理论创造的源泉，要结合时代发展的新经验、新需要、新实践进行法治文化创新。例如，江苏省苏州市的法治文化建设走在了全国前列。该市建设了一批法治文化景观；制作了各种题材的法治微电影；举办了法治书画、摄影作品竞赛；鼓励创作了法治小说、典故、杂文、格言、童谣、灯谜等题材的法治文化作品；定期组织撰写《法治风》《苏州普法简报》。通过这些举措的实施，该市的法治文化工作取得了突出的成绩，苏州市被中宣部、司法部评为“六五”普法先进城市，苏州市司法局被授予“全国司法行政系统先进集体”荣誉称号。应该说，江苏省和苏州市在法治文化建设方面的做法值得其他省份和城市学习。

（二）扩充法治文化要素以提升功能

中国拥有众多的人口、广袤的地域、复杂的社会和自然环境，迫切要求法治文化要素数量充足、内容常新、形式活泼生动。通过增加法治文化的要素的数量、种类、形式等，扩展法治文化的地域，全方位扩大法治文化的渗透和影响，也是提高法治文化功能的重要方法。

丰富形式，传递内容。对于某个法治文化主题，可以采取不同的形式进行表现，以适应不同的需要。例如，“第一届中国法治文化论坛暨中国法学会法制文学研究会2015学术年会”这种大型会议，举办的地点、邀请的专家、开展的活动、研讨的专题每年可以有变化，花样翻新。再如，一个法治文化主题公园，可以设立“法治主题区”“法治互动区”“法治文化传承区”。在人们游玩的时候，它一方面展现的是公园的优美风景，另一方面展现的是法治故事、法治名言等文化内涵，还可以结合每年的普法活动，举办一些送法下乡，法治文艺汇演、法治微电影展播等活动，使各种表达文化的形式相辅相成，使民众在休憩玩耍之余，受到“公平、正义”的法治精神教育和熏陶，法治文化更容易接收、吸纳、传递。把法治与文化紧密结合起来，也使枯燥的法制教条、法治精神有了新的载体，赋予了其新的内涵，给游客以不同的文化感受。

增加数量，走向大众。法治文化要素的数量要满足大众日益增长的文化消费需求。要降低法治文化产品的成本，加大法治文化产品的发行量，使人们能够随时随地可以看到、学到。各地区建立的法治文化公园数量逐年在增多，人民群众对法治文化主题公园的需求不断高涨。

增加种类，多样供需。法治文化的产品种类要多样化，以满足不同人群、不同场合的需要。例如，对于法治文化宣传场地，就有法治文化主题公园、法治文化主题市场、法治文化博物馆、法治教育中心等，种类越来越丰富。在现代高科技高速发展的情况下，法治文化载体的各种衍生品横空出世，种类的丰富，不仅方便了人们对科技发展带来的高科技体验，也满足了人们对不同特色文化的需要。

（三）优化法治文化结构以提升功能

法治文化的结构如同一座大厦，不仅有横向分类结构，还有纵向分层结构。发展结构要讲究传承、鼓励创新、富有活力，通过不断调整和改变法治文化的结构，发挥和提高法治文化的整体功能。

布局合理，均衡发展。应遵循法治文化建设规律，统筹法治文化事业与法治文化产业、东部与西部、城市与农村、当前与长远的均衡发展，将法治文化建设融入法治建设和产业布局，明确法治、产业、文化协调推进，共同发展。科学规划法治文化建设布局，明确各地区建设重点，立足各地区法治文化资源，挖掘法治文化潜力，尊重民族文化传统，形成区域法治文化特色，增强法治文化建设的魅力。

层次清晰，搭配协调。法治文化的物质、制度、精神、行为四个层次构成纵向结构，它们之间不是独立的，而是由外向内、内外互动、相互联系、相互渗透、相互影响、相互制约的关系。法治文化建设中，要注意层次清晰、彼此衔接、搭配协调。基于法治精神文化的突出地位，尤其要注重这方面建设，发挥其法治文化的核心作用。

法治文化功能的提升，离不开实践的检验和推动。法治文化要发挥它的功能，必须加强其实践。在实践中发挥功能，在实践中发现问题，在实践中得到发展，加强其实践的核心，在于其得人心，在于其亲和力和有效性。法治文化不是单纯的说教，而是要为它提供适宜的条件，充分发挥它的功能，在思想上要有领导重视，在组织上要健全，在经济上要投入，在载体上要建设和有依托，在政策上要扶持，在科学发展上要有研究团队和成果转化，在人才上要培养和使用。

法治文化作为一种新文化，将成长为法治文明时代的主流文化。我国一些地区开展的法治文化建设的成功实践表明，大力弘扬法治文化，能够引导广大社会公众逐步树立法治意识，增强法治观念，使依法行事的法治文明理念深入人心；能够引导各级政府树立依法行政的自觉意识，使“法治立国”“法治立省”成为行政理念；能够引导各类企业和社会团体逐步树立尊法守法用法的意识，使法治大行其道，进而推动法治文明建设不断向纵深发展。伴随着法治文化要素的更新、内涵的成长、结构的升级，法治文化必将对法治文明建设发挥关键性的导向引领和精神支撑作用。

第二章

理论溯源：中国法治文化的理论渊源

从中国法治文化发展的历史来看，作为一个阶段性的命题，它的出现有一个不断演进的过程。马克思主义理论的法治文化思想是中国法治文化的理论基础。从法治文化发展的历史来看，中国法治文化要批判继承中国传统法治文化思想的优秀成分，从人类法治文明发展史上看，法治文化起源于西方国家，要建构中国法治文化，就必须从西方国家的法治思想中深刻挖掘法治文化的本真，对其进行科学分析和扬弃，批判借鉴作为西方法治文化基本内容的公平正义等思想观念。正因如此，我们要把中国法治文化放在整个世界发展的时空环境下进行考量，透视当代中国置身于人类法治文明发展历史当中的整体性、系统性的思想框架。

第一节　马克思主义理论的法治文化思想

一、马克思、恩格斯关于法治文化的思想

马克思、恩格斯对法治文化没有进行过系统专门的论述，马克思、恩格斯关于法治文化的思想散见于他们的著作中，其中一些观点对于我国法治文化建设起到了指导性的作用。

（一）深刻揭示了法的本质

在阶级对立的社会里，法的本质体现为统治阶级的整体意志。马克思、恩格斯在《德意志意识形态》中指出：法律是“由统治者的共同利益所决定的意志的表现”。[①] “个人统治必须同时是一个一般的统治。”[②] “在

---

① 中共中央马克思恩格斯列宁斯大林著作编译局．马克思恩格斯全集（第3卷）［M］．北京：人民出版社，1960：378.

② 中共中央马克思恩格斯列宁斯大林著作编译局．马克思恩格斯全集（第3卷）［M］．北京：人民出版社，1960：378.

这种关系中占统治地位的个人除必须以国家的形式组织自己的力量外，他们还必须给予他们自己的由这些特定关系所决定的意志以国家意志即法律的一般表现形式。"① 法的本质最终体现为法的物质制约性。法的内容受制于统治阶级的物质生活条件。统治阶级的意志不是凭空产生的，而是根源于现实的经济关系。

马克思、恩格斯深刻揭示了法的本质，法是与一个国家的物质经济基础相关联的，这种关系不管是在资本主义国家还是社会主义社会，没有任何怀疑的理由，是真实的现实存在。生产力决定生产关系，经济基础决定上层建筑。法是基于经济基础的上层建筑，它决定于经济基础，服从于经济基础，并服务于经济基础。当某一法律反映经济规律时，它就推动社会的发展；当某一法律违反经济规律时，它就对经济发展起阻碍作用。这一历史唯物主义原理贯穿马克思、恩格斯的法治文化思想的始终。

（二）深刻揭示了法律与自由的关系

从价值层面来讲，法律是自由的保障。其本质的价值是"自由"——"法典就是人民自由的圣经"②。马克思认为："没有一个人反对自由，如果有的话，最多也只是反对别人的自由。"③ 法律必须体现自由、保障自由，只有这样，才能使"个别公民服从国家的法律也就是服从他自己的理性即人类理性的自然规律"。④

作为法律规定的自由还必须是真正的自由。虽然资本主义国家以自由、平等、博爱的口号立国，宪法里也充斥着自由的规定，然而却往往是隐蔽在华丽辞藻之后的伪自由。马克思指出，在资本主义国家中，宪法一方面规定个人的自由，另一方面则通过单行法律来限制自由，以维护资产阶级的"公共安全"，这里所谓的"公共安全"，不过是体现有产者利益的"公共安全"，被剥削阶级是无法享受的。宪法的规定与实质的背离，本身

① 中共中央马克思恩格斯列宁斯大林著作编译局．马克思恩格斯全集（第3卷）［M］．北京：人民出版社，1960：378.

② 中共中央马克思恩格斯列宁斯大林著作编译局．马克思恩格斯全集（第1卷）［M］．北京：人民出版社，1995：176.

③ 中共中央马克思恩格斯列宁斯大林著作编译局．马克思恩格斯全集（第1卷）［M］．北京：人民出版社，1995：176.

④ 中共中央马克思恩格斯列宁斯大林著作编译局．马克思恩格斯全集（第1卷）［M］．北京：人民出版社，1995：228.

是专制制度的特性所在。因为这种制度所奉行的“唯一原则就是轻视人类，使人不成其为人”[①]，因此对于无产阶级革命而言，关键是要唤醒受阶级压迫的社会底层民众。这一方面表明了自由实现的社会环境和条件；另一方面也将自由与正义联结起来，形成一种价值上的递进关系。

（三）社会主义民主是社会主义政权建立的前提和基础

作为一种国家管理形式的民主，马克思、恩格斯所设想的并非资产阶级那种虚伪的民主形式，而是真正由人民当家作主管理社会的民主形式。首先，民主制是以人为出发点的国家制度形式。马克思认为，“在民主制中，不是人为法律而存在，而是法律为人而存在；在这里法律是人的存在，而在其他国家形式中，人是法律的存在。民主制的基本特点就是这样”。[②] 真正意义上的民主制度，是将人的价值、人的尊严放在第一位的国家制度形式。其次，民主制是人民直接参与国家管理的政治制度形式。在总结巴黎公社的经验时，马克思指出：“每一个地区的农村公社，通过设在中心城镇的代表会议来处理它们的共同事务；这些地区的各个代表会议又向设在巴黎的国民代表会议派出代表，每一个代表都可以随时罢免，并受到选民给予他的限权委托书（正式指令）的约束。”[③] 这也意味着，民主制度体现了人民直接对国家行使管理权限，在这里，管理国家的代表由人民选出，人民可对代表进行监督并随时罢免，同时代表的权限又必须在人民所限定的范围内。

（四）立法者的历史使命

马克思对立法者的期望是：立法者在立法时应考虑权利被赋予者能否实现自己的权利；立法者要有人道精神，要考虑人们迫于环境而产生过错的情形。同时，法律的平等保护本身，不应是普遍的授予某种机会，而更注重人们是否有能力实施这种机会。马克思对立法者的社会角色与社会责任进行了界定：“立法者应该把自己看作一个自然科学家。他不是在创造

---

① 中共中央马克思恩格斯列宁斯大林著作编译局．马克思恩格斯全集（第 1 卷）［M］．北京：人民出版社，1956：411.

② 中共中央马克思恩格斯列宁斯大林著作编译局．马克思恩格斯全集（第 3 卷）［M］．北京：人民出版社，2002：40.

③ 中共中央马克思恩格斯列宁斯大林著作编译局．马克思恩格斯选集（第 3 卷）［M］．北京：人民出版社，2012：99.

法律，不是在发明法律，而仅仅是在表述法律，他用有意识的实在法把精神关系的内在规律表现出来。”①

法律要实现形式与实质上的平等。从主体上说，法律必须是人民意志的体现，让人民的意愿得到充分表达。马克思指出：“只有当法律是人民的意志所创立的时候，才会有确实的把握，正确而毫无成见地确定某种伦理关系的存在已不再符合其本质的那些条件，做到既符合科学所达到的水平，又符合社会上已形成的观点。”② 因此“人民的意志”既是法律的基础，又是法律成立的根据。马克思认为，要实现法律地位的平等，就必须以公共利益来充实法律的内容，体现法律的实质平等。法律平等隐含着一个更为深刻的问题，即立法与司法措施应当保证公民享有平等的法律待遇。

（五）司法公正的积极意义

司法作为一种国家固有的权力和活动，是在国家形成之后，用以调整社会关系、维护社会秩序的手段。社会主义国家也不例外，社会主义制度下法院承担着更为广泛的社会职责。司法只有履行了相应的社会职能，才可能在法律的范围内形成社会一体遵行的共同秩序。

在马克思看来，公正体现了人们之间的正当关系，其核心内容是平等。革命导师将“实质公正”作为司法公正的基本前提。这意味着，法律本身存在着“真正的法”与“非真正的法”的差异，马克思所肯认的是“真正的法”，只具有法的形式而不具有法的内容的文件，虽然有经国家制定并颁布的外在形式，仍然无法取得“法”的资格。以这样一个标准来衡量，如果法律不是“肯定的、明确的、普遍的规范”，那么，这种法律本身就是不公正的法律。“社会上占统治地位的那部分人的利益，总是要把现状作为法律加以神圣化，并且要把习惯和传统对现状造成的各种限制，用法律固定下来。”③ 而司法机关作为国家机构的组成部分，也必然会打上难以磨灭的政治烙印，成为实施阶级利益的工具。因此，所谓的“司法公

① 中共中央马克思恩格斯列宁斯大林著作编译局．马克思恩格斯全集（第1卷）［M］．北京：人民出版社，1995：347.

② 中共中央马克思恩格斯列宁斯大林著作编译局．马克思恩格斯全集（第1卷）［M］．北京：人民出版社，1995：349.

③ 中共中央马克思恩格斯列宁斯大林著作编译局．马克思恩格斯全集（第25卷）［M］．北京：人民出版社，1974：893.

正”，既存在着前提的不公正，即法律的不公正，同时又存在实施上的不公正。

（六）关于执法严明

执法严明意味着对执法机关在法律执行时态度、作风的要求，强调的是执法机关应当秉公办案，严格执法，充分发挥执法机关的职能作用。

执法必严包括忠于法律，正确下判。恩格斯就执法中的宽严不一提出了批评，指出：“被纳入警察当局和书报检察机关管辖范围的无礼行为这个概念，至此已显示出它的危害作用。这个概念由于被移植到法律的土壤上来，其含义就得以书报检查的宽严程度为转移。如果书报检查恰好像1840 年那样是苛刻的，那么最轻微的指责也是无礼的。如果书报检查像现在这样温和宽大，那么，当时被认为是蛮横的言论今天也未必会被看成无礼的……书报检查就其性质来说应当是伸缩不定的；而法律只要未被废除就应当固定不变，它不应当随警察事务的变化而变化。”[①] 这也就意味着，司法判决不应当以“形势”作为根据，如果强调司法只能考虑形势、考虑政治，那么司法机关就失去了自己的法定职责/权责，从而沦为政治的附庸。

马克思、恩格斯关于法治文化的思想产生于西欧资本主义社会，但他们关于法的本质的论述，以及关于立法、执法、司法等的观点仍然对中国建设社会主义法治文化具有重要的指导意义。马克思、恩格斯关于法的本质属性的界定绝非是单一的、片面的、局部的，而是一个具有多层性、综合性的命题，也即从法的外部表现形态开始，呈现出对法的明确的、肯定的、普遍的规定，进入对法律背后隐藏的经济事实的揭示，引出对社会各主体法权关系的深刻论述，为完整而系统地论述其法律思想奠定了坚实的基础，也为无产阶级夺取革命胜利，建设无产阶级专政，实现人类解放提供法理基础和世界观指导。马克思、恩格斯关于人的自由和解放的思想是马克思主义法治思想的精髓。马克思、恩格斯把“每个人的自由发展”提高到人类社会的终极理想上来，社会主义使人彻底摆脱了旧的生产关系，使生产力获得解放和发展，使全体人民能够享受社会经济发展的成果，为

---

① 中共中央马克思恩格斯列宁斯大林著作编译局．马克思恩格斯全集（第 2 卷）［M］．北京：人民出版社，2005：470-471.

人的全面自由发展提供了理论指导。总之，马克思、恩格斯的精辟论述成为中国法治文化建设的指导性理论，我们应该不断地进行理论与实践创新，使法治中国早日建成。

二、列宁关于法治文化的思想

列宁是马克思主义经典法治学说的继承者和发展者。在资本主义发展到垄断资本主义的阶段，列宁领导俄国无产阶级革命取得胜利，建立了苏维埃共和国和社会主义法制体系的基本框架。他在继承马克思、恩格斯关于法治文化的思想的基础上，丰富和发展了马克思、恩格斯关于法治文化的思想，解决了社会主义法治中的一些重大理论问题，探讨了无产阶级专政与社会主义法治、党的领导方式与法律权威、党的领导与公平正义、法律的普遍约束力与制度构建等若干社会主义法治的基本理论问题。

（一）关于法治建设的首要任务的思想

列宁认为要彻底推翻地主、资产阶级的法制，他认为在十月革命前，“现代俄国社会运动的主要形式依旧是广大人民群众的直接革命运动，它要废除旧法律，摧毁压迫人民的机关，夺取政权，创立新法制”。[①] 在十月革命后他指出，“工人阶级夺取政权之后，像任何阶级一样，要通过改变同所有制的关系和实行新宪法来掌握和保持政权，巩固政权”。[②] 列宁认为，社会主义立法的原则是“人民的利益是最高的法律”，坚持社会主义所制定的法律以人民的利益为出发点和落脚点。十月革命后，列宁要求国家制定的法律需在全国范围内得到普遍的遵守和执行，列宁认为建设社会主义法治国家的首要任务就是要求法治完备。

（二）关于法律权威的思想

列宁历来主张用法律来治理国家和管理社会事务，反复强调宪法和法律在国家治理和人民生活中的重要地位和作用，以及树立法律权威的必要

---

① 中共中央马克思恩格斯列宁斯大林著作编译局．列宁全集（第12卷）［M］．北京：人民出版社，1987：317.

② 中共中央马克思恩格斯列宁斯大林著作编译局．列宁全集（第38卷）［M］．北京：人民出版社，1986：299-300.

性，认为有法可依是国家治理的必要条件。列宁领导的苏维埃俄国无论是进行社会主义法制建设，还是进行社会主义法治建设，无不反映出法律在国家治理中的重要性。

列宁认为，法律应该高于各个政党，俄共作为执政党应该带头守法，以维护法律的权威性。任何党组织及党的领导干部都不得有超越于法律之上的特权，广大党员尤其是领导干部要依照宪法、法律的规定来规范自身的行为。只有这样才能真正做到坚持党的领导与维护社会主义法律的权威性、至上性的有机统一。列宁不仅主张依法治国，而且强调有法必依、执法必严、违法必究。坚持执法必严原则最大的难点在于对党员领导干部违法行为的追究。对此，列宁主张法律面前人人平等，反对超越法律之上的任何特权。对于党员干部的违法犯罪要加重处理的问题，列宁曾致信俄共中央政治局，“法庭对共产党员的惩处必须严于非党员”。①

（三）关于法制统一的思想

法制是一个综合性的概念，是由立法、执法、司法等体系构成的动态运转系统。列宁极为重视法制的统一，这一思想集中地体现在《论“双重”领导和法制》这部著作中。列宁认为，一个国家的法律制度对社会中的各种关系进行调整，法制体系必须是统一的。

列宁认为，要实现苏维埃俄国国家法制统一，必须制定国家的总章程——宪法，以宪法为统领，展开苏维埃政权的国家法制建设。真正实现国家法制的统一，除统一的宪法外，还要有以宪法为总纲的完善的、统一的法律体系。宪法和完善的法律体系为国家法制统一确立了明确纲领和基本条件，但由不同部门法构成的法律体系只是静态法，不是社会现实生活中运行的动态法。因此，以司法统一和执法统一构建良性的法律运行机制，促进法制的统一实施就显得十分必要。法制统一实施不仅需要建立一个从完善立法和全民守法再到严格执法和公正司法的法律运行机制，而且需要建立一个专门的法律监督机制，保障法制统一的实现。为此，苏维埃俄国建立了一个专门的法律监督机关——苏维埃检察机关，制定了《检察监督条例》，专门实施法律的监督任务。

---

① 中共中央马克思恩格斯列宁斯大林著作编译局．列宁全集（第 43 卷）［M］．北京：人民出版社，1987：53.

总之，苏维埃俄国社会革命与社会建设正是遵循着列宁法制统一的思想，在摧毁沙俄政府旧法律的基础上，建立了新的统一的社会主义法律制度，确保实现了真正的人民主权，保障了人民的自由、平等和民主等合法权益，为以后的苏联社会主义法制建设提供了理论资源。

（四）关于人民主权论的思想

人民主权又称“一切权力属于人民”。列宁将马克思主义人民主权论发展到一个新高度，指出人民主权的本质，为了实践这一思想，列宁主张实行民主改革，争取人民的政治自由，保护工人和农民的利益；主张工人阶级政党应该把俄国全体人民反对专制制度的民主斗争同无产阶级反对资产阶级的社会主义革命结合起来，通过无产阶级革命，使广大无产阶级上升为统治阶级。针对当时俄国政治、经济、文化落后的现状，列宁提出通过“代议制”最终实现人民对国家的间接管理民主路径。后来，列宁又在《怎么办?》《进一步，退两步》中，对党的民主思想和民主原则进行了阐释，认为必须把党代表大会作为党的最高权力机关；任何领导人都不能享有不服从党内多数人意志的特权。1904 年，列宁为《无产者报》撰写文稿时肯定了“实行彻底的集中制和坚决扩大党组织内的民主”的基本原则。可见，“民主集中制的无产阶级政党”的建立及其组织结构和活动方式是列宁代议制思想的逻辑起点。

列宁的人民主权思想阐明了民主与法律、国家政权和法律的关系，即以民主形式产生的法律必须服务于、依赖于政权，法律就是一种国家意志的体现。

（五）关于权力监督的思想

不受监督的权力是危险的，必然导致腐败。在民主国家中，建立有效的权力制约机制是人们不断奋斗的目标。苏维埃政权建立以后，为了防止权力的腐化和滥用，列宁要求建立权力制约机制、权力监督机制，并就建立有效的权力制约机制和监督机制进行了一系列的理论与实践探索。

列宁十分重视党的自我监督，十月革命胜利之后，专门成立了中央监察委员会进行党的自我监督，并赋予中央监察委员会绝对的监督权。在十月革命前夕和苏维埃政权成立初期，列宁认为广大群众对国家权力强有力的监督能够促进社会主义国家的稳固与发展，反复强调让苏维埃共和国人人都能参加国家管理，实行直接选举制、人民自治和“直接的人民立法”，以确保人民主权的实现。然而，国家形势发生了变化，列宁提出了“权利制约权力”思想，这就是所谓的“自下而上”的人民监督方式。无论是人民群众的监督，还是党内的自我监督，都必须依法进行。为此，列宁十分注重法律监督机制的理论与实践探索。首先，依法规定党和国家机关各部门的权力，做到监督活动有法可依、有章可循。其次，建立新型的法律监督机关，既要确保法律监督机关的独立性，又要做到各机关的分工合作，从而形成有机的监督体系。最后，监督活动应当遵守合法的程序，防止监督权力自身的滥用乃至异化，维护司法程序的正义性。

列宁关于建设社会主义法治国家的宏伟构想内容是丰富的，措施是比较具体的。列宁所主张的司法公正、法律平等原则，都是法治国家建设应该坚持的基本原则，这些原则同俄国的基本国情相结合，使列宁的法治思想超越了资本主义国家的法治文明，在社会主义发展历史上成为新型的法治文明，为中国法治文化建设留下了极其宝贵的理论和实践经验。列宁提出，人权保障是法治文化建设的价值目标；完善法制是法治文化建设的前提条件；党要守法是法治文化建设的关键环节。列宁关于法治文化的思想为我们留下了宝贵的法治文化资源。

三、毛泽东等老一辈无产阶级革命家关于法治文化的思想

（一）毛泽东关于法治文化的思想

毛泽东关于法治文化的思想内涵丰富，在中国法治建设实践中发挥着重要的作用，毛泽东的宪政理论、人民民主专政理论、专门工作与群众路线相结合、健全法制和依法办事等思想是社会主义法治理念的重要理论渊源。

1. 毛泽东非常注重宪法建设，主张依宪治国

毛泽东法治文化思想的核心内容是宪政理论，在他的一些文章中，对宪政理论多有论述。抗日战争时期，毛泽东对宪政问题的思考，主要结合了当时两个方面的形势。一是在根据地推行民主宪政，以团结社会各界联合抗日；二是就抗日统一战线中和国民党的关系问题，提出了民主联合政

府的主张。在《陕甘宁边区施政纲领》《新民主主义论》等文章中多有论及。从宪政发展史和人们对宪政的认识看，宪政就是民主政治，毛泽东对这一点的认识是很正确的。只不过，各国对民主和宪政的实现方式不同，因而，各国实行民主的方式不同，民主的程度也有差异。毛泽东认为当时中国的宪政是新民主主义宪政，他希望所建立的政权对抗日的人民实行民主，而对汉奸实行镇压和打击。毛泽东谈民主问题、民主政治，这与西方传统的民主理论有很大的不同，西方的民主理论，讲对内实行民主的内容多，而毛泽东讲民主政治，除谈对内的民主外，更重要的是讲对外的专政，更多地强调政权的镇压功能。此外，毛泽东认为，宪法是对民主事实的确认。他认为宪法是对已有的民主事实的确认。这一认识，不局限于宪法，其具有普遍意义。任何法律，主要是对已有事实的确认，有的法律虽然有一定的超前性，但超前性不是法律的主要特征，超前的内容也不构成法律的主要内容。因此，在没有民主事实的时候，不可能有宪法，即使在形式上制定了宪法，也不可能实现，反而会影响宪法的权威性。但宪政运动却可以先于宪法而存在，而且，即使在制定了宪法后，宪政运动也可能继续。

2. 人民民主专政理论

毛泽东人民民主专政的理论内容十分丰富。毛泽东认为，不实行人民民主，“革命就要失败，人民就要遭殃，国家就要灭亡”。[①] 在他看来，要取得中国革命的胜利，建立社会主义国家，实现共产主义，唯一的办法就是实行人民民主专政。人民是国家的主人，享有充分的民主权利，对大多数人实行民主，也就是最广泛的民主，这是人民民主专政的基础；只有对人民实行民主，才能极大地调动人民参加国家建设的热情，创造出丰富的物质财富，为实现共产主义奠定基础。为了坚持人民对敌人的有效专政，毛泽东认为：“对于反动阶级和反动派的人们，在他们的政权被推翻以后，他们只要不造反，不破坏，不捣乱，也给土地，给工作，让他们活下去，让他们在劳动中改造自己，成为新人。他们如果不愿意劳动，人民的国家就要强迫他们劳动。”[②]

① 毛泽东．毛泽东选集（第4卷）[M]．北京：人民出版社，1991：1475.
② 毛泽东．毛泽东选集（第4卷）[M]．北京：人民出版社，1991：1476-1477.

法律是建立在一定经济基础之上的上层建筑的重要组成部分，必然要随着经济基础的变化而变化，无产阶级在取得革命胜利、掌握国家政权后，就要着手创制体现本阶级意志的法律，来确立自己的政治统治。在毛泽东看来，由于阶级在一定时期内将长期存在，因此，在人民民主专政制度下，国家法律的本质与作用仍然是一种阶级统治的工具，不同之处在于它对敌人实行专政，对人民实行民主。

在民主和专政的关系上，毛泽东认为，民主和专政的基本原则是不可动摇的，只有彻底的马克思列宁主义者才会坚持民主和专政有机结合的观点。毛泽东围绕实现无产阶级专政的社会主义这个中心，提出了一系列思想观点：一是关于工人阶级领导权的思想；二是关于共产党的领导核心的思想；三是关于工农联盟的思想；四是关于统一战线的思想。总之，对人民民主和对敌人专政是不可分割的统一体，二者缺一不可，毛泽东作了最好的说明："对人民内部的民主方面和对反动派的专政方面，互相结合起来，就是人民民主专政。"①

3. 关于法的本质理论

马克思主义认为，法律是人类社会发展到一定阶段，有了阶级和阶级统治以后才出现的产物。毛泽东继承和发展了马克思主义经典作家关于法律本质的理论，深刻揭示了法律的阶级本质及其社会经济根源。

毛泽东认为，法律总是一定的经济、政治与文化的反映并为阶级专政服务，法律是阶级压迫工具的基本理念，是毛泽东关于法本质理论的核心。首先，毛泽东认为正义是法律的基本价值，正义同民主、自由一样，都是具体的价值准则，没有抽象的民主，也没有抽象的自由和抽象的正义。一种法律只有更好地维护广大人民群众的利益，确保广大人民群众享有民主和自由，这种法律才具有正当性、正义性。因此，在正义的形式与实质上，毛泽东更重视实质正义的意义与价值。在他看来，一切剥削制度之所以虚伪，就在于其只有思维的形式正义而无实质正义的内容。其次，在关于法与秩序的关系上，毛泽东认为，法律应当确认和保护人民的基本自由，维护社会的正常秩序。人民民主专政的政治制度和法律制度必然体现在专政与民主两个方面，无论是专政还是民主，都是为了维护稳定、有

① 毛泽东．毛泽东选集（第4卷）[M]．北京：人民出版社，1991：1475.

序、健康的社会秩序。最后，在关于法与自由的关系上，毛泽东认为："自由是人民争来的，不是什么人恩赐的。"① 毛泽东的自由思想源于无产阶级革命实践，在他的一些著述中多有论及。

4. 健全法制与依法办事

毛泽东重视法制工作，在刑事法律方面留下了许多优秀思想，为我们立法和执法指明了方向。

第一，法律面前人人平等的思想。在立法、执法、守法过程中，毛泽东严格遵循与贯彻"法律面前人人平等"的原则。对于党内的腐败分子，毛泽东主张严加惩处，杜绝一切特权行为。对于犯罪分子，无论社会地位、贡献大小，一旦违反法律，一律进行处罚。他对干部违法乱纪，要求从严处理。从这些方面可以看出，毛泽东在中国革命和社会主义建设的每一时期都十分重视刑法平等。毛泽东关于法律面前人人平等的法制思想体现在他一直要求执法必严、违法必究。毛泽东的这一思想被中国共产党人继承和发展下来，这既说明了这一法制思想代表了广大人民的整体意志和共同利益，也说明了毛泽东一贯倡导的在法律面前人人平等的思想深入人心。

第二，刑罚的两大功能。刑罚不仅是惩罚的武器，也是教育的武器。这一政策思想的一项重要内容是坚持少杀，实行改造、给予出路。毛泽东认为，没有人天生是罪犯，人可以改造，通过正确的方法可以改造成自食其力的劳动者。对罪犯的惩罚方式，"第一是思想改造，第二是生产"。劳动生产只是教育的手段，教育才是改造罪犯的最终目的。毛泽东的这一理论体现了以人道主义对待罪犯的精神，为我国监狱工作提供了科学的指导思想，推动了罪犯改造理论和实践工作的进展。

第三，明确刑罚适用原则。毛泽东主张"宽严相济、罪刑相适"的刑罚原则，既要使犯罪分子得到应有的惩罚，又要体现公平公正的原则。鉴于犯罪行为复杂性和多样性的特点，无法用单一方式处理罪犯，毛泽东在总结我国犯罪行为规律的基础上，结合我国实际情况，提出了"惩办与宽大相结合"的政策，这实质上是具体问题具体分析在刑事司法实践中的灵活运用。毛泽东还提出少用死刑、禁用肉刑、反对刑讯逼供等多种刑罚观

---

① 毛泽东．毛泽东选集（第3卷）［M］．北京：人民出版社，1991：1070.

点，创造性地发展了马克思主义法治思想。

（二）董必武关于法治文化的思想

董必武是新中国法治建设的主要领导人之一，在长期的革命实践和新中国法制建设进程中，董必武坚持以马克思主义法律观为指导，以依法办事为核心，从立法、执法等各个方面提出了较为系统、完整的法治文化思想。

1. 人民民主观

董必武早期从事革命活动的经历使他从一个民主主义者转变成了一位坚定的共产主义者，坚持运用马克思主义来指导中国民主法制建设大业。他坚定地站在劳苦大众的立场上，认为应该推翻一切人剥削人的不合理制度，建立人人平等、人人自由的美好社会，改造旧世界，建设新世界，建立社会主义社会，使人民享有真正的权利。董必武认为，真正的民主是人民当家作主，政府的权力源于人民，政府必须受人民监督；建设政权要靠法律，党和国家各级机关的权力需划分清楚。

2. 法制观

董必武重视民主法制建设。他认为，破旧立新是建立社会主义法制的根本前提。法律是国家上层建筑的重要组成部分，是当权的统治阶级用以保护本阶级利益并统治敌对阶级的有效工具，具有突出和强烈的阶级性。法律是阶级社会的产物，每一个统治阶级上台都要制定符合自己意志的法律。董必武认为："人类从进入文明社会以后，说到文明，法制要算一项，虽不是唯一的一项，但也是主要的一项"，[①] 他是一名马克思主义法学家，强调法制的重要性，他指出："人民取得国家权力后，应当及时地把人民的意志用必要的法律形式表示出来。"[②] 总之，董必武认为在社会主义建设时期应尽快制定和完善各项法律制度，以巩固人民民主专政，确保社会主义经济建设的顺利开展。

3. 人民代表大会制度是实现人民民主的根本保证

人民代表大会制度体现了广大人民群众的意志，既有民主又有集中，使人民真正感觉到自己就是国家的主人。董必武非常关心我国人民代表大

① 董必武．董必武政治法律文集［M］．北京：法律出版社，1986：521.

② 董必武．董必武法学文集［M］．北京：法律出版社，2001：205.

会制度的建设，他指出，对这一制度存在模糊和错误认识的同志，要对他们进行批评教育，绝对不能削弱人民代表大会制度。为了使这一制度的功能得以充分发挥，董必武强调要充分发扬人民民主，要选好各级人民代表大会的代表，把真正能够为人民谋福利的人选出来。

4. “依法办事”的著名论点

“依法办事”论点是董必武对社会主义法制内涵的高度提炼。在党的八大会议上，董必武正式提出了“依法办事”的著名论点，这一思想的具体内容包括“有法可依”“有法必依”两个方面。有法可依是依法办事的前提条件，针对新中国成立后国家法制不完备的现状，董必武亲自参加了一系列重要法律法规的制定，有力地促进了新中国社会主义改造和其他各项建设事业的顺利进行。董必武指出：“凡属已有明文规定的，必须确切地执行，按照规定办事；尤其一切司法机关，更应该严格地遵守，不许有任何违反。制定和修改法律要依照法定的程序。”①

5. 社会主义民主和法制的辩证关系

董必武认为民主与法制是一个问题的两个方面，二者相辅相成，要发展人民民主就必须加强社会主义法制。社会主义法制是社会主义民主的保障，如果失去了社会主义法制的保障，那么社会主义民主也就荡然无存。董必武指出：“我们的宪法已经公布，今后不但可能而且必须逐步制定比较完备的法律，以便有效地保障国家建设和保护人民的民主权利。”② 董必武认为，在社会主义国家里，民主与法制都是为社会主义经济基础服务的，它们密不可分，相辅相成。董必武的这些论述为党的十一届三中全会确立的“发展社会主义民主，健全社会主义法制”的重要方针和邓小平关于民主要制度化、法律化的著名论断，奠定了必要的理论基础。

董必武关于法治文化的思想是对中国革命和建设时期法治实践的经验与教训的重要总结，丰富发展了马克思主义法治思想，超出了一般政治家和法学家对法的认识，与我们今天的法治理论与实践相衔接。特别是其中的“国以民为本”“加强党对政法工作的领导”“依法办事”等法制理念，成为当代社会主义法治理念和人本法律观等法学理论的重要渊

① 董必武．董必武政治法律文集［M］．北京：法律出版社，1986：487-488.

② 董必武．董必武政治法律文集［M］．北京：法律出版社，1986：371.

源。董必武关于法治文化的思想极为丰富，连同他关于人民司法的思想、关于法学教育和法学研究的思想，共同奠定了依法治国的理论基础。

以毛泽东、董必武等为代表的老一辈无产阶级革命家并没有太多专门论及法治文化思想的文章或专著，但他们在思考和改造中国社会实践中，从革命家和政治家的角度对法治文化问题确有不少研究和论述，他们的人民民主专政理论、坚持民主法治与群众路线相结合、健全法制和依法办事等思想，对我国深化政治体制改革、推进依法治国、建设法治国家有着现实的指导意义，是法治文化建设的重要理论基础。

四、改革开放以来中国共产党领导人关于法治文化的思想

（一）邓小平关于法治文化的思想

邓小平在中国法治建设之路上发挥的作用较大。邓小平同志深入思考了中国法治发展现状，在不同场合发表了针对法治的言论，其中一些言论已经成为中国法治建设的里程碑，邓小平关于法治文化的思想在一定程度上开辟了中国法治文化发展道路，从某种程度上可以说，没有邓小平关于法治文化的思想，中国法治建设之路不会发展得如此迅速。众所周知，中国传统的法治文化脱胎于人治的政治环境之下，法治文化建设所需的民主政治环境状况是渐进式向前推进的，随着政治文明的发展，法治文化建设也在突飞猛进。

1. 社会主义法制是社会主义民主的根本保障

邓小平把健全社会主义法制提高到党的基本方针的高度，认为没有法制不行，把民主法制视为不会改变的连续性政策。同时，邓小平批判个人崇拜，批判“人治”。邓小平在《党和国家领导制度的改革》一文中说：曾有一段时间，我们用政策代替法律，崇尚个人权威，轻视法律作用，党和国家的民主生活逐渐不正常造成了政治体制中比较严重的人治现象。制度是根本，制度比人更重要。他说：“我历来不主张夸大一个人的作用，这样是危险的，难以为继的。把一个国家、一个党的稳定建立在一两个人的威望之上，是靠不住的，很容易出问题。”① 与个人威望相比，“还是要

① 邓小平．邓小平文选（第3卷）[M]．北京：人民出版社，1993：325.

靠法制，搞法制靠得住些”①。这表明了中国将实行法治，依法治国。

2. 加强立法、执法、司法建设，增强全民法律观念

所谓法制，是指国家的法律制度，以及与其相适应的法律意识和立法、执法、司法、守法等法律实践活动。要实现社会主义民主与法制相结合，充分发挥法制对民主的保障作用。

有法可依，必须加强立法工作，这也是执法、司法和守法的前提条件。1978 年以来，邓小平关于加快立法，逐步完备国家法律体系的思想，极大地推动了立法工作的开展。在加快立法速度的同时，立法质量进一步提高。加强立法，实现有法可依，仅仅是法制建设的一方面。要使依法治国、建设法治国家的目标实现，还必须严格执法，真正做到有法必依、执法必严、违法必究。“腐败、贪污、受贿，抓个一二十件……要雷厉风行地抓，要公布于众，要按照法律办事。”② “我们要在全国坚决实行这样一些原则：有法必依，违法必究，执法必严，在法律面前人人平等。”③

认真执行法律，树立法律的权威，促进法律的实现，加强司法机关建设和建立一支高素质的司法职业队伍是邓小平始终关注的问题，也是建立法治国家的基础工程。党的十一届三中全会提出加强民主与法制建设的方针后，司法队伍的状况与形势发展的需要极不适应。邓小平对司法人员的素质提出了较高的要求。在邓小平的观念中，加强干部队伍建设，提高干部素质是一项重要内容。他指出：“全党同志和全体干部要按照宪法、法律、法令办事，学会使用法律武器。”④ 提高全民的法律意识，就要加强对领导干部的法制教育。邓小平不仅要求领导干部学会使用法律武器，而且还要求他们带头严格遵守法律。

3. 坚持“两手抓，两手都要硬”的方针，发挥法律在社会控制中的作用

坚持“两手抓，两手都要硬”，是邓小平的一贯主张。邓小平在 1992 年初的南方谈话中指出：“我们要学会使用和用好法律武器。对违法

① 邓小平 . 邓小平文选（第 3 卷）[M]. 北京：人民出版社，1993：379.
② 邓小平 . 邓小平文选（第 3 卷）[M]. 北京：人民出版社，1993：297.
③ 邓小平 . 邓小平文选（第 2 卷）[M]. 北京：人民出版社，1994：254.
④ 邓小平 . 邓小平文选（第 2 卷）[M]. 北京：人民出版社，1994：371.

犯罪分子手软，只能危害大多数人民的利益，危害现代化建设的大局。”① 经济建设和民主法制建设是相辅相成的，邓小平指出：“为了实现四个现代化，必须发扬社会主义民主和加强社会主义法制。”② 邓小平的这一思想，深刻阐明了健全社会主义法制是社会主义现代化的基础和保障，确定了法治建设在整个现代化建设总体布局中的地位和作用。根据邓小平的这些论述，本书认为，“两手抓，两手都要硬”是马克思主义的世界观和方法论，也是毛泽东一贯倡导的“两点论”，是我们党在整个社会主义初级阶段进行革命和建设的伟大战略方针。

4. 改革和完善政治体制，正确处理党法关系与党政关系

在邓小平看来，政治体制改革的内容是同民主法制建设、同建立和完善依法治国的领导机制紧密结合在一起的。邓小平认为，实行党政分开，这是政治体制改革的关键。因此，他强调：“我们要坚持党的领导，不能放弃这一条，但是党要善于领导。”③ 权力下放被称为政治体制改革的中心环节。必须对权力过分集中的体制进行改革，正确处理中央机关与地方机构之间的关系，既要保证在宏观上的有效管辖，维护中央权威，又要扩大地方和基层的权力，让地方和基层有更多的积极性。邓小平指出：工作“效率不高同机构臃肿、人浮于事、作风拖拉有关”。④ 因此，精简机构必须实行机构改革，从转变职能出发，撤销重叠机构，减少冗员，以提高效率。法制建设要求我们改变现有的党政不分的政治体制，法制建设离不开党的领导。但要改变党现有的领导和执政方式，摆正党与法的关系，克服党法不分、党政不分的现象。党不能凌驾于法律之上，党的活动一定要在法律范围内进行。

邓小平关于法治文化的思想经过实践检验是科学的、正确的。邓小平从当代中国的实际出发，创造性地运用马克思主义法治理论的基本观点、立场和方法，提出并解决了我国社会主义法治建设中的一系列重大理论和现实问题，深刻阐述了社会主义法治在中国现代化建设中的地位和作用，形成了一整套比较系统全面的社会主义法治理论，为实施依法治国方略奠

① 邓小平．邓小平文选（第2卷）[M]．北京：人民出版社，1994：253.
② 邓小平．邓小平文选（第2卷）[M]．北京：人民出版社，1994：187.
③ 邓小平．邓小平文选（第3卷）[M]．北京：人民出版社，1993：179.
④ 邓小平．邓小平文选（第3卷）[M]．北京：人民出版社，1993：179.

定了坚实的理论基础。

（二）江泽民关于法治文化的思想

江泽民在继承毛泽东、邓小平关于法治文化的思想的基础上，进行了创新性发展，其关于法治文化的思想主要包括以下几个方面。

1. 加强立法，建立社会主义法律体系

依法治国，必须有完备的法律制度，把社会生活的各个方面都纳入法律调控的范围。要从立法质量上加以重视，要使所立的法律是“良法”。总体上，立法要以宪法为根据，从实际出发，把国家和人民的利益作为立法工作的出发点和落脚点，并且要使所制定的法律结构严谨、体例科学，这也是法治文化建设的需要。

2. 依法行政，切实保障公民权利

江泽民认为：“干部依法决策、依法行政是依法治国的重要环节。”① 作为一个国家的行政机关，其特殊性不言而喻，管理事务多、权力大，其是否依法办事直接影响法治的权威和尊严，影响公民和法人的合法权益的实现程度。行政机关的依法行政是依法治国战略最重要的支柱，只有强有力的行政执法，法律、法规才不会变成一纸空文，立法方面努力才会见到效果。因此，必须用法律规范行政机关的职权、程序，推进国家行政管理法治化。

3. 开展普法教育，增强人民的法治观念

若在法治建设中不能提高公民的法治意识，形成自觉尊法守法的良好氛围，就算法律制定得如何健全，也会因为得不到普遍有效遵守而形同虚设。党的十五大报告指出：“深入开展普法教育，增强全民的法律意识，着重提高领导干部的法制观念和依法办事能力。”② 要树立法治观念，就要树立“法律至上”“权大于法”“法律面前人人平等”的观念。广大干部群众法律水平的高低，直接影响着依法治国的进程。为提高全民的法律意识，必须加强社会主义法制宣传教育。

---

① 江泽民．实行和坚持依法治国、保障国家长治久安［N］．人民日报，1996-02-09（1）．

② 江泽民．江泽民文选（第2卷）［M］．北京：人民出版社，2006：31．

4. 坚持以德治国、德法并举的思想

江泽民以德治国、德法并举的思想，突破了单纯依靠法律治理国家的传统思维，凸显了法治的现代价值理性，在一定程度上实现了法律价值理性与工具理性的完美统一。江泽民概括了中国共产党的执政经验，其中之一就是“坚持物质文明和精神文明两手抓，实行依法治国和以德治国相结合”，法治与德治是统一的，法治归属于政治文明，德治归属于精神文明。二者范畴不同，但其地位和功能都是非常重要的。依法治国是一种治国方略或社会调控方式，是保持社会稳定和长治久安的基础。以德治国根植于中华民族几千年的优良道德传统之中，继承和发扬了党的思想政治工作和精神文明建设优良成果，是加强社会主义道德建设的关键所在。法治和德治并举是建立健全社会经济秩序的重要手段。

江泽民关于法治文化的思想内涵丰富，着眼于中国特色社会主义建设的战略目标，围绕依法治国提出了一系列新理念、新思想、新战略，为在历史新起点上推进社会主义民主和法治建设提供了思想指导、理论依据和实践遵循，在中国法治建设历史上具有里程碑的作用。

（三）胡锦涛关于法治文化的思想

1. 树立宪法的权威，保障宪法和法律的有效实施

胡锦涛指出，依法治国是依宪治国的基础，在法治建设中，宪法是国家的母法，一切法律、规定都不得与宪法相违背。宪法是保障每个公民最基本权利的实现，只有宪法规定的公权力被有效地限制，公民合法权利才能得以真正实现。因此，宪法是公民基本权利实现的基础，我们要树立宪法的绝对权威。为了维护宪法和法律的有效实施，胡锦涛强调，不论党政企事业单位，社会团体都要平等守法，违法后必定要追究。积极学法，增强全社会的法律意识和法治观念。同时，胡锦涛对司法工作提出了“三个至上”的要求，即“党的事业至上、人民利益至上、宪法法律至上”。三者统一于依法治国的伟大实践之中。

2. 党的领导、人民当家作主和依法治国的有机统一

党的领导地位是党在长期的革命和建设过程中正确领导人民群众而取得的，是历史的选择，人民的选择。在法治建设中，坚持党的领导实际上

就是坚持党依法领导、组织和支持人民群众按照宪法和法律的规定来管理国家和社会事务，实现人民群众的意志和利益，这也体现了党的立党为公、执政为民、全心全意为人民服务的根本宗旨。

党的领导是为了实现人民当家作主和群众的根本利益。党本身没有自身利益，只是把群众的利益作为自身的利益，为了保障人民群众当家作主的权利和根本利益，社会主义法治建设必须着眼于一切为了人民、一切依靠人民，健全民主和法治，把群众的呼声当成第一信号，把群众的需要当成第一满足，把群众的利益当成第一考虑，保证群众行使当家作主的权利，因此，党的领导实际上是支持和保证人民当家作主。

依法治国是党领导人民群众依照宪法和法律的规定治理国家。只有实行依法治国，才能在法律和制度上有力地保障党的基本路线和方针不动摇，使其在社会主义实践过程中得到深入贯彻与执行。实行依法治国，必须扩大社会主义民主，健全社会主义法制，牢固树立法制在国家和社会生活中的权威，坚持依法行政和公正司法，实现国家政治、经济、文化和社会生活等各个方面的民主化与法治化。

以上三个方面在建设社会主义法治国家过程中是统一的整体。

3. 坚持“三个至上”，转变司法理念

“党的事业至上、人民利益至上、宪法法律至上”是党中央对司法工作提出的要求，是马克思主义基本原理与中国司法实践相结合的最新理论成果。必须树立党的领导理念，巩固党的执政地位，在法治建设中贯彻党的科学法治观。牢固树立人民利益高于一切的崇高理念，法治建设的力量在人民，根基在人民，要维护和实现好广大人民群众的根本利益。“三个至上”是党在法治建设中提出的具体要求，是法治建设中政治性、人民性、法律性的有机统一，是相辅相成，有机统一的整体，是党在法治建设进程中提出的具体要求。三者阐明了法治建设中政治性、人民性、法律性的要求，统一于依法治国的基本方略和伟大实践之中。

4. 树立社会主义法治理念

社会主义法治理念是胡锦涛于2005年首次提出来的。社会主义法治理念包括依法治国、执法为民、公平正义、服务大局、党的领导五个方面。这是我国目前进行的法治中国建设的灵魂和指引。法治理念有助于人类认识隐藏在其所使用的法律工具背后的思想，采用科学的态度来审视法律问题，避免在立法、执法、司法和守法中作出流于偏执的、武断的结论。只有确立了现代法治理念，才有可能洞察比感官世界更丰富、更深刻的法律本质及其发展规律，在更高的层次上提升现代法律价值，构筑现代法治精神，营造出公正、幸福、和谐、自由、民主、平等的现代法治社会。

胡锦涛关于法治文化的思想立足于我国社会主义初级阶段的基本国情，坚持我党的法治传统，在总结我国社会主义法治经验的基础上，适应新阶段的发展要求，对社会主义法治建设的基本问题作了精辟的论述，形成了完整的具有中国特色的社会主义法治思想，为十六大以后党的法治思想的深入发展奠定了坚实的理论基础。

（四）习近平法治思想

党的十八大以来，以习近平同志为核心的党中央从坚持和发展中国特色社会主义的全局和战略高度定位法治、布局法治、厉行法治，创造性提出了关于全面依法治国的一系列新理念新思想新战略，形成了习近平法治思想。2020 年 11 月召开的中央全面依法治国工作会议，确立了习近平法治思想在全面依法治国工作中的指导地位，这是我国社会主义法治建设进程中具有重大现实意义和深远历史意义的大事。习近平法治思想是马克思主义法治理论中国化的最新成果，是中国特色社会主义法治理论的重大创新发展，是习近平新时代中国特色社会主义思想的重要组成部分，是新时代全面依法治国的根本遵循和行动指南。习近平法治思想内涵丰富，论述深刻、逻辑严密、系统完备，就其主要方面来讲，集中体现为“十一个坚持”。

1. 坚持把党对全面依法治国的领导作为根本保证

党的领导是我国社会主义法治之魂，是我国法治同西方资本主义国家法治的最大区别。健全党领导全面依法治国的制度和工作机制，推进党的领导制度化、法治化，通过法治保障党的路线方针政策有效实施。

坚决破除“党大还是法大”的伪命题，推动把党的领导贯彻到全面依法治国全过程和各方面。党法关系是法治建设的核心问题。在关于“党大还是法的”这个问题上，由于认识上存在的问题，导致法治实践中许多现实问题难以解决。习近平总书记指出："党和法的关系是一个根本问题，处理得好，则法治兴、党兴、国家兴；处理得不好，则法治衰、党衰、国家衰。"① 他从必须坚持党对依法治国的领导、党要善于对法治的领导、党组织和党员个人必须严格在宪法和法律范围内活动和必须全面从严治党等几个方面进行了阐述。一是我国社会主义法治建设的历程表明，必须坚持党的领导、人民当家作主和依法治国的有机统一，三者缺一不可。二是大力改善党对法治建设的领导。党必须主动自觉改善对法治的领导，主动自觉学会对法治建设的领导。习近平总书记特别强调尊法问题，领导干部要尊法和敬畏法律，这是改善党对法治领导的前提。必须使党组织和党员干部严格依法办事。要把法治建设成效作为衡量领导干部业绩的内容，把遵守法律、依法办事作为干部晋升的重要依据。三是坚持和改善党的领导必须全面从严治党。全面从严治党是"四个全面"战略布局的重要内容，它既是党建工作的要求，又抓住了新时代依法治国进程的实际难题，是关系到党如何领导依法治国的重大问题。

2. 坚持把以人民为中心作为本质要求

人民是全面依法治国的主体和力量源泉。保证人民在党的领导下通过各种途径和形式管理国家事务、管理经济和文化事业、管理社会事务，保证人民依法享有广泛的权利和自由、承担应尽的义务。积极回应人民群众对民主、法治、公平、正义、安全、环境等方面的新需求，系统研究谋划和解决法治领域人民群众反映强烈的突出问题，用法治保障人民安居乐业。

法治的根基在人民。人民是历史的创造者，是决定党和国家前途命运的根本力量。要把以人民为中心的发展思想贯穿立法、执法、司法、守法各个环节，依法治国各项工作都要贯彻党的群众路线，密切同人民群众联系，倾听人民呼声，回应人民期待，不断解决好人民最关心的利益问题，人民权益要靠法律保障，法律权威要靠人民维护。全面依法治国的基础是人民，要调动人民投身依法治国实践的积极性和主动性，使全体人民都成为社会主义法治的忠实崇尚者、自觉遵守者、坚定捍卫者，使尊法、信法、守法、用法、护法成为全体人民的共同追求和自觉行动。

---

① 习近平．习近平关于全面依法治国论述摘编［Z］．北京：中央文献出版社，2015：33.

3. 坚持把中国特色社会主义法治道路作为唯一正确道路

我们要坚持的中国特色社会主义法治道路，本质上是中国特色社会主义道路在法治领域的具体体现。要坚定不移走中国特色社会主义法治道路，决不照搬别国模式和做法，决不走西方所谓“宪政”“三权鼎立”“司法独立”的路子。

道路问题是关系党的事业兴衰成败第一位的问题。习近平总书记指出：“全面推进依法治国，必须走对路。如果路走错了，南辕北辙了，那再提什么要求和举措也都没有意义了。”① 在走什么样的法治道路问题上，必须向全社会释放正确而明确的信号，指明全面推进依法治国的正确方向，统一全党全国各族人民认识和行动。中国特色社会主义法治道路是建设社会主义法治国家的唯一正确道路。习近平总书记强调，必须坚定不移走中国特色社会主义法治道路。中国特色社会主义法治道路是一个管总的东西。具体讲我国法治建设成就，大大小小可以列举出十几条、几十条，但归结起来就是开辟了中国特色社会主义法治道路这一条。在坚持和拓展中国特色社会主义法治道路这个问题上，必须树立自信。

4. 坚持把依宪治国、依宪执政作为首要任务

坚持以宪法为根本活动准则，维护宪法法律尊严，保证宪法法律实施。厘清依宪治国、依宪执政同西方所谓“宪政”的本质区别，坚持宪法确定的中国共产党领导地位不动摇，坚持宪法确定的人民民主专政的国体和人民代表大会制度的政体不动摇。

习近平总书记指出：“坚持依法治国首先要坚持依宪治国，坚持依法执政首先要坚持依宪执政。”② 我国宪法以国家根本法的形式，确认了中国共产党领导人民进行革命、建设、改革的伟大斗争和根本成就，确立了国家的根本任务、指导思想、领导核心、发展道路、奋斗目标，规定了一系列基本政治制度和重要原则，规定了国家一系列大政方针，体现出鲜明的社会主义性质。特别是我国宪法确认了中国共产党领导，这是我国宪法最显著的特征，也是我国宪法得到全面贯彻实施的根本保证。

---

① 习近平．习近平谈治国理政（第二卷）［M］．北京：外文出版社，2017：113.

② 习近平．习近平谈治国理政（第四卷）［M］．北京：外文出版社，2022：291.

5. 坚持把在法治轨道上推进国家治理体系和治理能力现代化作为一场广泛而深刻的革命

循法而行、依法而治，是实现良法善治的必由之路。在统筹推进伟大斗争、伟大工程、伟大事业、伟大梦想的实践中，在全面建设社会主义现代化国家新征程上，要更好发挥法治固根本、稳预期、利长远的保障作用，坚持依法应对重大挑战、抵御重大风险、克服重大阻力、解决重大矛盾。

将全面依法治国确立为“四个全面”战略布局的主要内容，体现了法治在国家治理体系和战略布局中的地位。习近平总书记从国家发展战略的高度思考和论述法治问题，全面依法治国就是在总结我国法治建设经验和教训基础上作出的选择。习近平总书记深刻认识到中国的实情，在中国这样一个十四亿多人口的大国中，必须用好法治这个方式，从长远来看，是实现党和国家长治久安、实现中华民族伟大复兴中国梦的考虑，必须把依法治国摆在更加突出的位置。习近平总书记把依法治国战略提升到了新的高度。2013 年年初，习近平总书记提出了法治中国的新目标，提升了依法治国的内涵和高度。可以说“法治中国”① 是以习近平同志为核心的新一届中央领导集体对新形势下法治建设指导思想和行动纲领的集中表达，这已成为全体中国人民的高度共识和行动宣言。

6. 坚持把建设中国特色社会主义法治体系作为总抓手

全面推进依法治国涉及很多方面，在实际工作中必须有一个总揽全局、牵引各方的总抓手。要加快形成完备的法律规范体系、高效的法治实施体系、严密的法治监督体系、有力的法治保障体系，形成完善的党内法规体系。要坚持依法治国和以德治国相结合，实现法治和德治相辅相成、相得益彰。

习近平总书记指出，一定要坚持依法治国与以德治国相结合。法治和德治都是国家治理的重要手段，在国家治理过程中同样重要。习近平总书记在阐述法治建设时，十分重视道德建设的重要性。他首先从法理的角度阐述道德和法律的关系，道德和法律是相辅相成的，道德是法律的基础，许

① 法治中国是指法治是中国整个国家运行的基础，是从事各项活动的基本准则，是集依法治国、依法执政、依法行政和法治国家、法治政府、法治社会于一体的新要求。

多法律规范是由道德规范发展而来的，具有深厚的道德基础的法律才能为公众所遵守；同时，法律是道德的保障，法律引领道德风尚，对缺失道德和失去信用的行为予以惩戒。因此，在国家治理过程中，道德与法律都发挥着重要作用。在道德建设方面，习近平总书记认为，要抓住领导干部这个群体，提升领导干部的道德品质问题具有榜样和引导其他社会公众的作用。他指出，法治与德治的结合，要充分发挥道德的教化功能，要在道德教育的过程中体现法治要求，潜移默化地引导社会公众树立法治信仰。法律是道德的底线和保障，要整治社会的道德滑坡问题，善于将严重道德问题法治化，使法治与德治相互影响、相互转化，共同推进社会主义法治建设大业。

7. 坚持依法治国、依法执政、依法行政共同推进，坚持法治国家、法治政府、法治社会一体建设

全面依法治国是一项庞大的系统工程，必须整体谋划、把握重点。要着眼法治国家这个目标，坚持把党依法执政、政府依法行政作为关键，实现科学立法、严格执法、公正司法、全民守法。要突出法治政府这个重点，用法治给行政权力定规则、划界限。要夯实法治社会这个基础，培育全社会办事依法、遇事找法、解决问题用法、化解矛盾靠法的法治环境。

习近平总书记不仅对法治的地位等根本性问题进行了阐述，而且还就如何进行法治建设等实践层面的体制机制问题进行了阐述。一是进行社会主义法治体系建设，必须贯彻好宪法。习近平总书记从立法、执法、司法、守法等层面对法治体系进行了阐述。他着重提出要完善以宪法为核心的法律体系，提高立法质量和严格依法办事，违法必究。习近平总书记强调了严格执法和公正司法的重要性。多年来，我国在社会主义现代化建设进程中，在公正执法、阳光司法过程中存在着很多问题，这些问题严重制约着公正司法的实现，人民群众很不满意。针对以上问题，习近平总书记专门就提升司法公开性，实现阳光司法、公正司法发表了重要论述，在推进司法体制改革和实现公正司法中发挥了重大指导作用。

8. 坚持把科学立法、严格执法、公正司法、全民守法作为重要环节

要推进法治领域改革，解决好立法、执法、司法、守法等领域的突出矛盾和问题。深化司法责任制综合配套改革，提高司法办案质量和效率。依法打击破坏社会秩序的违法犯罪行为，推动扫黑除恶常态化，让城乡更

安宁、群众更安乐。

全面推进依法治国，必须坚持科学立法。习近平总书记强调："良法是善治之前提。"[①] 越是强调法治，越是要提高立法质量。全面推进依法治国的重点应该是保证法律严格实施，解决执法不规范、不严格、不透明、不文明以及不作为、乱作为等突出问题，切实做到严格规范公正文明执法。公正司法事关人民切身利益，事关社会公平正义，事关全面推进依法治国，要坚持符合国情和遵循司法规律相结合，坚持问题导向，坚定不移深化司法体制改革，不断促进社会公平正义。全民守法，就是任何组织或者个人都必须在宪法法律范围内活动，任何公民、社会组织和国家机关都要以宪法法律为行为准则，依照宪法法律行使权利或权力、履行义务或职责。

9. 坚持把统筹推进国内法治和涉外法治作为迫切需要

法治是国家核心竞争力的重要内容。随着我国日益走近世界舞台中央，必须加快涉外法治工作战略布局，协调推进国内治理和国际治理，更好维护国家主权、安全和发展利益。

习近平总书记指出，中国走向世界，以负责任大国参与国际事务，必须善于运用法治。我国已经进入了实现中华民族伟大复兴的关键时期。中国与世界的关系在发生深刻变化，我国同国际社会的互联互动也已变得空前紧密。中国对世界的影响，从未像今天这样全面、深刻，世界对中国的关注，也从未像今天这样广泛、深切。我们谋划改革发展，必须统筹考虑和综合运用国际国内两个市场、国际国内两种资源、国际国内两类规则。要坚持从我国实际出发，坚定不移走自己的路，同时要树立世界眼光，更好把国内发展与对外开放统一起来，把中国发展与世界发展联系起来，把中国人民利益同各国人民共同利益结合起来，坚持统筹推进国内法治和涉外法治，以更加积极的姿态参与国际事务，共同应对全球性挑战，努力为全球发展作出贡献。

10. 坚持把建设德才兼备的高素质法治工作队伍作为基础性工程

要加强理想信念教育，推进法治专门队伍革命化、正规化、专业化、

① 全面建成小康社会重要文献选编（下）［M］. 北京：人民出版社，北京：人民出版社，新华出版社，2022：808.

职业化建设，确保做到忠于党、忠于国家、忠于人民、忠于法律。要引导法律服务工作者坚持正确政治方向，依法依规诚信执业，认真履行社会责任。

政治路线确定之后，干部就是决定因素。法治工作队伍包括法治专门队伍和法律服务队伍，是国家治理队伍的一支重要力量，处于法治实践的最前沿。他们的素质如何，直接影响和制约着国家治理法治化的进程。没有一支高素质的法治工作队伍，就不可能提高立法、执法、司法的质量和效率，再完备的法律体系也难以变为法治实践，实现国家治理体系和治理能力现代化就将是一句空话。因此，必须把建设高素质法治工作队伍作为全面依法治国的重要任务来抓。

11. 坚持把抓住领导干部这个“关键少数”作为关键所在

各级领导干部要带头尊崇法治、敬畏法律、了解法律、掌握法律，不断提高运用法治思维和法治方式深化改革、推动发展、化解矛盾、维护稳定、切实提高应对风险的能力，做尊法学法守法用法的模范。

党领导立法、保证执法、支持司法、带头守法，主要是通过各级领导干部的具体行动和工作来实现。事实证明，领导干部对法治建设既可以起到关键推动作用，也可能起到致命性的破坏作用。如果我们的领导干部不能尊法学法守法用法，不要说推进全面依法治国，实现第二个百年奋斗目标，以中国式现代化全面推进中华民族伟大复兴，就连我们党的领导、我国社会主义制度都可能受到严重冲击和损害。所以领导干部要做尊法学法守法用法的模范，各级领导干部要自觉增强法治意识，带头尊法学法守法用法，带动全党全国一起努力，在建设中国特色社会主义法治体系、建设社会主义法治国家上不断见到新成效。

习近平法治思想是对党领导法治建设丰富实践和宝贵经验的科学总结，这一思想从历史和现实相贯通、国际和国内相关联、理论和实际相结合方面，深刻回答了新时代为什么实行全面依法治国、怎样实行全面依法治国等一系列重大问题，构成了一个富有开创性、实践性、真理性、前瞻性的科学思想体系，推动中国特色社会主义法治理论和实践实现新飞跃，标志着我们党对社会主义法治建设和人类法治文明发展的规律性认识达到新的历史高度。

回顾改革开放以来中国共产党领导人关于法治文化的思想发展历程，

法治、人权和民主始终是鲜明的主题。法治是政治文明发展到一定历史阶段的标志，从“人治”到“法治”，从“法制”到“法治”，中国社会制度的每一次深刻变化，都有其历史和深层次的社会原因，这些变革都为实现中华民族伟大复兴的中国梦提供了源源不断的动力，这些现象的背后既有其自身适应新世界的自我裂变与同化，既包括中国人民的主张、理念，也涵盖中国人民的生活实践；既有法治文化软实力促进作用的发挥，又有法治建设硬实力的奠基作用。

第二节　中国传统法治文化思想

学界一直在争辩：“中国古代有没有法治思想?”一些学者认为，虽然中国古代出现过“法治”的提法，但它不是真正意义上的“法治”。相对于西方所提的法治话语权，一些学者认为，法治是西方文化的产物，在农耕经济和儒家文化占主导地位的中国古代人治社会里，怎么会出现法治思想呢？对于这一问题的提出，多数人认为，不仅法治是一个西化的概念，文化也是西化的概念。在文化建设中，总是以西方文化为标杆，忽视了不同文化之间的差异性，这是十分荒谬的做法。

法治固然是西方文明中最重要的内容，其实，法治不过是一种治道，一种关于用明确的法律去约束人们的各种社会行为的观念和做法。这样的治道，这样的观念和做法，在不同文明传统、不同国家民族的历史上，都是存在的。只是对于这种治道的论证方法、表达形式，以及实现的空间和程度有所差异而已。因此可以说，法治不是哪个民族哪个人的发明创造，它是作为政治动物亦作为规则动物的人类的共同体验。在认识到以上的问题后，我们应对中国传统文化中的法治文化思想进行考察。正如毛泽东所说：“今天的中国是历史的中国的一个发展；我们是马克思主义的历史主义者，我们不应当割断历史。”① 所以在探讨法治文化建设问题时，除了追溯和分析马克思主义理论的法治文化思想，还应阐明中国传统法治文化思想。

中国是注重治道的文明古国，法治是传统治道的重要内容。我们不能

① 毛泽东．毛泽东选集（第2卷）[M]．北京：人民出版社，1991：534.

否认的是，中国古代文明传统同样包含着对法治的追求，包含着许多具有自己特色的法治文化思想。

一、自然法思想

自然法思想是最典型的法治思想，自然法原则是最重要的法治原则。自然法是这样一种观念：不仅人们的社会行为要遵守国家法律，国家法律本身也要遵循一种普遍的、最高的法律，即自然法。对于自然法思想，老子、庄子、墨子及孔子，都有关于自然法的相关论述。老子本着对自然法的体悟，揭示了人间法的荒谬："天下多忌讳，而民弥贫；民多利器，国家滋昏；人多伎巧，奇物滋起；法令滋彰，盗贼多有。"（《道德经》第五十七章）庄子以自然法反对人为法，尤其揭露"圣人之法"的虚伪与矛盾："圣人不死，大盗不止。虽重圣人而治天下，则是重利盗跖也。"（《庄子·外篇·胠箧第十》）墨子看重世间的法度，但世间的法度要遵循天法，墨子所言的天法是同正义、平等连在一起的。孔子不言"怪力乱神"，但儒家所说的道、德、仁、义、礼等，显然是一套超越于统治者立法之上的理想法则，是衡量政治权威合法性的标准。

在中国古代，自然法之于道家，天法之于墨家，仁法、礼法之于儒家，皆为至上准则。任何人不能把自己凌驾于这些准则之上。因此，道家、墨家、儒家等学派的主张可以被看作现在的法治，只是这些主张还没有法律化和制度化，但是，这并不代表这些思想和法治没有关系，或者对法治没有价值，相反，中国古代的自然法思想一直是治道的引导，而且不同门派的自然法思想，对治道有不同的影响。

二、儒家的法治思想

儒家是春秋末年孔子创立的一个学派，孔子被儒家尊称为"万世师表""至圣先师"。儒家继承并发展了西周时期"明德慎罚""以德配天"的思想，提出并提倡"仁者爱人"和"克己复礼为仁"的仁礼思想体系。

儒家法律思想主张"以礼入法"，重视德教，将法律融于道德、道德融于法律之中，以德为主，以刑为辅，形成了中国特殊的法律文化。其主要内容包括以仁为目的和归宿、以德率法为原则、以礼为规范、以无讼为价值追求。儒家的“德治”思想在中国古代社会发挥着不可替代的作用，一方面是因为封建社会“仁义礼智信”的核心价值观影响，另一方面是因为中国古代经济社会背景使然。

儒家的德治论，并非简单地主张“德主刑辅”，其实，德治论中蕴含着丰富而深刻的法治理想。儒家法律思想中的“仁”是现代法律价值的核心和归宿，它体现了以人为本的原则，启示我们弘扬人性，保障人权；“礼法合一”培育了国民的内在秩序意识，增强了国民的社会责任感，促进了法律制度与民情、社会需求的结合；“德主刑辅”弥补了现代法治过程中公民自律意识的不足，德刑兼用开创了现代社会德法综合治理模式；“无讼”维护了社会整体的稳定与和谐，发挥了调解功能，有利于减少诉讼成本，加快法治国家实现的步伐。

三、法家的法治思想

法家强调用强制性规范来治理国家，提倡以法治国。春秋战国时期的法律思想尤为突出，韩非子是法家的集大成者，他在《韩非子·心度》中说：“治民无常，唯法为治。”同时第一次明确提出了“法不阿贵”的思想，主张“刑过不避大臣，赏善不遗匹夫”。也就是说，在法律面前，不存在贵族和平民之分。这种“平等适法”理念是对西周时期“礼不下庶人，刑不上大夫”的全盘否定，具有历史进步性，是对中国法治思想的重大贡献，蕴含了“法律面前人人平等”法治思想的启蒙火花。

同时，韩非子在法家代表人物商鞅、申不害、慎到等的法治思想基础上，从法、术、势等不同的角度又提出了加强君权的主张，进一步发展了君主专制中央集权的政治理论。韩非子所提倡的“君权神授”和“君权至上”的法治思想，对秦以后历代封建王朝的治国理念产生了重要影响。

在中国古代，人们幻想着取消法律，取消诉讼，建立一个以礼和道德来维持的理想社会。法家曾对轻视法律的传统思想提出过挑战。他们提出的如“明法审令”“唯法为治”“刑无等级”“事断于法”等法律思想，在当时虽然有一定的进步意义，但它的主旨是维护君主专制统治，这与儒家法治理论没有根本分歧。从根本上说，法家的“法治”仍然是“专制—人治”治国理论的一个流派，它与西方古希腊、罗马的法治实践有所不同，与近代意义的民主法治更是两码事。法家法治理论在历史上的成功也只是短暂的，最终的归宿是“儒法合流”。

四、启蒙思想家“天下之法”的法治思想

自汉代时期儒家学说被统治者奉为正统思想后，法家法治理论逐渐淡出庙堂，法治不仅受到汉代思想家、政治家的批判，而且受到秦朝暴政拖累，在两千年的历史中遭到冷落。到了明末清初，以黄宗羲为代表的启蒙思想家对法家的法治虽然仍然持有批判态度，但是对“法”却寄予了厚望，他们的理想就是要变“一家之法”为“天下之法”。启蒙思想家“天下之法”的法治理论包括以下内容：①

第一，变“一家之法”为“天下之法”。黄宗羲在其著作中对传统的君与民、国与天下之间的关系进行了重新界定。他从君主的起源论证了君与民的关系应是“以天下为主，君为客”，即民为天下之主，君为民而设。黄宗羲认为，古代的君主是真正的为民而设的君主，他们比民众辛苦千百倍。人之情“好逸恶劳”，君主却不得不率先抑制自己的本性，勤政为民。故而古代的君主虽然受民拥戴，但却无人自愿为之。本来为天下之主的天下之人在一家之法的束缚下成为君主的奴隶。一家之法以君主的是非为是非，随君主喜怒的变化而变化。实际上，从一家之法中看不到一丝一毫为天下、为民众之心，它是天下人的桎梏，是“非法之法”。鉴于此，黄宗羲认为，要铲除非法之法，建立起体现天下人利益的“天下之法”。传统的“治人”之具成为人们权利的保障。而服务于天下之人的“天下之法”必以天下人的是非为是非。

第二，变“有治人，无治法”的人治为“有治法而后有治人”的法治。在古代社会中，无论是主张人治的儒家学派，还是主张法治的法家学派都不否认帝王至高无上的地位，法家的法治理论强调的是君权之下的法治，法律的平等最终演变为皇权之下的平等。儒家人治论者认为“有治人，无治法”（《荀子·君道》）是千古不易之理。黄宗羲对皇权至上持有否定态度自不待言，同样对“贤人治国”持有怀疑态度。面对中国长久以来的人治观念，黄宗羲说：“论者谓有治人无治法。吾以谓有治法而后有治人。”（《明夷待访录·原法》）黄宗羲“有治法而后有治人”的法治

---

① 参见高鸿钧，等．法治：理念与制度［M］．北京：中国政法大学出版社，2002：40-46.

思想与历史上法家的法治论有着根本的区别。将法置于人之上，不仅阐述了法律的重要作用，而且否定了帝王凌驾于法律之上的权力，君与民由此而被共同纳入“法治”的范畴。法律面前人人平等的观念在此已经萌芽。

第三，限制君权，加强宰相、大臣与地方的权力。按照启蒙思想家的法治设想，君民关系的平等打破了传统政治的格局，因而君臣、中央与地方的关系都不可避免地发生了变化。黄宗羲认为，新的君臣关系应是亦师亦友的关系。臣不以君主的是非为是非，而以天下的兴亡为己任。在法治社会中，因为君臣关系平等，君权被大大削弱。法治社会中的国家机构是君下设宰相一人，主理政务。参议政事数人，因事而设，无定员。宰相与参议政事应“每日便殿议事”。宰相权力的加强，大大削弱了专制制度下的君主强权政治，而某些资产阶级共和国中的国王与首相的关系与此相似。就中央与地方的关系而言，启蒙思想家一致主张因地因俗而设法，地方应有一定的自治权，突破了“大一统”的传统模式。以相权、臣权限制君权，以地方分治削弱中央集权，其最终目的在于充分体现民意。

第四，学校议政，舆论独立。根据传统的经验，启蒙学者认为天下是非集中体现于学校议论之中，欲知天下人之意，必须重视学校的“议政”作用。黄宗羲在《明夷待访录·学校篇》中详细论述了学校在法治社会中应有的作用与地位。上古之时，学校的设立，不仅仅为“养士”即培养人才。学校最重要的作用在于代表民众，议论是非。然而，君主制确立后，学校议政的传统被抛弃，天下无不以天子的是非为是非。黄宗羲认为，独立于朝廷的学校才能保证舆论的独立与公正，才能充分发挥舆论的监督作用，他建议学校长官即太学祭酒的地位应与宰相并重。

总之，启蒙思想家的法治蓝图是批判传统的产物，但同时又是继承传统的产物。对学校在政治上寄予厚望即是对传统思想的弘扬。与“师”相比，“法”在中国古代始终处于名轻实重的地位，黑暗的司法现实使人们对言法者深恶痛绝。商鞅、韩非、秦始皇皆因重视法治而留下千古骂名。启蒙思想家区分了“天下之法”与“一家之法”，但启蒙思想家由于从传统中无法找到“天下之法”的具体模式，所以他们只是笼统地论述了“天下之法”的根本原则。在启蒙思想家的法治国中，以教代法是其最突出的特色：教化流行之时，便是“天下之法”建成之日。

君权削弱，教化流行，制度简化，人的素质提高，这就是启蒙思想家理想的法治社会。最可贵的是在启蒙思想家的法治社会中，法治并不以烦琐周备的条文为标准，而是以人的素质的提高为标准。由此也许可以避免人成为制度的奴隶。这正是中国传统法律文化遗产中的精华所在，对我们当前的法治建设以及对世界法治的改革也有深远的借鉴意义。

第三节　西方法治文化思想

作为从西方传入中国的法治概念，法治文化是人类一种美好的政治理想和追求，从古希腊、古罗马到中世纪，再到近代的思想家，他们创立了丰富的法治文化思想和理论。

一、西方法治文化思想的生成与演进基础

西方法治文化思想是一定社会物质条件的产物，是在特定历史环境中产生和发展的，有其存在和演进的物质基础与价值考量。

（一）西方法治文化思想生成与演进的经济基础

西方不断发展的经济为其法治文化思想的产生与发展奠定了坚实的经济基础。早在古希腊、古罗马时期，私有制度、财产观念、商业精神等有力促进了西方法治文化的萌芽。随着资本主义社会经济的充分发展，法治文化思想也获得较大程度的提高。西方反映商品经济发展要求的法治文化十分发达，并由此提出了法律至上、契约自由、权利保障、权力制约等一系列法治理念。经济的发展对法治的影响是全面而深刻的，不仅促进了法律原则和规则的构建，而且促进了法治精神和意识的培育。法治不是外在的强制，而是现实经济生活迫切的内在需求，成为维护经济权利与自由的有力保障。经济发展的客观需要，有力推动和促进了法治的丰富与完善。大多数西方国家法治现代化进程是内发的，是特定社会自身力量特别是经济力量产生的法的内部创新，呈现自下而上、渐进变革的特点。西方法治绝不是一蹴而就的，有其深刻的经济因素和雄厚的物质基础，是长期以来市场经济发展的结果，即经济的日益发展为西方法治文化思想的演化与不断改进注入动力。

（二）西方法治文化思想生成与演进的政治条件

西方法治传统深深根植于西方政治传统。西方法治理念产生于古希腊城邦的公民政治共同体，近现代法治传统的形成可以追溯到11世纪，法治的发展得益于多元集团间彼此的抗争与妥协。西方资产阶级兴起后，风起云涌的资产阶级革命为法治思想注入了新的内容。在洛克、孟德斯鸠、卢梭等人的思想启蒙下，英国、美国、法国先后爆发了资产阶级革命，推翻了封建统治，确立了“代议制”“总统制”等，加强了权力制约，强调对公民权利与自由的保护。英国自由法治学说与德国法治理论并不相同，是因为它们面临的政治历史环境不同。英国以议会为国家政治活动中心，制定法律，以限制王权、恢宏法治。而德国以皇帝和首相为重心，议会不能对政府进行有效约束，行政权较强。其法治理论主张对已制定的法律进行解释，用以对抗权力独大的政府。西方法治理念的发展历程同西方政治进程密切相关，西方政治进程的演进推动了其法治理念的演变。直到今天，西方法治理念的演变仍然深受西方政治进程的影响，即同西方政治进程有着千丝万缕的联系。

（三）西方法治文化思想生成与演进的文化传统

西方文化为西方法治理念的形成和发展提供环境与条件，注入持续发展的思想支持与信念动力，并成为西方法治理念的灵魂与精华所在。西方人文主义文化传统历史悠久，对法治发展的影响尤为深远。人文主义把人的主体地位放在突出位置加以强调，注重人的价值、尊严和生存意义。人文主义将以人为本、张扬理性、精神关怀等作为价值追求。西方法治理念是在其人文主义文化传统中产生和孕育的，并不断变化演进。西方人文主义文化传统奠定了其法治理念的发展方向与运行轨道，西方法治理念深受其人文主义文化传统的影响，并不断从中汲取养分和动力。现代西方法治理念历经古希腊、古罗马道德观、自然观与欧洲中世纪宗教观，并基于工业文明对神治的理性批判而生成。文艺复兴运动大力张扬科学、理性、博爱、人权精神，西方法治理念在这一大背景下逐步发展，最初突出的是限制王权，并经启蒙思想洗礼。现代西方法治理念崇尚自由、平等、公平、正义精神，注重理性主义、民族主义等民主意识，强调权利保障和权力制约，现代西方法治模式形式多样，呈现不同特色，都是其厚重文化历史的产物，也是其文化历史传统的传承。

（四）西方法治文化思想生成与演进的社会结构

西方法治理念产生的深层根源在于西欧中世纪形成的国家和社会之间独特的社会架构——市民社会。市民社会是西方法治理念的生存土壤，是西方法治理念的社会基础。形式多样、活力无限的市民社会既促进了经济发展与市场繁荣，也促进了法治理念的不断变化与改进。市民社会内化着现代法治理念。法治尤为关注的是人的自由，法治的价值目标应当是自由意义上的平等。市民社会是以自由产权为核心的市场经济社会与契约社会，在长期的商品交换与贸易流通中，自由和平等精神必然不断孕育；市民社会通过发展市场经济，为实现法治创造基础性条件。在市民社会中，多种自治组织培育得到广泛重视，有力促进了市场拓展与经济发展，为实现法治创造了有利环境；市民社会强调以权利制约权力，限制滥用职权。现代法治以限制权力与保障权利为基石，强调法律面前人人平等，市民社会重视保障权利，注重限制权力，并在二者的有效互动中实现法治的目标与追求。①

二、西方法治文化思想的主要内容

在较长的发展历程中，由于受各方面主客观因素的影响，西方法治文化的思想内容不断丰富，了解西方法治文化思想的主要内容，有助于掌握其法治思想的脉络与结构，加深对其实质的认识和把握。

（一）崇尚理性精神

西方理性精神发展时间跨度长，包括从古希腊、古罗马开始，一直到中世纪、近代直至现当代法治理论等在内的一系列体现理性精神的法治文化思想。

西方自然法蕴含深刻的理性精神，具有丰富内涵，理性即自然法，自然法即理性。自然法的发展历史就是理性的发展历史，自然法的前进历程就是理性的前进历程。在自然法思想的影响下，近现代西方法治理论与其理性精神一脉相承：强调自然法是人定法基础，人定法需合乎自然法；注

---

① 尤一平．西方市民社会法治对架构我国法治之路的启示［J］．法制与社会，2014（4）．

重自由、平等、民主和法治等；强调实体正义与程序正义；重视对公民权利和自由的保障。

文艺复兴以来，法律理性得到充分张扬。近代西方法学家基本强调法律对社会生活的重要性，肯定法律的强制性、普遍性、确定性、平等性等特性，法治内涵得到丰富和充实。例如，洛克以法律理性为核心且以自然法精神为补充的温和法律理性观、黑格尔把法与自由绑定考察的辩证法理性观，等等。尽管20世纪以后产生的法学流派认为法律是非理性的，法律理性只是一种“神化”，但是他们并不能列举充分的理由否认法律的道德因素与理性精神。伯尔曼《法律与革命》一书的写作目的就是为了摆脱西方法律理性面临的危机，现代西方法律正变得远离道德而更加接近权术，迫切需要形成新的法律信仰，当代西方社会有重新整合法律理性，回归法治传统精神的内在愿望。

（二）推崇正义观念

西方法治思想渊源的脉络包括：古希腊、古罗马思想家的思想渊源是抽象正义论，近代思想家的思想渊源是正义论基础上的古典自然法理论，现当代西方思想家的思想渊源是基于不同政治主张的正义论和自然法理论。

正义是西方许多思想家和法学家关注的核心问题。古希腊、古罗马的正义观对西方法治传统影响深远，构成西方法治传统的重要价值。柏拉图的《理想国》关注和探讨的中心问题就是正义。德国法学家拉德布鲁赫指出，法律理念，首先是指正义。比利时哲学家佩雷尔曼认为，正义是人类最宝贵的价值。罗尔斯的社会正义原则追求的是实体的正义。在他看来，法治是实施正义的前提。罗尔斯对法治的论述是以富勒的观点为出发点的，因为他也把法治视为形式正义，所不同的是，他对法治的原则作了不同的概括，提出了正义的四个原则：法律的可行性；类似案件，类似处理；法无明文规定不为罪；自然正义观。纯粹法学代表人物凯尔森认为，正义是一种主观的价值判断，人们无法判定某一法律是否正义，但他同时不得不强调，如果将正义理解为“合法性”，那么法律科学中就可以包括正义概念。西方学者并不满足对正义的单纯强调，而是对正义进行更为深入的研究，试图从更深层面把握正义的本质与内涵。德国的施塔姆勒认为自由是正义的核心；耶林认为正义的核心是安全；罗尔斯认为正义的核心是自由和平等，但处于第一位的是自由。

（三）突出法律至上

法律至上思想萌生于古希腊、古罗马时期。西塞罗认为，执政官乃是会说话的法律，法律乃是不会说话的执政官，意在强调法律无比重要。在古希伯来文化与古希腊文化融合后，法律至上得到空前的重视和强调。当时的法律思想家认识到，将法律置于至高无上的位置，以法律确立的标准为标准，以法律认定的尺度为尺度，以法律作为解决纠纷、化解矛盾的依据，对树立法律权威、维护法律尊严、反对等级特权、落实法律面前人人平等原则、有效防范和克服政府权力对公民权利的侵害等具有重要作用。

西方近现代法治思想家提出符合资产阶级需求的法治思想，将法律置于至高无上的位置。现代法治思想家对法治的认识愈加深刻，法治就是法律至上，即法律的统治。包括新自然法学派、实证主义法学派和社会法学派在内的当代西方三大法学流派，都主张各国在立法、执法和司法过程中应体现法治原则，确保公民权利和自由，如英国新分析实证主义法学代表人物拉兹认为，政府应由法律统治并服从法律。其意在强调，政府应接受法律监督和制约，严格在法定权限内依法行使权力，不得滥用权力，徇私枉法。

（四）强调权利自由

古希腊时期确立的以权利自由为核心价值的法治理念是西方不同时代的共同主题。法治对权利自由所崇尚的实质是对人的尊重与关怀，是对人生存和发展基础的维护与捍卫。戴雪指出，法治精义在于个人权利和自由，法律是个人权利和自由的保证。英国法理学家麦考密克认为，自由之宝贵在于它是人类实现自我尊重以及有能力追求自己关于完美和有价值生活的满足的条件。

西方法治危机促使其倍加关注权利自由。法律实证主义公然抛弃法律中的道德意义与理性价值，将法治工具价值推向极端，法律在世俗生活中沦为追名逐利的手段。两次世界大战的惨痛经历让人类充分体会技术理性的苦果，生命被践踏，权利被蹂躏，自由被剥夺。“二战”后，在总结深刻教训的基础上，法治价值取向发生转变，由注重法治工具价值转向法治实体价值，越来越多的国家在法治实践中将人的尊严、权利与自由置于核心地位，并采取切实有效的措施加以保护。

在法治理论研究上，现当代西方思想家、法学家等对权利自由进行持续深入的探索与分析。哈耶克从经济入手，从古典自由主义立场对传统法治进行批判与继承，强调现代社会应注重保障权利自由。“二战”以来，西方法治价值由以个人权利自由为核心的形式法治向注重社会公平正义的实质法治转变，由注重工具理性向注重价值理性转变。越来越多的人认识到，只有把权利自由置于法治的核心地位，才能使法治不丧失其目标。现代西方法学理论同时认为，权利自由不是绝对的，法律既保护个人的权利与自由，也制约滥用权利的行为。

（五）注重法律信仰

西方思想家、法学家普遍认同法律的存在离不开信仰的支持。法律信仰作为主观心理状态，是人们对法治生活方式心悦诚服地认同和依归，它集中体现在法律认知、情感和行为的统一。伯尔曼认为，法律必须被信仰，否则它形同虚设。它不仅包含人的意念，而且包含他的情感、直觉和献身，以及他的信仰。西方法学家认为，只有外在法律符合人的心理或情感，并促使其从内心敬重法律、信仰法律时，法律才能真正被重视、被强调，并有力地发挥作用。

社会主体对法律信仰应具备两个前提：一是法律自身的正义性。自然法学家认为，恶法非法，良法才是法，唯有符合公平正义精神的法才能称为法，并值得人们尊重和信仰。博登海默认为，法律是正义和秩序的综合体。社会主体对法律的信仰来自法律自身所具有的公平正义理念和对人类的关爱精神。二是法律实施的正义性。社会主体对法律的信仰在于法律实施的正义对法律产生的神圣感与认同感。法律实施公正无私，才能将法律所蕴含的公平正义精神落到实处。否则，即便法律本身符合公平正义精神，由于执法不严，违法不究，甚至滥用权力，严重侵权，法律设定的目标也难以实现，法律信仰也难以生成。

西方大多数人的规则意识较强，法治观念较浓，与他们内心深处对法律的信赖密切相关，与他们重视培育法律信仰紧密相连。在他们看来，将法律内化于心，外化于行，执行法律不再是外在强制，而是内在的需求、源泉和动力。遵守法律、崇尚法律、热爱法律、献身法律成为自觉自愿的愿望和追求，法律信仰就会逐渐确立起来。

第四节　扬弃继承与批判借鉴法治文化的思想资源

一、扬弃继承中国传统法治文化思想

习近平总书记指出：要“科学对待文化传统。不忘历史才能开辟未来，善于继承才能善于创新”。[①] 中国传统法治文化根植于中华文明的沃土，集中表现在儒家、法家、道家的法治思想观念中，这是中华传统文化的重要组成部分。中国传统法治文化思想历经了几千年的发展，其中有些思想经过现代转化后，对当前的法治文化建设发挥着积极的作用。

第一，中国古代传统法治思想闪烁着智慧的光芒，体现出许多符合人类社会发展和现代法治原则的精华。儒家的礼治、德治与人治思想对我国法治文化建设具有深远的借鉴意义，目前国家实行的依法治国与以德治国相结合的治理方式，在某种程度上就是来自儒家的思想。儒家重视法度的作用，坚持认为人是法的动因，重视法律的内在合理性，强调法律与伦理价值的固有联系。这种思想理论强调人对法律的能动作用，关注人情与道德，这与现代法治的实质化具有一定的契合之处。孔孟认为人在本质上是注重感情的，但利益的不当诱导使他们违背伦理，从而迷失了方向。为避免此种情况，就得克己复礼，以仁义为先。这种对于实质法治的追求，为中国法治建设实现实质正义提供了可资借鉴的理论之源。中国传统法治文化思想中对于法的思考，符合秩序和正义的要求，契合了法律实现的终极目标。儒家主张诚信，而现代意义上的诚信就是在中国传统人与人诚信交往原则基础上的应用，其不仅属于道德层面，而且体现在经济和法律层面。

第二，法家认为人类社会是运动发展的，法律制度因势而立。“趋利

---

① 习近平．在纪念孔子诞辰 2565 周年国际学术研讨会暨国际儒学联合会第五届会员大会开幕会上的讲话［M］．北京：人民出版社，2014：11.

避害”是古往今来人人固有的本性，治理国家不能仅靠道德说教，还必须附立于赏罚制度。在法家看来，“物竞天择，适者生存”。可见法家的思想理论提倡法治与效率，这与现代的法治精神有许多相似之处。先秦法家的法治思想十分接近现代西方的法律实证主义理论和形式主义法治观，形成了中国式法治观。道家对礼法的抨击有助于加深对统治阶层虚伪本质的认识，但主张无为而治的人定法，否定道德、法律的作用，鼓吹法律虚无主义，无疑对法律思想的发展有着阻碍作用。

第三，先秦诸子百家的法治思想反映了中华民族最初的精神创造，其“原创智慧”有助于法律制度体系的构建，有助于塑造中国人的法治精神。这就要求我们认真研究先秦思想中关于天道、人道、人性、中、仁、忠等概念的本真内涵，从传统来通达被他们“遮蔽”着的渊源，直达“源头活水”。

总而言之，中国传统法治文化思想是十分丰富的，现代法治建立后，无论是在立法、执法、司法、守法还是法律监督中，总能从中国传统的法治文化思想中找到根源，这说明了中华传统法治文化思想博大精深，中国现代法治文化扎根于中华优秀传统文化的深厚底蕴当中。

二、批判借鉴西方法治文化思想

党的十八届四中全会强调，全面推进依法治国，必须“借鉴国外法治有益经验，但决不照搬外国法治理念和模式”。[①] 产生于西方文明中的法治文化思想，是人类共同的精神智慧，不仅孕育了西方发展的动力，而且推动着整个人类文明前进的车轮。从西方法治文化思想的源头、历史发展中不难看出，西方法治文化思想都源于回答或解决“何以需要法治”“何谓法治”“法治何以可能”三个方面的问题，其中有着内在的思想逻辑。

首先，“何以需要法治”的思考与人性恶的思想观点相联系。西方法治从古至今都设定了人性恶的理论前提，不管从哪种背景或观念出发，都必然引申出法治是客观地从人性的实在表现形式出发得出的逻辑结论。这种人性基础告诉人们，政府的权力是必需的，而这种权力本身又是危险

① 中共中央关于全面推进依法治国若干重大问题的决定（辅导读本）［M］. 北京：人民出版社，2014：8.

的。法治秩序的持久魅力在于它正视现实中的人性冲突，从来不把权力拥有者当作圣人。与此相反，法治追求的是用法律约束特权拥有者的诸如此类的不良人性，法治的威力基于强制性，面对违反法治的高昂的毁灭性的代价，特权拥有者会在权力行使过程中做到合乎人的善良本性与愿望。正视人性中的缺陷，由此出发构建法治精神、建立有限政府成为从启蒙思想家到现代法治论孜孜以求的目标。

其次，在“何谓法治”的思考上，西方思想界至今没有形成统一的概念。亚里士多德最早对法治一词的含义作出了解释，法治与“法律统治”是同义的，法治就是良法之治。近代以来，西方思想家不再仅从“法”的角度来理解法治，而更多的是从“治”的角度来理解法律。这一时期的法治思想突出了对平等、自由和权利等价值目标的揭示，创设了一系列法治原则。现代以来，法治解释一方面还传承近代自由、平等、人权、正义、秩序为价值取向；另一方面也开始走出政治哲学的解释框架，并重新审视法治的内涵。其中，最显著的变化是在解释中注重对法治对象和目标的解释，而且更是一个价值概念，它意味着理性、民主、自由、平等、秩序以及权利保障。西方法治思想的演进清晰地显现出文明社会的历史潮流所向。

最后，关于“法治何以可能”，不同时期的西方思想家提出了不同的政治制度设计。亚里士多德提出法治的政体基础是体现奴隶主阶级民主要求的共和政体，还提出了法治的具体操作，但没有提出系统而有效的制度保障。资产阶级启蒙思想家是在反对封建专制统治的斗争中，逐渐认识到民主和法治的重要性。他们继承了古希腊、古罗马的法治思想，并且最重要的是使这种法治思想由理论转化为国家的法治实践。近现代法治理论不仅在理念上发生变化，而且尤以制度设计的周密和精巧而独具特色。启蒙思想家提出了富有理性色彩的政治构想，这些政治构想和正义、自由、人权、民主政治等相联系，后在英国等国家的政治实践中得以发展和完善。这些制度设计包括分权与制衡、司法独立、依法行政等理念。这些制度设计，基本上都是为了防止公共权力的专横、恣意与腐败，保障公民的权利与自由。

在对上述问题的探究中，西方法治文化思想逐渐形成，并不断地发展、丰富和完善，从而形成了一套系统缜密的法治理论。西方法治文化发展的历史表明，西方步入法治化状态，有其深厚的社会文化背景。这个社会文化背景就是西方古代社会以人为中心的人文思想和文艺复兴以来确立的自由、平等、人权等内容的人文主义。同时，为保障人民享受到法治所倡导的平等、自由、人权等权利，又进行了制度设计，所以说，法治制度文化的产生在某种意义上说来自法治理念文化。产生于西方文明中的自由和法治思想，是人类共同的精神智慧。从古希腊到文艺复兴，再到近代，在西学东渐的大背景下，中国人民为建设自由、平等、民主的法治国家前仆后继，在中西法治文化冲突又融合的过程中，中国特色社会主义法治文化在创新发展中出现在世人的眼前。因此，对待西方法治文明的有益成果，我们应抱有积极引进的态度，批判性借鉴，认真吸收其中的合理成分和优势特色。

此外，从西方法治思想发展的历史来看，西方法治理念建设给予我们更多的启示，西方在法治理念建设方面除有其特殊的历史文化背景之外，更多的是一种文化自觉行为的养成。在衡量西方法治文明的有益成果时，我们仍应抱虚心学习和批判借鉴的态度，认真吸收其中的合理成分。从西方的法治思想发展历程来看，法治文化建设不仅需要一定的“良法”，更重要的是在全社会形成普遍尊重法治、信仰法治的良好氛围。

其一，西方的宗教信仰和人文理性是形成法治信仰的外部条件。从法治文化的发展历程来看，宗教因素虽然从法律制度中渐渐消失，但是宗教的崇高威望早已在人们心中扎根。西方学者伯尔曼在《法律与宗教》一书中阐述了这样一个观点：西方法律至上的理念来自超现实的宗教信仰，即基督教信仰的帮助。西方把上帝视作至高无上的神灵，上帝具有超越一切的权威，法律只是上帝意志的表现，法律与宗教是相通的，人们通过对上帝的信仰也认同了法治理念，为法治的形成奠定了思想基础。

其二，在西方，法治与神治是不同的，神治随着神权统治的土崩瓦解而失去依赖。随着历史的发展，新的理性的世俗信仰取代了上帝在人们心中的地位。宗教崇拜失去了意义，法律信仰随之取而代之。经过启蒙思想家的改造，法律被赋予理性、公平和正义的规则，因此，西方公众完成了由宗教信仰到法律信仰的转变，从西方法治思想发展的历史来看，归根结底，理性的弘扬是法治社会形成的文化背景，可以促进法治文化的形成。

其三，强调法治理念的伦理意义也很重要，因为这样可以使西方古代思想家的法治理念区别于当时某些古希腊城邦实际执行的重刑主义政策。亚里士多德认为，法治本身还不是最高的价值，符合正义的要求才是正当的。通过对西方古代思想家的论述分析，他们特别重视法治中的守法问题，如此重视以至于认为法治的基本要求就是守法。古代西方思想家强调守法的思想，以及论证守法的方式对于今天我们的法治建构有重要的启示作用。尽管我们今天也强调守法，但更多是从法律所具备的外在权威来论述守法的。

美国学者伯尔曼在一本书中写道："不得不从遥远历史的视角，从头考察西方的法律与法制、秩序与正义的传统，以便找到摆脱目前困境的出路。"① 对于中国的法治文化建设来说，遥远的过去和疑惑的现在都充满沉重的存在，法治文化的建设如何从断裂的历史中契合而不致出现危机，不要为了法治而法治，产生一种本末倒置的结果，我们应该清楚地认识到，没有价值指导的法治将缺乏一种精神，即缺乏维系法治的原动力，这才是我们真正需要在法治实践和法治文化建设中应对的问题。

三、以马克思主义理论的法治文化思想为指导推进中国法治文化创新发展

通过上述分析可知，马克思主义理论的法治文化思想、中国传统法治文化思想和西方法治文化思想的有益成果是中国法治文化建设的三大主要思想基础和资源。

第一，发展和完善法治文化必须正确处理源与流的关系。在这方面，马克思主义经典作家给我们树立了榜样。马克思、恩格斯早期关于法治文化的思想带有明显的黑格尔唯心主义理性法律观的印记。从唯心主义理性法律观向历史唯物主义法治观过渡的历程中，马克思、恩格斯关于法治文化的思想逐步发展完善，形成了以"如何用武力和法律的双重手段废除旧的法统、建立新的法律秩序"为核心的法治文化思想。在苏维埃社会主义建设的伟大实践中，列宁领导的俄国无产阶级和劳动人民不仅验证了马克思、恩格斯创立

① ［美］伯尔曼．法律与革命——西方法律传统的形成［M］．贺卫方，等译．北京：中国大百科全书出版社，1993：1.

的历史唯物主义法治理论的正确性，深化了马克思主义法学的基本原理，同时还在继承马克思、恩格斯的法治理论的基础上，丰富和发展了马克思、恩格斯关于法治文化的思想，解决了社会主义法之中的一些重大理论问题，探讨了无产阶级专政与社会主义法治等若干社会主义法治的基本理论问题。中国共产党各个历史时期的领导人带领中国人民根据不同时代的法治实践需要，创新发展了马克思主义理论的法治文化思想，经过 70 多年的探索和实践，开辟出一条符合中国国情，能够切实维护人民利益、维护社会公平正义、维护国家安全稳定、保障经济持续发展的中国特色社会主义法治道路。新中国成立 70 多年来，社会主义法治理念、法治地位和法律权威得到确立，法律体系基本形成，依法治国、依法执政、依法行政全面推进，法治国家、法治政府、法治社会一体建设，新中国法治建设取得了巨大成就。

我们要像马克思主义经典作家那样，敞开胸怀、创新发展思路、与时俱进，在法治文化建设的道路上，应坚持以马克思主义理论的法治文化思想为指导，以科学的态度、创新的精神对待古今中外的各种法治文化思想资源，既要坚决抵制落后、腐朽的专制文化，又要积极借鉴先进、科学的法治文化。

第二，习近平总书记指出："中华民族是一个兼容并蓄、海纳百川的民族，在漫长历史进程中，不断学习他人的好东西，把他人的好东西化成我们自己的东西，这才形成我们的民族特色。"① 社会主义法治文化作为人类法治文明的继承和发展，与资本主义法治文化相比，经济基础、政治环境与价值取向截然不同，但是从两种社会制度的共性来看，它们都建立在生产的社会化、市场化、现代化的基础上，因此在具体表现形式和作用机理上有许多相通之处。资本主义国家经过几百年的发展，积累了法治文化建设的宝贵经验，我们应该加以批判性借鉴。在社会发展的进程中，人们的思想总是在历史的渊源之上浮动，中国法治文化建设，在坚持马克思主义理论的法治文化思想基础理论指导下，既要扬弃继承中国传统法治文化精华，又要批判借鉴西方法治文化优秀成果，走出一条适合中国实情的法治文明发展之路。

第三，我们应深入理解中国传统法治文化思想，并且要有"放眼看世

① 习近平．习近平谈治国理政［M］．北京：外文出版社，2014：105-106.

界”的文化气魄，善于总结和吸收其他民族优秀的法治文化成果。当今世界，中西文化相互融合，互相吸收借鉴。费孝通先生用四句话概括了世界文化多元的格局：“各美其美，美人之美，美美与共，天下大同。”① 这对于世界文化多元的现状有切实的指导意义。马克思主义只有深深地扎根于传统法治文化的土壤中，并以一种海纳百川的开放姿态，汲取西方法治文明的有益成果，才能在中国民主与法治建设大业中开出美丽的花朵。因此，马克思主义法治思想、西方法治文明的有益成果、中国传统法治思想的合理因子，三者必须有机结合起来，在融合中西、博采古今中实现 21 世纪法治思想的创造性改造和转化，不断吐故纳新，方能保持其旺盛的生命力和永续发展的势头，从而真正促进社会主义民主法治全面、协调、可持续发展。

坚持马克思主义理论的法治文化思想、中国传统法治文化思想、西方法治文明有益成果的有机结合，理性回答了传统与现代、东方与西方文化及法治文化的冲突与融合问题，是当代中国人对法治文化发展模式的选择。它强调各文化之间进行真诚的比较与对话，相互借鉴、尊重、赞许乃至学习，最终实现“天下大同”。在这种文化模式面前，“各美其美，美人之美”的尊重和喜爱之情会更强烈和深厚，文化的隔膜与障碍容易消解，法治文化的自觉才能真正形成。

① 马戎，周星．二十一世纪：文化自觉与跨文化对话［M］．北京：北京大学出版社，2001：9.

第三章

实践考察（一）：
中国法治文化建设的历程与成就

第一节　中国法治文化建设的历程

中国是一个有着悠久历史的文明古国，法治文化源远流长，形成了内容丰富、特点鲜明的法治传统，在世界法治文化历史上占据重要地位。中国的法治文化发展可以说经历了中国历史上法治思想的积淀与发展，在法治实践中逐渐丰盈起来，最终在中国大地上开花结果。

一、法治文化建设的基本进程

（一）新民主主义革命时期：法治文化的起源

新民主主义革命时期，人民政权通过一系列法律、法令、条例，以及大量规范性文件等，形成了以宪法性文件为核心的包含刑法、军事法、婚姻法、劳动法、社会保障法等在内的法律体系，还形成了初具规模的司法体制，并运用于实践。

为了适应政权建设和革命斗争形势的需要，这一时期的根据地革命政权，都以马克思列宁主义的国家观和法律观为指导，以中国共产党的纲领、路线、方针和政策为根据。新民主主义法律制度的经验和成果，在许多方面被新中国的社会主义法制吸收、继承和发展，成为新中国法治文化建设的萌芽和前奏。

“五四运动”前后，马克思主义法治思想就在中国大地上传播，尤其1921年中国共产党成立后，明确提出了反帝反封建的革命纲领。为了实现这一纲领，中国共产党领导了全国的工人运动和农民运动，并通过各种革命组织，制定了许多具有法律效力的规约禁令。

1927年大革命失败后，中国共产党领导了一系列武装起义，开辟了农村革命根据地，逐步建立起各级红色革命政权。1937年抗日战争爆发后，在法制建设方面，继承并发扬了苏区的优良传统，制定和颁布了一系列法律法规。解放战争后期，在各大解放区，除建立了一些具有过渡性质的政权组织形式之外，在法制建设方面也制定了一系列法律法规，在土地立法等方面，都有一系列新的建树。这一切都为中华人民共和国成立后的政权和法制建设创造了有利的条件。

新民主主义法律制度与新中国成立后的社会主义法制，属于同一历史类型，并处于直接历史渊源地位。新中国成立后的社会主义法制建设，可以说是对新民主主义法律制度的继承和发展，大多数法律制度对新中国的法律制度产生了一定的影响，有些延续适用到现在。应当说，新民主主义法律制度为新中国成立后的社会主义法制建设积累了丰富的立法和司法经验，奠定了坚实的历史基础，使得新中国成立后彻底废除国民党政权的法律制度成为必然。

（二）社会主义革命和建设时期：法治文化的探索

1. 社会主义法治文化的积极探索

从 1949 年 10 月新中国成立到 1954 年宪法颁布前，是中国社会主义法制的奠基时期。以毛泽东同志为核心的党的第一代领导集体制定了新中国第一部社会主义宪法，提出了有法可依、有法必依的法治原则。

我国第一部社会主义宪法“五四宪法”，是关于国体、政体和人民民主权利等内容的，也是对这些宪法性文件内容和新民主主义宪政运动经验的总结。可以说，新民主主义法律制度为新中国成立后的社会主义法制建设，积累了丰富的立法和司法经验，奠定了坚实的历史基础。

新中国成立初期的法制建设，是新中国法制建设的开端，为以后的法制建设奠定了基础。这一阶段，在破除旧法制的基础上和以马克思主义国家观和法律思想的指导下，在法制的初创时期，与政治、经济制度建立相一致，我国的法制建设取得了一系列的成就，主要表现在政治制度的建立、立法、执法、司法等方面。而且这一时期，我国民众的法制意识也被唤醒，法律在人民的日常生活中参与得越来越多，各种法制宣传活动出现在社会主义建设的各个领域。

2. 社会主义法治文化的曲折探索

20 世纪 50 年代后期到 1978 年党的十一届三中全会召开的这段时间

里，如同我国社会主义革命和建设所走过的道路一样，我国的社会主义法治建设经历了曲折发展的历程。

新中国成立后，中国共产党领导人民建立了人民当家作主的国家政权，由于我国的社会主义是从半殖民地半封建社会并经过短暂的新民主主义社会逐步过渡来的，党对发展社会主义法制的经验不足。虽然制定了法律，却没有树立起法律的权威。由于民主和法制相对不健全，党内外关于社会主义建设的不同意见受到压制和打击，正确主张得不到采纳，甚至被贴上资本主义的标签遭到批判，错误的决策得不到及时制止，甚至被当作社会主义的原则加以固守。实践证明，中国要实现社会主义现代化，就必须发展社会主义民主，健全社会主义法制。大力发展人民民主，确保人民行使当家作主的权利，使公民的民主权利得到切实保障。党必须在宪法和法律范围内活动，任何一级党组织和领导人都不能有超出法律之上的权力，各种制度和法律不能因领导人的改变而改变，不能因领导人看法和注意力的改变而改变。

新中国成立后前 30 年的法制建设，为我国法治文化建设提供了经验，遗憾的是，代价也是惨痛的，但这些代价是在探索社会主义发展道路过程中付出的。正是法制建设中的这些代价，使我们深深地认识到，改革开放前的社会主义实践探索，为改革开放后的社会主义实践探索积累了经验并准备了条件，改革开放后的社会主义实践探索，是对前一个时期社会主义实践探索的坚持、改革和发展。正如习近平总书记强调："我们党领导人民进行社会主义建设，有改革开放前和改革开放后两个历史时期，这是两个相互联系又有重大区别的时期，但本质上都是我们党领导人民进行社会主义建设的实践探索。中国特色社会主义是在改革开放历史新时期开创的，但也是在新中国已经建立起社会主义基本制度，并进行了 20 多年建设的基础上开创的……不能用改革开放后的历史时期否定改革开放前的历史时期，也不能用改革开放前的历史时期否定改革开放后的历史时期。要坚持实事求是的思想路线，分清主流和支流，坚持真理，修正错误，发扬经验，吸取教训，在这个基础上把党和人民事业继续推向前进。"① 建设富强、民主、文明、和谐、美丽的社会主义现代化国家，实现国家的长治久

① 习近平．习近平谈治国理政［M］．北京：外文出版社，2014：22-23.

安，在以经济建设为中心，坚持改革开放的同时，必须不断健全和完善社会主义法治，依法治国，建设社会主义法治国家。

（三）改革开放新时期：法治文化的提出与发展

1978 年 12 月党的十一届三中全会以后，以邓小平同志为核心的党中央在深刻总结历史经验教训的基础上，作出了将党和国家的工作重心转移到以经济建设为中心、实行改革开放的战略决策上来。围绕这一重大转变，我国的法治也得到了恢复、重建和发展，进入了中国法治建设的新时期。

中国特色社会主义法治文化经历了一个曲折的发展过程。前文讲到，法治文化最初表现为法律文化，当法治的提法逐渐被人们接受以后，法治文化才逐步进入世人的视野，这一过程鲜明地体现为依法治国理念的强化和树立。也只有通过依法治国理念的树立才能显现出法治精神文化在法治文化建设过程中的核心作用。

依法治国理念的形成，经历了较长的历史时期。新中国成立初期，为了满足新政权建设的迫切需要，党领导人民根据当时的实际情况，制定了包括宪法在内的重要法律法规，创建了人民的司法机构和司法队伍，迈出了依法治国实践的第一步。1978 年，党的十一届三中全会召开，会议决定把国家的工作重心全面转移到社会主义现代化建设上来，在强调以经济建设为中心的同时，又作出了健全社会主义民主、加强社会主义法制的重大决策。这次会议在法制建设方面有两点特别值得重视：第一，强调为了保障人民民主，必须加强社会主义法制；第二，提出了“有法可依、有法必依、执法必严、违法必究”的社会主义法制建设的“十六字方针”，明确了这一时期法制工作的基本理念。

1979 年，在党的理论工作务虚会上，邓小平在题为《坚持四项基本原则》的讲话中提出了“没有民主就没有社会主义，就没有社会主义现代化”的著名观点。由于民主与法治之间有着天然的联系，邓小平的这个著名观点为依法治国理念的形成提供了思想基础和理论依据。

1982 年制定的现行宪法，以根本法的形式确认了党的十一届三中全会以来所取得的政治成果，强调树立宪法的最高权威，在新中国确立依法治国理念的进程中，具有里程碑的作用。同时，1982 年宪法还强调了人民民主，强调了法制原则，完善了人民代表大会制度，确立了经济体制改革和政治体制改革的基本原则与总体方向。

1992 年 10 月，党的十四大根据社会发展实际，明确提出建立社会主义市场经济体制的改革目标。市场经济体制的确立，为我国法治建设注入了强劲动力。1997 年 10 月，党的十五大明确提出了“依法治国，建设社会主义法治国家”的基本方略，对依法治国理念进行了全面的论述，对依法治国的科学内涵、重大意义、战略地位作出了纲领性的说明，标志着我国社会主义法治建设进入了新的发展阶段。1999 年 3 月，全国人大通过宪法修正案形式将“依法治国”载入宪法，依法治国理念已经从党的意志变成了人民的意志、国家的意志。

党的十六大以来，以胡锦涛同志为核心的党中央领导集体坚持以邓小平理论和“三个代表”重要思想为指导，提出了坚持以人为本、全面协调可持续的科学发展观和构建社会主义和谐社会的奋斗目标，为中国法治建设注入了新的活力。胡锦涛同志提出的依宪治国，科学执政、民主执政、依法执政，弘扬法治精神、社会主义法治理念，把党的领导、人民当家作主和依法治国有机结合起来等重大理论创新，把中国社会主义法治建设推向了更加全面、更加深化、更加坚实的新的发展阶段。中国的历史经验已经充分证明：中国法治建设的科学理论是数代中国共产党人在治国理政的实践中探索而获得的宝贵经验，坚持走中国特色社会主义法治道路是当代中国实现科学发展、社会和谐的必由之路。

党的十七大提出依法治国是社会主义民主政治的基本要求。党的十八大提出全国推进依法治国，为适应全面建成小康社会和全面深化改革，必须“坚持依法治国、依法执政、依法行政共同推进，坚持法治国家、法治政府、法治社会一体建设”①。自此，中国进入了全面建设社会主义法治国家的新时期。

2014 年 10 月，党的十八届四中全会提出全面推进依法治国的总目标和重大任务，即全面推进依法治国。这是我党历史上第一次就依法治国主题召开的会议，充分体现了党的十八大和十八届三中全会精神，是指导新

---

① 习近平. 在首都各界纪念现行宪法公布施行 30 周年大会上的讲话［N］. 人民日报，2012-12-05（2）.

形势下全面推进依法治国的纲领性文件。这既是对国家治理走向的顶层设计，也是对依法治国理念的进一步重视和提升。

2017年10月，党的十九大报告提出深化依法治国实践的工作任务。全会决定成立中央全面依法治国领导小组，加强对法治中国建设的统一领导。全会对全面推进依法治国进行了再部署、再安排，以保证法治中国建设顺利进行。党的十九大的召开在全面推进依法治国实践上作出了积极的贡献。

我们应该铭记两个历史性的节点：一是党的十五大首次提出依法治国，建设社会主义法治国家的治国策略，从此开始了我国法治建设的新的征程；二是党的十八届四中全会在法治建设新的历史阶段，提出全面推进依法治国，推进法治中国建设，作为“四个全面”战略布局的一项重大举措，全面推进依法治国已经上升为国家战略，体现了依法治国的重要性。

依法治国既是一种治国理念，又是一种治国战略，作为一种治国理念，它是法治文化生发的肥沃土壤，也是法治文化建设的重要内容。法治文化在经历了较长时间的发展后，披着文明的外衣进入法治建设之中。现今，社会公众越来越重视法治文化的建设，法治文化迎来了其发展的最佳机遇期，应该说以法治精神文化为核心的法治文化到底对法治中国的形成有多重要的影响，不管是学术界还是当政者都给出过相似的答案，那就是法治文化是法治建设的软实力和决定因素。没有法治文化，法治建设就如无源之水、无本之木，法治文化滋养着法治建设这棵参天大树。

二、依法治国与法治文化建设的关系

依法治国，建设社会主义法治国家的治国战略一经写入我国宪法，就成为全体公民必须遵守的纲领。法治文化正是在此背景下登上历史的舞台，在新的历史阶段，法治文化建设是在我国法治建设进入攻坚阶段的明智之举。

（一）依法治国催生出法治文化的生长土壤

1. 从经济层面上看

一般而言，法律在市场经济中发挥的重要作用不言而喻。依法治国满足了调整市场的经济行为、保障市场的经济秩序，从而使市场经济健康、稳步发展的内在需要。没有依法治国所创造的制度条件和环境，市场经济不仅难以形成，更无法顺利发展。依法治国是法治精神文化的重要内容，在市场经济环境之下，人们易于养成尊法守法的良好习惯。市场经济就是法治经济，离开了法治保障的市场经济，就会像鱼离开水一样，没有了其存活的环境，必死无疑。在市场经济活动中，人们在法律的框架下按照市场规律进行经济往来，具备法治知识成为进行市场经济活动的前提，具备法治理念和法治精神成为进行市场经济活动的标志性个体素质。试想跟一个没有法治知识和法治精神的人从事经济活动，这种市场交易的结果必然得不到法律的保护，害人害己，既增加了交易的成本，又增加了失败的风险。因此，在市场经济中培育法治文化成为一项重大而又具有现实意义的任务。

2. 从政治层面上看

依法治国理念在中国的确立，是中国共产党总结长期执政经验与教训的必然结果。邓小平同志深刻揭示了在我国实行法治的必要性："还是要靠法制，搞法制靠得住些"①；"制度好可以使坏人无法任意横行，制度不好可以使好人无法充分做好事，甚至会走向反面。"② 邓小平的这些论述，既表达了他个人在几十年坎坷经历中形成的深刻体验，也表达了全党、全社会对于社会主义条件下治国理政的普遍共识。因此，依法治国理念的确立，可以说是党对长期执政经验、教训进行反思和总结的结果。

3. 从文化层面上看

依法治国理念的确立，是对当代中国社会文化多元化格局的积极回应，也是满足人民群众日益增长的文化需求的必要保证。在文化交流频繁的情况下，既要保证我国文化事业丰富多彩，保证人民群众的思想充满活力，又要保证我国文化事业健康发展，使主流意识形态和积极向上的文化生活始终在我国社会生活中占据主导地位，这就要求在继续运用传统的宣传、教育等方法的同时，引入法治途径，通过依法治国理念的确立和实施，创造我国社会主义事业所需要的文化生态。依法治国理念的确立和实施，一方面为各种文化的形成、生长和传播确立了规范，建立了一种必要

---

① 邓小平．邓小平文选（第 3 卷）［M］．北京：人民出版社，1993：379.
② 邓小平．邓小平文选（第 2 卷）［M］．北京：人民出版社，1994：333.

的文化秩序。另一方面通过立法程序，还可以把先进、积极、健康的文化资源直接上升为国家法律规范。所以，依法治国理念的确立，与当代中国文化发展的状况与要求也有直接的关系。

4. 从社会层面上看

依法治国理念的实践，就在于把各种社会组织和社会成员（无论其处于什么样的社会阶层）在社会生活中结成的关系，界定为平等的权利义务关系，通过法律规定其权利的行使或义务的履行，有效地解决因为依附关系的弱化导致的社会控制能力下降的问题，并以全新的社会管理方式和组织方式调节社会关系和社会结构。不难发现，如果不是依法治国理念的实践，很难有哪种力量及方式能够有效调节当代中国如此复杂的社会关系，中国社会就不会有今天的稳定，社会运行也不可能有今天的顺畅和有序。

综上所述，依法治国理念是国家在历史发展过程中所选择的，是顺应历史潮流的一项政治决策，依法治国理念既符合人类文明进步的发展趋势，也体现了中国人民对于人类法治文明作出的巨大贡献。①

（二）依法治国是“四个全面”战略布局的必然要求

党的十八大以来，以习近平同志为核心的党中央提出并形成了全面建成小康社会、全面深化改革、全面依法治国、全面从严治党的战略布局。每个“全面”相互之间具有紧密的内在逻辑，是一个整体战略部署的有序展开。从历史的角度来看，“四个全面”战略布局是对我们党治国理政实践经验的科学总结和丰富发展。党的十八届四中全会第一次以执政党最高政治文件和最高政治决策的形式，提出在新形势下进一步引导和保障中国特色社会主义建设，通过全面推进依法治国，在法治轨道上积极稳妥地深化各种体制改革。协调推进“四个全面”战略布局为法治文化建设开辟了广阔前景。“四个全面”战略布局是我国在新的历史条件下治国理政方略，将全面依法治国确立为“四个全面”战略布局的重要一环，标志着依法治国进入“快车道”，提升了法治的地位、丰富了法治的内涵、拓展了法治的外延，使全面依法治国成为治国理政的重要组成部分。党的十九届五中全会作出“全面建成小康社会胜利在望”的重要判断，将“全面建成小康

① 参见喻中．社会主义法治理念概论［M］．北京：法律出版社，2012：189-191.

社会”目标提升为“全面建设社会主义现代化国家”，确立全面建设社会主义现代化国家在“四个全面”战略布局中的引领地位。从“全面建成小康社会”到“全面建设社会主义现代化国家”，“四个全面”战略布局的内涵发生了新变化。

1. 在“四个全面”战略布局中，全面建设社会主义现代化国家是战略目标

新时代，围绕如何全面建设社会主义现代化国家这一重大问题，习近平总书记提出了一系列新思想、新观点、新要求，在党的十九届五中全会上阐明了我国现代化的五个特征。依法治国是治国理政的最重要方式，在全面建设社会主义现代化国家的整体规划中，法治起着突出的作用，法治既是现代化社会的重要组成部分，也是全面建设社会主义现代化国家的根本保障。追根溯源，法治对全面建设社会主义现代化国家的保障作用体现在社会的法治精神上，社会主义现代化国家的主流价值观必然是法治的精神。只有通过法治文化建设提升全民的法治意识和法治思维，在全社会形成以法治方式活动的良好风尚，全面建设社会主义现代化国家才有了强大的精神支柱和法治保障。

2. 全面深化改革在“四个全面”战略布局中处于关键部位

中国在过去30多年的改革进程中，为国家富强和人民幸福增添了无穷的动力。改革是中国从一个胜利走向另一个胜利的制胜法宝，全面深化改革，推进社会主义体制机制进一步创新，为我国法治文化建设创造良好的条件。而通过全面推进依法治国，确保改革在社会主义法治的轨道上有序运行，有效地巩固和发展改革成果，为推进国家治理体系和治理能力现代化提供了有力的法治保障。因此，全面深化改革和全面推进依法治国是目标方向一致、相辅相成、并行不悖的。

3. 全面依法治国是确保党和国家长治久安的重要基石

法治兴则国家兴，法治衰则国家乱。新中国成立以来的曲折发展历史启示我们，推进依法治国，党和国家的事业发展才能得到制度保障，才能夯实中国特色社会主义事业的制度基石。当前我国的法治文化与全面依法治国的要求还存在距离，建设法治文化，要从物质、制度、精神和行为等各个方面着手，合理借鉴本土及域外资源，不断开创我国法治文化建设的

新道路，使中国早日跻身于高度法治文明的国家之列。

4. 全面从严治党是锻造中国特色社会主义事业坚强领导核心的必然要求

一个党只有不断为本国人民带来安定和幸福，这个党才是真正为人民服务的党。全面从严治党，可以说是历史的必然，中国共产党 100 多年的历史征程表明了这一点。只有全面推进依法治国，让法治思维成为人们的习惯性思维，在法治思维的支配下活动，形成浓厚的法治文化氛围，才能够为全面从严治党和全面依法治国提供保障。

当前，我国经济、政治、文化、社会、生态文明建设以及党的建设进入关键时期，如果没有法治的护航，社会主义事业将会受到严重的影响，在某种程度上会产生历史倒退。因此，依法治国战略在国家治理中的作用不言而喻，当然，自改革开放以来，历届政府对法治功能的认识越来越清晰，采取的施政方向始终走在法治的轨道上。新一届政府提出了法治中国建设的思路，应该说，不管是法治建设，还是法治文化建设，均迎来了发展的春天。

第二节　中国法治文化建设的成就

改革开放以来，中国人民在党的领导下，以科学的思想和独立的精神，创造了法治建设的历史性巨大成就。全国人民代表大会代表人民依法有效地行使立法权、重大问题决定权、人事任免权、监督权，通过科学立法、民主立法、不断提高立法质量，使中国法律体系日臻完善，向着良法善治（法治）的目标大踏步迈进。中国创建了完善的社会主义行政制度、积极推进行政体制改革和行政机制创新，严格实行政企分开、政资分开、政事分开，进一步减少和规范行政审批，推进政府依法行政，使政府依法、有效地实行对经济和社会的管理，尽快建成法治政府。我国建立了较为健全的社会主义司法制度，不断深化司法体制和工作机制改革，合理配置司法职权，加强对审判活动的监督，健全错案追究制度，保证司法公正，促进独立公正权威的司法制度建设。我国进行了创造性的普法教育活动，竭力推进法律服务事业发展，培育了法治文化，提高了公民的法治观念，运用法律救济权利成为全社会的共识，大力促进了法治社会的建设。

法治建设与法治文化建设是相互依存、相互制约并且共同发展的关系。法治文化建设取得的历史性成就在改变中国社会的同时，也日益改变着中国人的观念，使全社会的法治意识明显增强。

一、法治文化建设的突出性贡献

（一）法治文化对国家法治战略的支撑

中国当代法治文化关于法治价值观的形成，既是对民族传统文化精华和人类先进文化的传承和借鉴，也是对国际、国内工业化发展道路的反思。

党的十一届三中全会以来，经过思想上的拨乱反正，认识上的实事求是，实践上的总结教训，吸收和借鉴人类法治文化进步的最新成果，重新认识和传承中华优秀传统文化精髓，与时俱进、创新发展、增强法治文化的适应性，逐步形成了 21 世纪中国法治文化倡导的法治价值观。

一个人的价值观决定其个人的行为取向，一个民族的价值观决定国家的发展走向。自党的十五大确立了“依法治国，建设社会主义法治国家”的治国方略后，1999 年通过的宪法修正案将依法治国基本方略等内容写进了宪法。在法治价值观的指引下，2004 年十届全国人大二次会议通过了宪法修正案，将“三个代表”重要思想、尊重保障人权、保障合法私有财产权等重要内容载入宪法，又一次以根本大法的形式确认了改革开放理论创新与实践发展的重大成果。党的十七大、十八大、十九大、二十大都对依法治国基本方略进行了顶层设计，这种国家战略的不断转变，无不渗透着法治文化价值观的进步与发展。

在依法治国战略思想的指导下，各省、自治区、直辖市相继制定了法治发展战略与规划。这既是对中国古代法治思想的继承和发扬，也是现代社会公平正义的法治价值观在区域与规划中的具体体现。

法治文化所倡导的公平正义的理念，是人们追求的目标，而法治制度则是所有社会成员必须遵守的行为规范，是处理人类社会生活的行为底线。法治文化具有十分重要的制度功效，它通过人们所具有的法治价值观在法治制度制定和执行过程中的全方位渗透，对国家政治、经济等各方面产生深刻的影响。

（二）法治文化对法律制度的引领

随着我国经济社会的不断发展、法治文化意识的不断提高，我国法治制度建设也取得了显著成就。在国家根本大法《中华人民共和国宪法》层面，规定了“依法治国，建设社会主义法治国家”。正是依据这一规定，我国先后颁布实施了《中华人民共和国立法法》《中华人民共和国政府信息公开条例》等多项法律法规。这些法律制度的形成和完善，都具有特定时期国民经济和社会发展不同阶段的文化理念、认识基础和价值取向。例如，1988 年 11 月，第七届全国人民代表大会常务委员会第四次会议通过的《中华人民共和国野生动物保护法》，规定“国家保护野生动物及其生存环境，禁止任何单位和个人非法猎捕或者破坏”。这一认识上的巨大转变，就体现了我国生态保护法治意识的普遍提高。

20 世纪 50 年代，新中国经济建设和发展面临“一穷二白”“百废待兴”的困境，为加快社会主义建设步伐，我国实行了“粗放式”经济发展模式，在政策导向和发展方式上出现了与中国发展实际不相符的“冒进”现象。到了 20 世纪 80 年代末，部分地区的草原、湿地遭到破坏，水土流失，垃圾和工业污染严重。从 21 世纪开始，我国相继启动了一系列恢复生态的建设工程，采取多项措施加强对土地和自然资源的保护。经济新常态下，国家转变经济发展方式，从粗放、低水平数量扩张，转向集约、质量效益型发展，中国不可能沿袭西方工业化时期的教训，在以习近平同志为核心的党中央领导下，走出了一条中国式现代化道路，这是党中央站在国家和民族长远发展的高度作出的重大决策，充分体现了科学发展、可持续发展的时代特征，显示了法治文化制度融合的力量与中国的责任担当。

（三）法治文化建设对法治价值观的促进

法治文化建设的过程，本身就是法治文化针对发展中新的法治环境问题进行再反思、再认识、修正完善的过程，提高适应性和探索新的发展道路，从而使法治文明建设的目标、任务、措施等更加切合实际，保障法治文明健康发展的过程。进入 21 世纪，我国法治制度体系不断健全，取得了明显的实施效果。人们的生产方式、生活方式发生了巨大变化，并逐步形成了新的法治文化。

党的十八大以后，新一届中央领导集体提出了改进工作作风的“中央八项规定”，使厉行勤俭节约、反对铺张浪费的清新之风吹遍大江南北，中华民族的优良文化传统再度发扬光大。各地各部门相继出台了落实“中央八项规定”的实施细则，大吃大喝之风已经大有收敛，各种违规接待受到了严厉的处罚，由公款吃喝滋生的腐败现象得到了一定程度的遏制。各地政府招待费、会务费同比下降幅度较大，厉行节约、反对铺张浪费、风清气正的良好风尚逐渐形成。新修订的刑法于 2011 年 5 月 1 日起施行，“危险驾驶”入罪引起社会高度关注，明显加大了对醉驾、飙车等危险驾驶行为的惩罚力度。喝酒不开车，开车不喝酒，遵守交通规则，安全驾驶的交通安全意识在人们的意识里逐渐养成。

可见，法治文化的制度融合对促进国民法治意识的提升具有重要的作用。制度是规范人们行为的道德底线，在新制度的约束下，人们已经在不知不觉中改掉了陋习，养成了勤俭节约遵守规则的生活习惯，继而逐步形成了新的法治文化行为。

二、法治文化建设的历史性成就

社会主义法治建设与法治文化建设，是相互依存、紧密结合的实践过程。长期以来，特别是改革开放以来，我国的法治文化建设取得了历史性成就。社会主义法治文化在深刻改变中国社会的同时，也日益改变着中国人的观念，使全社会的法治意识明显增强。

（一）法治文化的实践基础更加牢固

社会主义市场经济体制的初步建立为法治文化建设奠定了经济基础。人们通常说，市场经济是法治经济。与计划经济不同，市场经济以价值规律、竞争规律来优化资源配置，要求采取法律的途径处理各种问题。1992 年，党的十四大提出了我国经济体制改革的目标是建立社会主义市场经济体制，提出要使市场在国家宏观调控下对资源配置起基础性作用。经过 20 多年实践，我国社会主义市场经济体制已经初步建立，市场化程度大幅度提高。相应地，法治文化不断进行理论创新和实践创新。这客观上要求全面推进依法治国，同时也为社会主义法治文化建设发展提供了坚实基础。目前，我国市场经济仍存在市场秩序不规范、市场规则不统一、市场竞争不充分等问题，尤其需要完善法律法规，对法治文化建设提出更高要求。

改革开放以来，中国在社会主义民主政治发展方面取得了丰硕的成果。历次党的代表大会报告都对我国政治建设进行了顶层设计，在依法治国战略的强力推动下，法治建设取得了令人振奋的成就，在反腐败斗争中，政治风气得到了肃清，各种违法违纪人员相继被绳之以法，这不仅是我国的政治建设的伟大实践，也是法治文化建设阶段性成果之一。完备的法律法规体系为法治文化建设提供了重要依托。法律是治国之重器，法治是国家治理体系和治理能力的重要依托，也是法治文化的重要依托。改革开放以来，我国形成了以宪法为核心，其他部门法律为主干的多层次、多体系法规系统。尤其是党的十八大以来，改革发展稳定，治党、治国、治军等，无不以法治为框架，法治贯穿治国理政的全过程。

社会主义文化强国战略为法治文化建设注入强大动力。一方面，社会主义核心价值体系和核心价值观对法治文化发挥了重要引领作用。核心价值体系和核心价值观是文化软实力的灵魂，是“决定文化性质和方向的最深层次要素”①。社会主义核心价值观与法治文化在精神实质上是紧密联系、相互贯通的。“法治”一词是社会主义核心价值观的内容之一，可见，法治成为社会大众普遍遵守的社会价值观念，对于意识形态虚无是一个沉重的打击，中国特色社会主义是人类历史上要经历的一个阶段，对于在社会主义现代化道路上不断创新发展的法治文化，必定要或多或少带有时代的烙印，这种烙印就是“中国特色”，法治文化的内部结构也在不断地聚集裂变，产生新的特性适应整个社会的发展。在全社会大力培育和践行社会主义核心价值观，这对培育法律意识和法治观念产生了巨大而深刻的影响。另一方面，社会主义文化事业、文化产业的发展繁荣为法治理念、法治精神的传播和培育提供了强大平台。近年来，我国精心实施重大文化产业项目带动战略，文化产业呈现健康向上、蓬勃发展的良好态势。文化产业的全面繁荣、文化事业的快速发展，为法治文化的建设、培育和传播提供了丰厚的文化土壤、营造了良好的文化氛围。

（二）法治文化的重视程度显著上升

在全面推进依法治国进程中，法治文化的重要性和必要性得到前所未

---

① 习近平．习近平总书记系列重要讲话读本［M］．北京：人民出版社，学习出版社，2014：92.

有的凸显。人们更加深刻认识到，文化是法治之源，社会主义法治文化建设是全面依法治国的历史性任务，法治文化获得高度认同。改革开放以来，全社会的法治意识、法治观念显著增强，对社会主义法治文化的认同、期待达到新的高度。“权力本位”的观念进一步消解，权利义务相一致的观念更加深入人心，权利和利益的表达机制更加健全，法律在社会生活中的重要性愈加凸显，法律的尊严为越来越多的人所维护，法律的权威为越来越多的人所尊崇。

在推进依法治国的实践中，多数人认为，法治国家不可能只是一套严密的法律体系加一套完善的法治体系，还必须与法治文化紧密相连。社会主义法治文化的培育对国家的经济、政治、文化、社会、生态文明等各方面建设都具有促进作用，是全面落实依法治国方略的当务之急。习近平总书记指出，全面推进依法治国，抓住领导干部这个“关键少数”，首先要“解决好思想观念问题”，并强调“在整个改革过程中，都要高度重视运用法治思维和法治方式”。[①] 党的十八届四中全会第一次提出建设社会主义法治文化，反映了我们党对社会主义法治文化建设的高度重视和战略筹划。

（三）新的法治文化理念进一步形成

随着法治建设的日益深入，公民的法治观念得到了较大的转变，知法崇法尊法的风气逐渐形成，这可以称为中国法治建设取得成功的重要条件。在全民法治观念转变中，普法教育应该说是一个比较有效的方法。开始于 1986 年的全国性普法教育活动，被证明是一条具有中国特色的法治建设之路，对一个人口众多的大国的公民法治文化建设起到了重要的作用。国家动员了大量力量，付诸了大量的精力，从人力、财力上对普法工作给予了大力支持和保证。在此过程中，法学教育工作者、法学研究工作者，以及各类法律工作者，通过多种多样的教育形式，如法律讲座、报告会、讲习班、读书班、培训班、进修班等，使各阶层的公民受到法治教育，并以各种传播工具为媒介，在政府强劲的推动力之下，向社会公众传输了大量的法律知识信息，使法治文化逐步深入社会。一定数量的中国公民从这项群众性的普法活动中获取了很多法律知识。公民的法律意识、法治观念有所提高，尊法守法护法用法的自觉性也随之有所增强。

---

① 习近平．加快建设社会主义法治国家［J］．求是，2015（1）．

这样一项声势浩大的普及法律知识的教育活动，表明了国家在新的历史时期对法律的重视程度。它向全社会发出了信号：法律是重要的。法律在社会主义现代化建设过程中并不是可有可无的，而是社会生活的重要组成内容和调整机制。作为生活于社会中的每个公民，就应该树立法律的权威意识和至上意识，就应该了解和熟悉为公民生活所不可缺少的法律知识，并逐步学会运用法律。此外，国家对法律的重视程度还表现在：它运用各种政治的、政权的力量，使这项活动广泛开展起来。党通过开展普法的决议，最高权力机关通过普及法律的法律性文件，各级政府机关，尤其是司法行政机关对普法活动作出具体安排部署，成立专门性机构，各种法律教育力量投入普法的教育活动之中，还有各种传播媒介的广泛投入等，都可以使公民捕捉到或树立起法律是重要的信息和意识。

从中国目前的普法效果来看，经过普法教育的实施，公民的法治素质逐步提高，依法办事氛围浓厚，法治文化成为社会的主流文化，越来越受到普通民众的追捧。令人更欣慰的是，广大公职人员的法治素养有了较大的提高，越来越多的领导干部开始改变单纯依靠行政手段的领导方式，在业务工作中更多注重运用法律手段处理各种事务。近几年，公民能够主动申报个人所得税，并开始懂得如何运用法律武器维护自己的合法权益，凡事都利用法律思维来考量，出现了敢于依法论是非的可喜局面，另外，公民的参政议政意识有了明显提高，人民当家作主的观念、权利和义务统一的观念、法律面前人人平等的观念和守法光荣、违法可耻的观念进一步确立。

（四）法治文化的研究探索逐步推进

随着法治建设的深入推进和人们法治意识的不断增强，全面依法治国必然拓展到文化层面，社会主义法治文化建设成为法治中国建设的重大理论和实践问题。无论是学术界还是政府部门，关于法治文化的研究逐步深入，有些研究已经取得了丰硕成果。

法治文化理论研究不断深入。改革开放以来，学术界关于法治文化问题的研究越来越多，大多数论著对法治文化给予高度关注，专门探讨法治文化的学术论文、著作呈现在世人的面前，这些成果深刻地阐述了法治文化的内涵特点、结构功能、地位作用等理论性问题，并对法治文化建设中出现的问题提出了应对之策。当然，多数研究主题围绕法治建设进行，只有一少部分涉及对法治文化的研究。20 世纪 80 年代中后期起，伴随对文化研究关注度的提高，法学界开始从文化意义、文化属性和文化特征等方面来研究和解释国家法治的价值观念、制度规范和行为方式等基本问题。随着我国法治建设的深入发展和文化强国战略的持续实施，关于法治文化建设的研究也不断深化与拓展。40 多年来，学术界对法治文化问题持续关注，另外，一些行业、地区结合自身特点，围绕法治文化建设也进行了有益的探索和尝试。

法治文化实践探索扎实推进。法治文化建设不仅体现在学术研究层面，而且贯彻到了法治实践过程中，不断创造新鲜经验。在依法治国、建设社会主义法治国家的实践中，各级部门充分发挥法学和多学科优势资源，传承优秀法治文化，创新先进法治文化，践行科学法治文化，普及大众法治文化，自觉把培育社会主义法治文化作为社会责任和历史使命，发挥法治思想的引领作用。企业法治文化、校园法治文化、社区法治文化建设等在各领域、各层次展开，成为社会主义法治文化的生动实践。法治文化及其建设问题，不仅是学术问题，而且是全社会普遍关注的热点问题。呼唤法治、崇尚法治，全面推进依法治国，已经成为不可逆转的时代潮流。

第四章

实践考察（二）：法治文化建设的现状

文化是自然生成的，存在于民族的历史、风俗、行为和信念中，是社会历史的积淀物。一般来说，在社会进步的过程中，“人为”推动文化建设的社会，会因缺乏文化基础而导致形式化。但就法治文化而言，同样适用这一道理，在中国法治文化建设过程中，由于中国现代法治实践时间短，任务艰巨，面临着国内与国际双重压力，使得中国人为推动文化建设成为必要，因此不可避免地带来了各种矛盾。目前我国正处于工业现代化建设进程中，进行法治文化建设，面临的困难也是显而易见的，每一步都很艰巨，当其具体到社会生活中时，往往无法摆脱纷繁复杂的社会现象的牵绊，受到社会深层次因素的影响，从而使实际效果与预想的目标出现偏差。如果不注重对法治文化现实状况进行研究，不认真倾听社会群体对法治文化的不同需求，将导致法治文化建设与法治中国的目标无法达到相对均衡的状态。

第一节　法治文化建设的现实问题

制约法治文化建设的因素具有共性，牵扯了物质、制度、精神、行为等各个层面，此外，各级政府对法治文化建设的重视程度、法治文化建设基础及环境的好坏等无不是法治文化建设亟待解决的问题。

一、区域经济发展水平影响法治文化建设的同步性

一般来讲，法治文化建设是一项综合性的系统工程，其产生和发展有着自身的特点和规律，受到错综复杂条件的影响，尤其是社会主义市场经济对中国立法质量、执法水平和司法效果影响深远。在中国法治文化建设进程中，伴随的是改革开放的时代背景，意味着在多个领域进行开放，国际、国内各种官方与民间的交流日益增多，法治文化在这种潮流之下，必

然具有一定的发展特色，这也是由中国的地理与文化特色决定的，城乡之间、地域之间、职业之间，加上个体之间对法治的理解和认识不一致，往往导致了法治文化在地区与地区之间、公民与公民之间、职业与职业之间的差别，对于法治文化建设主导者——政府来说，在制定实施政策时，应充分考虑这一特点，否则法治文化建设将会产生事倍功半的效果。

就不同职业而言，知识分子始终站在中国法治化潮流的浪尖上，他们的法治素质整体要高于其他的社会群体。这是客观情况，其他从业者，如工人、农民等，一般来说，在法治素养上肯定要低于知识分子。这与他们的受教育程度是相关联的。

就不同的地域而言，城市里具有优质的教育与医疗条件，生活方便，会聚了各方精英，城市中公民的法治素质整体要高于农村。与此同时，从中国大的地域来讲，东南沿海地区由于交通便利、经济发展较早，并且具有良好的教育与医疗资源，这里的人们在法治素养上要比其他地区的人们高。

实际上，公民的法治素质在同一地区之内发展也是不均衡的，具有差异性，这种差异性也表现在同一职业、同一地域的公民之间。在制定法治文化建设规划时，这种差异性是不得不考虑的因素，这种公民素质发展水平的不平衡在一定程度上增加了法治文化建设的难度。

当前法治文化发展状况的不平衡，既有个体法治素质方面的原因，又有法治制度文化不完善方面的问题。在这种状况下，要进一步建构与完善法治文化建设机制，着力提高法治文化宣传教育成效，加强法治教育的广度和深度，使法治生活中的个体树立法治文化认同感，以法治的标杆衡量自我的言行，并且把法治内化为自己践行的准则，这必然是社会主义现代化和人的现代化发展的现实要求和面临的极其艰巨的任务。

二、制度规范与法治文化现实契合性存在障碍

在法治文化建设的大道上，梦想着一朝建成繁荣的法治文化大国是不现实的，法治文化建设不能一蹴而就，这个过程是漫长的、曲折的。中国的法治文化建设从开始就是在政府的强力推动下进行的，在法治中国建设的大背景下，我们面临着法治文化与制度之间相互融合的关键问题，这些问题直接影响着法治文化建设大业。

法律制度建设偏离了社会主义法治文化发展方向。法治是治国之重器，良法是善治之前提。社会主义良法要反映经济社会发展的客观规律，反映社会中独立主体的立法需求，体现全体人民的共同意志，在实践中具有实操性，符合中国实际。改革开放以来，适应时代发展需要，中国立法以前所未有的速度和规模向前推进。从制度层面上讲，我国以宪法为基础的社会主义法律体系已经形成，无法可依、无章可循的现象已经基本扭转。但法治的效果还不尽如人意。例如，社会上的弱势群体很难参与到立法过程中，这类人群的权利意志无法充分表达，不利于有效维护其合法权益。一些涉及农民利益保护的立法严重欠缺，与农民生活息息相关的法律制度规定不明。有些法律规定与保护公民合法权益的要求不相适应。例如，暴力强拆一直是城市化进程中一大诟病，其引发的血案和悲剧时常成为各大媒体追逐的焦点，曾一度使政府公信力下降，这引起了中央等有关部门的高度关注。更为严重的是，作为拆迁方依据的《城市房屋拆迁管理条例》，把补偿和征收相混淆，把行政法律关系和民事法律关系相混淆，导致侵犯公民财产权的现象时有发生。此外，在整个法律体系中，一些法律之间内容相互抵触，下位法违反上位法规定，严重影响法律的整体性法律秩序。

法治文化建设滞后于法治制度建设。当代中国的法治建设是在改革开放的历史条件下起步的。我们用 40 多年时间走完了西方发达国家 300 多年才走完的法治建设之路。目前我国的法治建设在制度层面已经取得了显著成效，社会生活各个方面基本做到了有法可依。但是逐步完善的法律制度与相对滞后的法治文化建设之间存在着明显的反差。

总之，这种法治文化与制度不相协调的现象在法治文化建设中时常会交替出现，其后果就是使法治文化建设之路充满了荆棘，这不得不引起我们的高度重视。

三、全民普法式教育难以提升公民的法治信仰

我国从 20 世纪 80 年代起实行的政府推动下的普法教育，经过了 30 多年的发展，法治宣传在当下中国法治建设中面临的最主要难题就是法律信仰的缺失。社会公众对法律表现出了冷漠、不尊重，甚至蔑视。法律没有形成其所应有的权威和信仰，民众法治意识的提高也没有达到预期效果。

在法治中国进程中，尤其是在改革开放以来，立法者以惊人的速度颁行了一大批法规，立法速度快，使一些领域的空白能“有法可依”。同时，据有关部门调查，我国有法不依的现象普遍存在，实践中知法犯法、执法不严、执法不公、执法效率低下的现象仍然存在。

我国自1986年起就开始了普法教育活动，但在某些地区，普法成了一项完成任务式的工作，普法的效果不明显。托克维尔曾言：“没有民情的权威就不可能建立自由的权威，而没有信仰也不可能养成民情。”① 没有对法律的依赖，就难以在民众中树立起法治信仰。

宪法法律至上是法治文化的核心内容，也是法治国家的重要特征，更是公众树立法治信仰的本质要求。当代中国的法治是通过大规模立法的方式建构的，着重进行了法治制度文化建设，这是长时间存在于法治建设中的问题，由于缺乏文化层面的深厚基础，法治理念、法治精神尚未内化为民众的内心信念，法律的权威还没有树立起来。比如，一些领导干部知法犯法、以言代法现象长期存在。一些国家工作人员依法行政观念不强，认为法治与自己无关，在工作中法治意识淡薄，把领导的批示当作“圣旨”，在遇到本应通过法律途径解决的问题时，习惯于请示领导，这在一定程度上把领导的权威凌驾于法律之上。这些现象极大地削减了法治的权威，反映出尊法信法守法用法的法治文化还没有在全社会扎根，法治文化的滋养、支撑作用还没有得到充分体现。

四、法治文化的行事方式还未在公民中形成

文化是一种自觉意识或者意识自觉，在现实生活中，我们的社会往往被贴上人情社会的标签，一部分人在遇到事情的时候首先想到的是托熟人、找路子、批条子等种种非法治方式。很多人试图远离法治，认为法治对自己是无用的，认为沾上法律、惹上官司是很丢人的事情。这可能是法治未能成为文化的重要表现之一。

世界各国，每个国家都有自己的传统文化，每一种文化既然是一种客观存在，就有它的合理内核。我国主张打破意识形态的藩篱，提倡不同国家在同一个地球上和平共处，也就是承认文化的多样性。现代法治是建立

---

① ［法］托克维尔．论美国的民主（上）［M］．董果良，译．北京：商务印书馆，1991：14.

在民主制度基础上的，它通过法律对权力的限制和约束来实现法律的统治和规则治理。在国家转型时期，由于一些文化传统的影响，只是把法律看作是维护专权统治的工具，这种法律文化沦为潜在的社会意识和观念，严重影响着民主法治和现代化进程。

迄今为止，法治中国建设还处于进行时，与法治中国建设进程不和谐的现象还时有发生。有的人以身试法；有的人公然挑衅法治的尊严，视法治为儿戏。有令不行、有禁不止在社会上依然存在。法治文化是以“法”“化”人，即要把“法律”“法治”以及法治的核心价值——公平、正义、自由等因素化入人的身心，只有身心被“法”所“化”的人、具备了法治精神，对法治的价值具有高度的认同感，并身体力行地去实践，有了这样“法化”的人——“法人”，整个社会才会有法治文化。只有当法治深入人心，神圣不可侵犯之时，法治才能成为文化。对于那些具备深厚的“法”的理论知识，而未被“法”所“化”的人，也就意味着没有具备法治精神的人，还未成为“法人”的人，即使他掌握大量的法治知识，天天法不离口，但依然没有对法治产生高度的认同感，也就没有真正实现法治化。

五、当前法治文化建设基础薄弱

当前法治文化建设中存在的一个突出问题，直接影响中国法治文化的建设质量和进程，那就是由于法治文化起步较晚，理论与实践均未成熟，其建设基础相对薄弱。

一是法治系统的运行存在漏洞。首先，在立法方面，民主性还不够，人民参与度仍需加强，立法还不能全面反映人民群众的意志，群众满意度也不是很高。从宏观法律体制来看，法制建设还存在不完备、不配套的问题，还没做到人们社会生活的各个领域都有法可遵循，法制建设在某些方面还存在滞后的问题。其次，在执法层面上，合法性、公正性、及时性、权威性等方面均在不同程度上存在问题，滥用权力、执法不力、裁判不公、地方保护主义等问题依然存在。有些权力的“既得利益者”唯利是图，不仅大肆曲解有关法律，还利用手中权力牟取私利。再次，司法公信力不强。我们的司法体制不完善、司法职权配置和权力运行机制不科学、人权司法保障制度不健全，有一些司法人员的做法严重影响了司法的公正性，办案不廉，办金钱案、关系案、人情案，严重影响了司法的公正和司法的公信力。最后，法律监督力度较弱、广度较小，监督的效果不能令人完全满意。这些都直接影响群众对法律的信任程度，也影响了法治文化的建设。法律监督需进一步加强，监督的主体还要进一步扩大，监督的途径也要进一步拓展。特别是应当通过立法对监督主体规定更多的权利和法定保障。

二是法治文化宣传的科学化水平不高。第一，法治文化传播的范围不够广泛，覆盖较为狭窄，主要集中在有关法律的领域，并没有拓展到社会生活的方方面面。还有个别单位对普法、依法治理工作的重要性认识不足，片面地认为法治文化建设工作与自己无关，对法治文化建设的主动积极配合度不够，对组织实施法治文化活动的主动性、积极性不高，影响了法治文化建设的进展。第二，传播主体能力不足，缺乏代表性。法治文化的传播需要借助高水平的传播主体，否则不能引起广泛的关注。目前有些地区的法治文化建设者文化水平参差不齐，缺乏对法律知识的系统学习，真正懂法律知识的专业人才较少。大部分人处理问题仅凭工作经验，不能从法律的角度去思考和解决问题。第三，传播内容较为单一，形式不够丰富。我国多年来传播法治文化内容一直以传播法律制度和规范为主，因而缺乏开放性法治思维。法律与文化的结合点也未能得到全面的开发，与校园文化、企业文化、社区文化的融合程度需要进一步加深，传统文化、廉政文化等也有待进一步拓展。第四，传播方式、媒介较为陈旧。虽然近年来法治文化建设的力度不断加大，但是法治文化宣传不到位，宣传形式单一，主要以灌输和说教为主，只注重法律条文的宣传，没有抓住受众的心理，给人以居高临下和枯燥乏味的感觉。传播手段形式上较为呆板，不具有创新精神。一些地方和行业仅举办法律讲座、法制文艺演出、创作法制文艺作品等，没有把法治文化建设和经济社会发展结合起来，融入丰富生动的社会实践中去落实，这在一定程度上制约了法治文化建设的深入开展。随着社会的不断进步，文化传播途径也在不断地增多，法治文化的传播不能始终停留在原有的杂志、报纸、电视等传统传播方式上，应该逐渐地有所创新。

三是法治文化建设队伍参差不齐，法治文化建设的统筹协调不够。法治文化建设的体制机制不够完善，在组织领导、部门联动、经费保障等方面缺少规范的制度作保障，造成随意性较大等问题。特别是基层工作机构办事效率低、工作人员素质差，影响了法治文化建设的实际成效。近年来，各地虽然纷纷出台了法治文化建设的实施意见，但更多的是一般性的强调，普遍存在着各自为政的情况，存在着法治文化工作重复开展、活动重复组织、阵地重复建设，没有形成一个高效的宣传系统，直接或间接地影响了法治文化建设的进展，进而影响我国社会依法治国方略的落实和建设社会主义法治国家的进程。此外，由于我国具体国情与国外有着很大的区别，如国外法治文化建设注重的是惩罚机制，而我国在古代就主张“人性本善”，所以我国的法治建设只有与我国的国民心理、文化心理相结合才能真正促进社会主义法治文化建设。

第二节　法治文化建设问题的根源

随着时代的变迁，社会的进步，法治文化成为社会主义先进文化的一个重要组成部分。从历史渊源上说，法治文化是法律文化的高级形态，带有中国传统文化的优势特色，同时，法治文化又汲取了西方法治文化的优秀养分，法治文化是法治中国建设的软实力，法治中国的建成依赖于法治文化建设的水平，法治文化建设过程中出现的问题总有其深层次的原因。

一、华夏土地上的农耕文明掣肘法治文化的建设

法治文化是一个来自西方的概念，就像“法治”“文化”一样，它的根基不在中国，但是自传入中国以来，它就被打上中国烙印。然而由于中国法治文化与西方法治文化生存环境的不同，产生了不同的文化形态和民族精神。法治是舶来品，现代法治理念既然源自西方社会，必然异于东方文化传统。

人们从现存的文化遗址中发现，人类从蒙昧走向文明化的起步是农业的产生。从西安半坡村、宝鸡市斗鸡台以及山西万泉乡等地发现的氏族公社遗迹中，我们不仅看到了石斧、陶刀等农具，还发现了残存的小米或粟的壳。也就可以确定那时以黄土高原为中心的黄河中游地区已经广泛种植耐旱的粟谷和蔬菜，并且形成了稳定的农业定居点。同期的中国南方则栽培了水稻，这一结论来源于20世纪70年代浙江余姚县河姆渡村遗址中发

现的种植水稻的工具和大量的炭化稻谷。考古界经过论证证实，那时已经出现了猪、牛等家畜的驯化和饲养。渔猎和采集也是人们生活中必不可少的内容。随着生产力的发展和生产技术的进步，生产工具得到了进一步改良，从龙山文化时期开始，农业和畜牧业已经成为人们的主要谋生手段。由大量典籍可知，那时人们已经开始“尽力乎沟洫”（《论语·泰伯》），“决九川，距四海，浚畎浍，距川”（《尚书·益稷》），建设为保障农业生产和人民定居的大规模排水工程，并且建立了初步的灌溉系统。“禹平洪水，定九州，制土田，各因所生远近，赋入贡棐”（《汉书·食货志》）。在此基础上，华夏大地产生了最早的奴隶制农业经济和最初的民族国家。“禹、稷躬稼而有天下”（《论语·宪问》）。我们的祖先从此跨进了文明的门槛。

从最早的有文字记载的历史开始，中国大陆民族对农业的依赖较强，由此形成的中国传统价值观念一直有重农抑商的印痕。认为“力田，为生之本也”（《汉书·文帝纪》），“工商众则国贫”（《荀子·富国》）。认为农民是质朴的人，商贾之人好智多诈，故提倡“为国者，边利尽归于兵，市利尽归于农”（《商君书·外内》）。总体来说，中国历朝历代统治者都推行重农抑商的经济政策。“杀正商贾之利，而益农夫之事”（《管子·轻重乙》）。一切的经济活动，都是为了某种政治需要，而不是为了发展经济，如张骞出使西域，是为了联络友邦，抵御匈奴；班超为广布圣恩，怀柔远人；郑和下西洋为播扬天朝上国声威等。这样的政策显然抑制大规模的私营手工业和商业的发展，致使中国的经济长期停留在以农业和依附于农业的家庭手工业结合的男耕女织模式。城市的商业交换也以农副产品所占比重最大，其次是布、盐等生活必需品。私营手工业的生产规模和参与交换的产品极为有限，规模较大的官营工业则主要为皇室贵胄服务，不直接向市场提供商品。因此，难以形成在经济上独立于乡村的工商业中心城市，自给自足的农业经济为主导的生产方式坚不可摧。

20 世纪 70 年代以前，中国的社会形态还是一个典型的农耕社会。农耕社会的法治形态是以国家本位为特征的。所谓国家本位，就是指法治的重心在于维护国家利益，以及与国家利益相关联的集体利益或群体利益。为何这样说呢？孟子的一段话可以作为证据，他在批判杨朱、墨翟时指出：“圣人不作，诸侯放恣，处士横议，杨朱、墨翟之言盈天下。天下之言不归杨，则归墨。杨氏为我，是无君也；墨氏兼爱，是无父也。无父无君，是禽兽也”（《孟子·滕文公下》）。意思是说，杨朱提倡的贵生、为我，墨子提倡的平等、兼爱，都是应当予以驱逐的歪理邪说。为什么一度成为显学的杨、墨昙花一现、后继无人，原因恐怕就在于：他们那种强调个人私权、个人平等的学说，与中国的农耕社会格格不入。孟子与杨、墨在思想地位、思想影响方面的差异表明，在中国历史上，贬斥个人利益的观念由来已久，根深蒂固，直至 20 世纪 70 年代，几乎是一以贯之——到了 20 世纪六七十年代，甚至更加突出。

在中国历史上，长久以来形成的社会价值观念就是“去私”以及倡导的“集体”观念，虽然“去私”的重心是对个人私利的贬斥，但透过“去私”一词，我们还是可以看到国家本位的法治形态旨在张扬的主体意识，那就是“家族”或“阶级”。在传统中国，强调人的家族属性、阶级属性，就是在强调人的群体属性或集体属性。这样的观念本质上是农耕社会的产物。中国在经历国家本位与个体本位的法治形态后，在 21 世纪初期，中国从个体本位的法治形态转向社会本位的法治形态，在主流政治中，这种法治形态被概括为社会主义法治理念；从文化形态学的立场来看，可以称为社会本位的法治形态。可以这样说，法治文化建设之所以起步较晚，完全可以说是农耕文明长期存在的结果。

二、人治传统难以培育出滋养法治文化的肥沃土壤

从历史上看，中国是世界四大文明古国之一，有着光辉灿烂的历史。在欧洲还处在基督教黑暗统治之下的时候，中国产生了举世瞩目的四大发明。这样一个拥有如此辉煌的国家，为什么没有在欧洲之前进入现代文明，反而在近代以来受到西方列强的入侵，成为一个人民受苦受难的落后国家，成为一个缺失法治文化的专制社会。其中的缘由不能不引人深思。

第一，中国古代的法治观念与西方的法治观念，乃至于当前我国所宣传的法治观念是有巨大区别的，即它不是与人治观念相对应的法治，而是与德治相对应的法治。在这种法治社会里，君主或执政者凌驾于法律之上，享有超越法律的特权，不受到法律的限制，法律基本上不对执政者提出遵守的要求。法律治下不治上，而且君主的意志可以随时上升为法律层面。这意味着我国古代的“法治”观念与西方所说的“人治”观念不是对

立的，而是相容的，或者说是“人治”下的“法治”。[①]

古代中国长久的治理方式是人治，社会上普遍存在的是对法律的藐视，老百姓崇拜权力，权力拥有者置身于法律之上。崇法机制的弱化、权利意识淡薄、人情世故影响等因素可以说是导致人治长存不可逆转的因素。浓重的儒法伦理传统先天缺少应有的民主与法治精神，这就使得现代法与传统伦理的冲突更加明显。

第二，虽然古代也有人讲过所谓“王子犯法，与庶民同罪”，但这只是一种道义上的要求或某些人的良好愿望，而不是法理的前提和司法的事实。它可以被期待，更可以被拒绝。事实上，这个原则在古代从来没有真正实行过。真正的司法原则是“刑不上大夫，礼不下庶人”。早在先秦和秦代，中国倡导“法治”的法家，就建立了依身份不同，而适用不同法律的身份法原则。商鞅这位法家的泰斗，在他掌权的时候，太子犯法也只不过拿他的师傅作替罪羊而已。在唐代，官僚贵族犯法，可以享受“议”“请”“减”“赎”“官当”等多种特权。

第三，与西方法治文化中将统治合法性建立在统治者和被统治者的协议之上不同，中国古代法文化在天命观的支配下，强调了君主对统治权的专制垄断，整个帝国的统治基础被寄托于与天命相合德的圣王身上。君主在人们的观念中，在道德和法律领域中，甚至在社会生活的各种器物符号上，被中国古代社会赋予了神圣的德性光环。这种神圣性使得中国的君主获得理所当然的合法性，享有制定和操控一切人间律令的绝对权威，其“口含天宪”的权力在法理上不受国家实在法的约束。中国无法产生西方法治文化中的分权制衡观念与规则。神圣化的君王居于权力的顶端，为万邦行为楷模，完成对治下民众的行为领域和精神领域的整体控制。

第四，西方法治需要“确立那种看似人定的法律却高于我们人本身的意志、情感与需要的思想观念”，[②] 这不同于一个有数千年“人治”传统的中国的价值定位。法律及法律实施的特殊条件所能发挥的作用，通常不是由社会平等主体所形成的共识来决定的，而是由统治者的独立意志所决定的。法律附着在等级特权体制之下，本身变成集权目的的保障手段，因

① 严存生．法治的观念与体制——法治国家与政党政治［M］．北京：商务印书馆，2013：178.

② 林来梵．文人法学［M］．北京：清华大学出版社，2013：36.

此，要求全社会成员一起遵守法制的应有原则和具体的制度规则，与中国人尊卑贵贱的理念相互矛盾，很难被文化模式接纳。而权威主体的权威证明，由于是来自国民统一意志决断之前的其他因素，如战争胜利或民情，因此当法律基本秩序被破坏时，人民只能承认这是法律的更改或变迁，对此，秩序内的重整通常不能解决法律基本秩序被权威侵害的问题，或者这种侵害本身被认为是权威的题中应有之义。

美国人类学家露丝·本尼迪克特认为，文化是通过某个民族的活动而表现出来的一种思维和行动方式，一种使这个民族不同于其他任何民族的方式。“真正把人们维系在一起的是他们的文化，即他们所共同具有的观念和准则。”① 该学者从民族活动的视角审视文化，我们可以从行为背后的社会规范系统，触及该民族特色文化的价值核心。所以，不管是哪一种现象，我们都可以找到它背后存在的根源。

三、缺乏足以支撑法治文化的人文精神资源

法治是源于人类对自身的存在、价值和命运的一种制度安排，是依法治国理念的必然要求。

“人文主义”是一个内涵丰富的语词，有广义和狭义之分。广义是指自古至今、纵贯中西都曾出现的强调人的地位和价值、关注人的精神和道德、重视人的权利和自由、追求人的旨趣和理想的一般主张。狭义是指西方文艺复兴时期的那场思想运动所产生的精神世界和价值观念。但无论何种理解，人文主义精神意味着至少包含如下基本价值取向：承认人的人性，尊重人的人格，维护人的尊严，确证人的价值，并在此基础上以有效的手段提升和推进人的幸福美满生活。

从历史渊源上看，人文精神的历史可追溯到古希腊时期。苏格拉底是一个深受人文精神滋养的智者，他特别注重对社会和人生的探索。柏拉图和亚里士多德两人的哲学从自然哲学转变为人的哲学。柏拉图认为，人既是它的出发点，也是它的最终归属。尽管亚里士多德在维护法治的信念上比柏拉图更加坚定，但不变的是他的法治主张也是建立在对人的认知和关

① ［美］露丝·本尼迪克特．文化模式［M］．王炜，等译．北京：社会科学文献出版社，2009：11.

怀上。也就是说，人文主义在法治传统的融合是自亚里士多德肇始。亚里士多德认为，人类自然是趋向于城邦生活的动物，即政治动物。[①] 他认为，这种趋善的人性必须有法治保障，否则也会“失德”而有违正义。正是在这种人文主义认知的基础上，他提出了奉行法治的主张，并且认为法律的适用要进行“中道权衡”过程，其实也就是一种法治思维的过程。

在“人的发现”过程中，人的尊严得到极大的张扬，自由、平等和博爱等启蒙精神成了西方法治主义的应有之义，也就成为这一时期法治思维所依据的价值标准。此时，人文主义精神与法治传统才真正融合。在英国，洛克的人文关怀主要落实在人的“尊严”，该思想为英国法治奠定了思想基础。从洛克的思想中我们可以感受到，洛克对人类自身抱有优越感，认为人类就是上帝的宠儿，应当自足、自信和自强。

在法国，卢梭的人文关怀落实在人的“自由”“平等”上，其《社会契约论》的中心主题是：寻求一种既能保护每个人的安全和财富，又能保持个人自由的社会结合的形式。他的答案是：公民共和国。在他看来，共和国是一种公民共同体。而公民作为共同体成员，表征着一种超自然的道德人格，其本质是公共自由。

在德国，康德的人文关怀落实在人道原则，并具体包含“自由”“良知”等多种价值追求。康德坚信，人文精神的基石只能是现实社会中的“文化人”，宗教无力也不能解决人的问题，因此，必须在经验世界放逐上帝。富勒的《法律的道德性》所说的“义务的道德”，就是对“道德良知”的另一种表述。由此可见，良知也构成了对实证法进行“良法”或“恶法”的判断标准。至此，我们可以看到，已经在历史变迁中被内化为法治主义核心的人文主义精神，主要包含但不限于三种价值追求：尊严、自由和良知。[②]

当代中国遇到了法治文化建设中的难题。从法治文化建设初期所实施的一系列措施来看，成效并不明显，这是因为法治文化建设没有找到支撑它的人文精神资源，法治文化建设仍然未能摆脱“无根”栽培的困境。培育法治文化建设中的人文精神元素，这或许就是法治文化亟须解决的问题。

① ［古希腊］亚里士多德．政治学［M］．吴寿彭，译．北京：商务印书馆，1965：7.

② 参见韩春晖．社会管理的法治思维［M］．北京：法律出版社，2013：49-53.

四、缺乏足以支撑社会良性发展的契约精神

“契约”有两个基本要素：一是以承认不同的个性为出发点；二是不同的个性在某一均衡点上的契合。这说明“契约”本身不仅是一种“分”的倾向，实际上也是一种“合”的智慧，它本身就是“分”与“合”的辩证统一。

第一，中国自古以来就缺乏一种契约式的法治传统，数千年的大一统格局早已深深地影响了中国的体制传统乃至中国人的心理习惯。中国古代法家所主张的“以法治国”其实并不是真正意义上的法治。因为真正的法治在本质上应是一份自下而上的社会契约，而不是一份自上而下的政治命令，也就是说，法治所依托的应是一种“约法”而不是一种“王法”。中国无法形成契约传统的外部环境条件——古代中国由于长期处于一个缺乏外部选择性竞争压力的东方世界中心，导致整个社会几千年来基本上被自上而下的权力传统控制，平等交易的契约精神因受到长期压制而无法充分发展，只能在权力所不及的地方扮演些候补的角色。在中国这样一块盛产集体主义的土壤上栽种契约精神的幼苗，我们需要加倍的勇气和耐心。然而无论遭遇多大的困难和挑战，我们都必须将这场迟到的契约革命进行到底。契约精神的失落已经令中国付出了数百年的蹉跎和血泪，在全球文明空前交融竞争的今天，我们已经没有任何资本也没有任何可能从这趟末班车上中途下车了。而且我们应该有这个信心。如果说“分”了几千年的欧洲今天都有着一份梦想“统一”的勇气和信心，那么“合”了几千年的中国又有什么理由不能完成这场“契约”的历史变革呢？对于中国法治建设而言，进一步完成对契约精神的移植和继承，仍将会是未来相对较长一段历史时期内我们工作的主轴。这是中华文明亟待补好的一门历史功课，也是中国法治建设的主要任务所在。

第二，为什么中国同样拥有契约精神的古老渊源，我们却说“契约”是西方文明的本质属性？在中国古代，一个升斗小民若是要到菜市场去买一只鸡，当然得遵守契约的规定而向卖鸡的人支付对价，这主要是因为他朝中无人，即使想要赖账也不得其法。他若没胆当强盗，就得老老实实一手交钱，一手交货。显然，在没有权力介入的情况下，这张中国式的契约还是管用的。然而一旦权力介入，这张契约就可能被扭曲，它被扭曲的程

度有多大，取决于介入的权力有多大。

人们之所以会说市场经济是法治经济，实际上就是因为它们两者的本质共性都是“契约”。既然我们不再怀疑市场经济对于中国社会主义的必然性，那么我们同样也没有理由怀疑法治革命在中国最终获得成功的必然性，因为经济基础不可逆的变革运动最终必然会推动上层建筑的适应性变革。从这个认识出发，的确可以有把握地说：中国的法治革命在本质上首先是一场契约革命，尽管它姗姗来迟，但是一定能够取得成功。

第三，我们可以毫不夸张地说：在中华文明中，契约传统的确也是古来有之，但是在中国独特的金字塔形权力结构的长期重压之下，契约只能依附于权力之下，在权力所不能及、所不愿及和所未及的地方起一些基础性的资源配置作用。由于自身独特的历史条件，中国在历史上的确未曾有过像西方文明那样的机会，能够根据契约的机理对整个社会结构进行大规模重塑。而与中国的情况完全相反的是，在欧洲多元竞争的独特历史条件下，契约传统却在西方文明中得以深深扎根。因此我们说，中国社会在本质上是一个纵向的权力型结构安排，而西方社会在本质上则是一个横向的契约型结构建构。作为一种文明的本质属性，“契约”现象的确难以出现在中国社会。

我国法治建设说白了是一场迟到的契约革命，从古至今，中国一直都是“统一”的强者，“和谐”的富翁，同时也是“契约”的贫民。中华文明从来就不缺对国家民族的坚定信仰，也从来不缺对家庭和谐的不懈追求，唯独缺少的是一份对个性自由生长的关怀。也正是由于在我们的文化基因及制度安排中长期缺少这样的一份终极关怀，中国几千年来才一直无法真正建立起一个强有力的民主法治制度，一种横向平等的契约式结构。在今天中国走向法治的进程中，我们仍然会不断地遭遇“权大还是法大”“人治还是法治”这一类在理论上毫无悬念、在实践中却频繁出现问题的反复拷问。求其本质，实际上就是中国根深蒂固的本土“权力”传统对西方“外来户”——“契约”精神的顽强阻击。要想彻底解除“权力”传统对中国社会的异化和控制，唯有发起一场迟到的契约革命，为中国输入自由平等的契约精神，进而从根本上重塑中国的社会结构及其意识形态。①

五、法治思维难以满足时代需求

从中国古代文化传统来看，讲法治思维几乎是一个“伪命题”，因为对中国古代社会来说，“人治”思维是其主要特点。我们今天所讲的“法治”与中国传统社会法家所讲的“法治”是字同意不同的两个词。韩非子言：“故以法治国，举措而已矣”（《韩非子·有度》）。这本身就是一种工具主义的法律观，属于封建专制的工具而已，与实质主义法治相去甚远。这些曾经可能促生法治的萌芽思想元素，在文化的传承中又一再地被遏制和剪除。纵观整个历史长河，自古至今的法制建设中，法治思维的相对缺失是一个不争的事实。面向未来，这些被时代变革过滤扬弃的传统思想仍可以为社会主义法治文化的培育提供一些思想源头的活水，为法治思想的运用提供一些内化的伦理标准。这些思想中所包含的某些理念或许仍然是今日中国社会生活中的“高级法”背景。

中国古代把法律作为“帝王之术”，从根本上不可能走向法治的道路，而今日中国毫无疑问已经选择并且迈向了法治之路。不同的发展道路，从根本上决定了今日中国必定更加具备法治发展的条件和土壤，也更能够滋生出现代法治的思维。因此，相对缺失是指当代中国法治思维的培育和运用落后于制度建设的质量和数量，落后于法律适用的广度和强度，落后于社会主义法治国家建设的需要，与体制改革的大趋势不相适应，与经济发展的速度不相协调，与法治社会的需求不相对称，与人民群众的期望不相匹配，并非相对于中国古代的法治智慧及实践而言。一言以蔽之，当代法治思维的实际运用不能及时、有效地满足对法治思维的时代需求。

在当今纷繁复杂的法治实践中，缺乏法治思维的案例也层出不穷、不胜枚举。如震惊国人的孙某某事件，② 成为践踏人格尊严底线最典型的案

---

① 参见刘哲昕．文明与法治——寻找一条通往未来的路［M］．上海：世纪出版集团，上海人民出版社，2011：16，136-140.

② 2003年3月17日晚上，任职于广州某公司的湖北青年孙某某在前往网吧的路上，因缺少暂住证，被警察送至广州市“三无”人员收容遣送中转站收容。次日，孙某某被收容站送往一家收容人员救治站。在这里，孙某某受到工作人员以及其他收容人员的野蛮殴打，并于3月20日死于这家救治站。这一事件被称为“孙某某事件”。

例。孙某某案暴露出的问题很多，例如公民生命权、人身权侵害问题，收容遣送制度的弊端，司法行政权力滥用等。在当时的法治环境之下，尽管《收容遣送办法》有不合理成分存在，但是没有允许执法人员随意践踏人的生存权利。如果收容所能依法执法，严格按照制度办事，这样的悲剧就可能不会发生；如果没有《收容遣送办法》，孙某某就不会被收容，也就不可能在收容过程中死亡。因此，孙某某的死亡虽然是由很多原因造成的，但是追本溯源，根子上还是源于收容遣送制度本身的弊端。通过孙某某案件的分析，我们发现这一案件是长期的社会积弊激发出来的结果，它反映出来的问题是涉及国家和社会安定的问题。具体如下：

一是权力制约机制问题。其一，政府缺乏权力制衡。《收容遣送办法》实际上是一部与宪法相抵触的行政法规，然而这部法规却存世达十几年之久，的确让人唏嘘不已。其二，官员个人的权力制约机制不通畅。历史一再证明，官员的个人道德是靠不住的，唯一有效的办法，就是用完善的制度设计来制衡权力。

二是公权力被滥用的问题。“公权力”是人民赋予职能部门的权力，倡导的主旨是遵照法律法规，保障人民的合法权益不受侵害，维护社会正常的生产生活秩序。类似孙某某案件的事件起因，是由于使用公权力的人不懂得他们手里的权力是人民赋予的，其使用是受到法律限制的。正如孟德斯鸠所说：“一切有权力的人都容易滥用权力，这是万古不易的一条经验。有权力的人们使用权力一直到遇有界限的地方才休止。”①

三是公民意识缺失问题。与公权力的被滥用相对应的是公民权利的被侵害和剥夺。公民概念最基本的一点就是“平等”。但是在现实生活中，很少有人能意识到这一点。从老百姓互相之间的称呼就可以看出端倪。如“干部”“群众”的称呼实际上就是一种“类”“等”的不平等划分。在我们的社会生活中很少听到“公民”两个字，这绝不仅仅是一种习惯性用语的问题，而是在这一点上观念意识不到位的体现。

四是地域性保护主义的问题。在中国的各大地方普遍盛行的是地方保护主义。一些地方为了维护其本地居民的利益，在就业、教育等方面对外来人口规定了很多不平等的条框，尤其是户口的限制，前些年很多地方实

---

① [法] 孟德斯鸠．论法的精神（上册）[M]．张雁深，译．北京：商务印书馆，1961：154.

行暂住证的办法来应对外来人口的涌入。这些年，一些地方已经开始对户籍制度进行了松绑，实行包容性的发展战略，这样其实更利于经济社会的繁荣稳定。

以生命为代价推动中国法治进程的“孙某某事件”，无疑对于《城市生活无着的流浪乞讨人员救助管理办法》的出台起到了推动作用。但是引起我们思考的是，本事件中，孙某某的人格尊严底线被公权力的野蛮行为肆意践踏。依据法治的基本精神，人的生命权是人格尊严的最低要求，但是在孙某某被收容遣送的过程中，其生命权被置于一种被忽视的危险境地，并且最终被剥夺，违反了保障人权是法律的最终目的这一根本性思维。让人欣慰的是，之后颁布的《城市生活无着的流浪乞讨人员救助管理办法》纠正了这一不当的行政法规，这恰恰是履行国家对于个人生存照顾的基本义务，是现代法治思维的体现。

第五章

构建框架：法治文化建设的内容与架构

第一节 法治文化建设的内容

法治文化无论从广义的内涵上界定，还是从纵向结构上分析，它都是由物质、制度、精神、行为等层面共同构成的一个整体。在法治文化建设中，应全面推进法治文化各个层面的建设，使其形成一种合力，其中，物质层面的法治文化是法治文化建设的物化形态；制度层面的法治文化是法治文化建设的制度体现；精神层面的法治文化是法治文化建设的内在要义；行为层面的法治文化是法治文化建设的外显形式。它们彼此之间相互联系、相互作用、相互影响，构成了一个完整的法治文化系统。我国的法治文化建设，需要对这些层面上法治文化的逻辑关联加以考察，以期深刻把握法治文化形成的内在规律。

一、物质层面的法治文化——法治文化建设的物化形态

在历史与现实的法治实践之中，法律规范与制度的价值与意义的显现，法律规范与制度的社会效果的获得，在很大程度上都是通过法治器物设施即物质层面的法治文化来体现的。因此，在我国社会主义法治文化建设大规模展开的今天，我们不能不认真面对并思考其实际存在的法治器物设施所象征和表达的意义。

相对法治精神文化而言，法治物质文化具有基础性和前提性，其建设水平的高低是反映某个国家或地区法治精神文化水平高低的一把尺子。我们强调法治物质文化的重要性，并不等于我们忽视法治文化其他方面的重要性。其实，法治文化是一个整体，各个要素之间是相互联系、相互依存、缺一不可的。

（一）物质层面的法治文化分类

物质层面的法治文化是制度、精神以及行为层面法治文化在物质层面上的体现。对于法院而言，法官穿衣戴帽、法庭陈设、法院建筑等器物所显示出来的法院氛围，构成了法院法治物质文化的主体。具体而言，物质层面的法治文化包括以下几类：

1. 法意建筑

法意建筑是指专门用来进行立法、司法、执法和法治宣传的场所或建筑物，包括人民大会堂、法院、检察院、监狱、看守所、劳改所、刑场、询问室、法治文化长廊、法治文化主题公园，等等。如法庭是法官审判诉讼案件的特定场所。法庭的布局非常有讲究，就建筑规模而言，法庭分为大、中、小三种，内部分为审判区和旁听区两大部分。法庭的布局，承载着一个国家的法治文化，体现司法文明的进步。我国法院法庭的设计具有自身的特点，法台高高在上，椅子背很高，上面一般刻有天平的标志。此外，法院的审判大楼的设计风格一般都会体现出“庄重”“威严”的理念等。以最高人民法院的审判大楼为例，这座审判大楼使用了文化的寓意并用符号显示法院法治文化的特点。如大楼前的两个“山”字形喷泉造型，寓意为法律的威严坚如磐石。大楼东区大厅进门处的一幅巨大的浮雕壁画，名为《高山仰止》，象征执法如山，廉洁如水，以及司法机构的正气和精神。整个大楼的造型、结构以及装饰都体现着庄重、威严的理念，反映出最高人民法院对于司法公正的终极追求。与法院的建筑设施和办公场所不同，检察院的建筑和办公场所则没有形成自己独特鲜明的标志物。2007 年 9 月 12 日，中国人民检察博物馆在革命圣地井冈山落成，其全面、真实地展现了人民检察制度诞生后的曲折历程，这个博物馆的创立，是促进检察法治文化传承发展的重要之举。

2. 法意器具

法意器具是指为了保障法律的实施、司法活动的正常进行和法治理念的传播而专门制作或配备的器物，包括法槌、警车、警具、强制器械，等等。譬如，法槌是由中国古代的惊堂木演变而来，当然也借鉴了西方法院的法槌设计。在全国法院推广使用法槌的原因：一是法槌体现了现代司法理念；二是审判实践的需要；三是批判地继承了历史传统；四是与国外通行做法相协调；五是有助于增强法庭的权威性和严肃性。各级法院现在使用的法槌均为“花梨木”的材质，寓意人民法官刚直不阿、坚韧不拔的优秀品质。法槌并非完全西方特色，惊堂木在我国古代衙门中便已经使用，它意味着“一锤定音”，定分止争，当事人对法官的裁判应当服从。

3. 法意服饰

法意服饰是指为了维护法律的尊严、彰显法律的神圣而专门制作的服装与饰物，包括法袍、检察服、警服、律师服、服刑人员服装、徽章等。以法袍为例，法袍不只是一件服装，它象征着法律的神圣、司法的威严和法官的崇高地位，承载着司法正义的理念，同时也展示了法官职业定位，体现了法官的工作性质与职业特点。法官身穿法袍是司法礼仪的一部分，或者说是形式化的司法。警服是人民警察专属穿着的制式服装，它是警察的特定职业服装，是代表国家履行职责的重要标志，还是警察职务形象的载体。法官身穿与众不同的法袍，特别是法袍象征权力和地位，使穿着者具有一份尊荣和自豪，无意间会增强对法律和司法神圣性的追求和对不偏不倚、公正司法的热爱。黑色的法袍能让法官从人群中回到审判席上，以更超然更独立的第三者身份去看待世事、定分止争。①

总而言之，物质层面的法治文化是借助器具、服饰、建筑、设计风格等元素来表达法治理念的文化符号。物质层面的法治文化从它的设计理念到它的象征意义，蕴含的是法治理念，体现的是法治精神，营造的是法治氛围，是法治文化的重要组成部分。

（二）物质层面的法治文化特征

法治器物作为表达法治理念、弘扬法治精神的文化符号，具有鲜明的文化特征。

1. 直观性

法治建筑、法治器具和法治服饰在法治实践中均具有直观性的特点。以法治器具为例，徽章、法槌、警车、警具、强制器械等，都是看得见、摸得着的实物，法治器具被赋予抽象的法治理念，以期以可视的具体形象传达法治精神和法治理念，具有客观性和具象性。法庭的摆设满足了法院

① 张薇薇. 法袍与法文化［J］. 法律科学，2000（5）：19-27.

行使国家审判权的需要，各级组织或公众的诉讼活动都在特定的法庭进行。法治服饰给人们一种庄严肃穆的感觉，体现穿着者的职业特性，某种程度上代表了国家的形象。当人们一看见身着警服的人时，一种安全感油然而生，这体现的是全社会公众的法治情感和法治心态，体现了人民群众对警察职业的尊重和崇尚。

2. 专属性

法治器物是为了弘扬法治精神、保障法律制度实施和运行而依法制作或设立的。法治器具在设计和制作时，考虑到法治精神因素，也考虑到社会大众对法治器具的心态，因此，法治器具通常在使用中是具有专属性的特征。如设置和使用法槌的目的之一是为了维持法庭秩序，法槌专属于法官，别人无权使用法槌；法槌不能拿到其他场所去敲，即使法官在法庭上也不能拿着法槌随便乱敲。如同法袍和法槌专属于法官一样，警服和警徽专属于警察，其他人员是不能随便穿着警服、佩戴警徽在社会上活动，不然就有招摇撞骗之嫌疑。法治器物的专属性决定了它专属于某一类特殊人群使用，其他群体不得随意使用，因而许多法治器物的使用具有排他性。

3. 严肃性

许多法治器物是为了保障法律的实施与运行而设立的，每一个具体的法律设施都有其特定的意义，不能随意更改用途，其使用主体均为特定的人员，除此以外的其他人无权使用，因此法治器物的使用不能随随便便。如手铐，它是法意器物之一，在使用时是有严格的规定的，不是每一个自然人违法时都会被使用，在询问室里对于重大犯罪嫌疑人使用手铐，或用铁（木）栏将审讯人员与犯罪嫌疑人隔开，目的就是维护正常的审讯秩序，防止出现意外，以使询问活动顺利进行。但谁来使用手铐是一个非常严肃的问题。一个法律上不具有携带或使用手铐职权的人员是绝不能使用手铐的；即使是具有携带或使用手铐职权的人员，在什么样的情况下可以使用，也需要依据法律的规定。诸多法律器物从它的设计到使用，从它的外形到内部布局，蕴含着对法律秩序的维持，彰显着法律的庄重严肃。再如警徽，它是人民警察的专用标志，警徽及其图案不是可以随便使用的。

4. 时代性

法治物质文化在其发展过程中，体现时代性的特点。以司法人员（此处限指法官和检察官）服饰为例，我们会发现，其所表达和展示的意义与价值、其所体现的社会情感与态度、其所蕴含的思维方式与意识，体现了时代的特色。从 20 世纪 80 年代以来，我国司法人员开始统一着装，与司法相关的法律符号与仪式也正式形成，在此之前，我国司法人员是着便装的，法律符号既不明显，法律的仪式也不那么正规。1984 年，经国务院批准，我国人民法院的审判人员开始统一着装——以大檐帽、肩章为主要标志。随后，我国人民法院审判人员的着装经过 1988 年、1992 年、1997 年几次更换，但大体上以大檐帽、肩章为审判制服的主要标志。新式法官制服尤其是法官袍的出台其实是认真检讨和反省传统司法文化的产物和结果。“2000 式审判服”的正式亮相表明中国在积极建构新型司法文化方面终于有了重大进展。我国司法人员的统一着装显示了法治的进步，对我国走向法治具有重大积极意义。

（三）物质层面的法治文化的创新发展目标

物质层面的法治文化在发展过程中还存在着一些问题，如有些地区或行业的领导对法治器物设施建设不重视，有些地区虽然政府重视，司法部门积极，但并未形成全社会参与的氛围；各地区、各行业的法治器物设施建设发展不平衡，跟风形势严重，尚未形成长效机制；法治器物设施建设注重形式，轻视内涵，不接地气，不符合实际；有些主题不突出，形式不灵活，现有的一些法治器物设施投入不少，利用率不高，社会效益不佳。这为下一步物质层面的法治文化建设提出了发展要求与目标。第一，统筹考虑，合理布局，重点推进。法治器物设施建设是一项综合性、全局性的工作，各级党委和行政部门在部署本地区或本系统的法治器物设施建设的时候，应当先行调研，通盘考虑。法治设施的分布要与区域特征相结合，与行业特征相结合，与地理环境相结合，法治元素展示要与民生功能相结合，一般项目建设要与重点推进项目相结合，做到横向有宽度，纵向有深度。第二，发动全社会参与，发挥各行各业的资源优势。党委和行政部门及司法机构在法治器物设施的建设中，要转变角色，由“主演”向“导演”转变，从“独唱”向“合唱”转变，发挥各行各业的资源优势，引导社会力量主动参与建设，构建“政府主导、行业联动、社会参与、优势互补”的联动机制。第三，物质层面的法治文化建设形式要多样。法治器物设施建设不应当是单调的、生硬的，除了司法机构所必需的、法律法规所要求的设施之外，形式应当生动活泼、丰富多彩，为广大人民群众喜闻乐见。如既可以兴建法治教育基地、法治广场、法治公园、法治社区，也可以创建法治一条街、法治长廊、法治墙、法治展板、法治宣传车等。要将静态的法治器物设施与可流动的法治宣传活动相结合，将单向的灌输法治理念与彼此互动的形式相结合，用群众看得明白、听得生动、理解得透彻的语言、文字、图案、雕塑和其他设施传播法治精神，力求营造出浓厚的法治氛围。第四，物质层面的法治文化建设内容要丰富。法治器物设施除了注重对宪法、法律专业知识的宣传外，可以融入法治人物、法治案例、法治故事等内容，可以将古代法治文化与现代法治相结合，将国外法治与国内法治相结合。法治器物设施建设的内容，不仅要贴近广大人民群众的政治生活，更要贴近广大人民群众的日常生活。第五，物质层面的法治文化建设主题突出，要有针对性。在法治器物设施的建设中，首先要明确针对什么样的人群，突出什么样的主题，面对不同的地域、不同的行业、不同的需求、不同的环境和不同的时期，切忌强求一律，整齐划一。因为有些法治器物设施是永久性的，有些法治器物设施是临时性的，有些法治器物设施是移动性的，所以一定要主题突出，有针对性。有针对性才会产生喜闻乐见的效果，主题突出才会收到良好的社会效益。第六，在物质层面的法治文化建设中，要以评促建，发挥先进的示范和引领作用。近年来，全国法院系统的法治文化建设开展得有声有色，其经验之一就是采取了“以评促建”的措施。在 2009 年之前，全国法院系统采取评比“全国法院文化建设先进单位”的措施推动法院文化建设。2010 年 1 月 29 日，最高人民法院命名北京市东城区人民法院等 40 个法院为首批“全国法院文化建设示范单位”；2015 年 1 月 12 日，命名北京市房山区人民法院等 50 个法院为第三批“全国法院文化建设示范单位”。“以评促建”，充分发挥先进单位的示范和引领作用，使得全国法院文化建设，包括法治器物设施建设取得了显著的成绩，有力地促进了人民法院各项工作的发展。

二、制度层面的法治文化——法治文化建设的制度体现

制度层面的法治文化是法治文化建设的制度体现，它支撑着法治文化的摩天大厦，构建起法治治理的国家机器，带动法治精神文化和社会法治

行为向前发展。科学的顶层设计、理论创新和制度创新对于法治文化建设具有极其重要的意义。因此，研究法治文化建设问题，不仅要注重价值观维度的考量，也要注重制度层面的探讨，只有这样才能使法治文化理念更加有效地转化为全社会的道德准绳和行为规范，促进法治文明的顺利推进。法治文化对一个国家或地区的法治制度具有深刻的影响，先进的法治文化必然引领法治制度的创新，改变制度的方向和内核，这是法治文化的制度化过程和制度的法治化过程。同时，法治制度对于法治文化的进步具有促进作用，通过法治制度的长期实践又必然会催生新的法治文化。法治文化与法治制度的相互融合，是法治文化从意识层次向行为实践层次升华的重要标志。

（一）法治文化与法治制度的交融促进

法治文化是人与社会交往时的意识形态、价值取向和社会适应，既包括人们在交往过程中形成的价值观念、思维方式和行为方式，也包括与之相适应的制度约束和物质载体。可见，法治制度本身就属于法治文化的重要组成部分。法治制度是调整人与社会关系的制度规范的总成，它反映着整个社会对待成员之间的关系认知的整体水平和基本态度，代表一个国家的文明程度。因此，法治制度不仅局限于法治文化建设及其制度，还包括法治文化所涉及的国家治理制度。将法治文化理念融入制度建设或者说通过制度方式强化代表社会价值观的先进的主流文化，能够有效地推动人们在社会生产和日常生活中形成法治化的生产方式和生活习惯，培养良好的法治道德，约束人们的“非法治”行为，激励人们的行为“法治化”，从而加快法治文明建设的进程。

（二）法治文化引领下的法治制度创新

文化的传承、进步和创新是保障文明得以延续和发展的基础条件。而制度创新作为其中的重要内容，就是在先进文化理念的指导下，变革现有的制度安排或引入一种全新的制度，提高制度效应及文化适应性的过程。法治制度创新，就是要用先进的法治文化理念支撑和引领法治制度变革，以适应经济社会发展，有效规范和调整人与人、人与社会、人与国家等关系的一般行为。法治制度创新的最终目标就是保障法治文明建设的顺利推进。

1. 法治制度创新的基本原则

近年来，随着法治问题的不断升温，世界各国对法治制度的关注程度越来越高，制度创新已经成为解决法治问题的重要途径。① 而这些制度创新中，都包含着追求公平、正义等法治价值观。然而法治文明建设是一项复杂的系统工程，涉及经济、政治、文化、社会、生态文明等各个方面。推进法治制度创新，应继承中国传统文化精髓、融入现代法治文化理念、强化社会主义法制、坚持市场经济制度、扩大社会公众参与，从而提高法治制度的文化适应性、理念前瞻性、法律公正性、经济激励性和公众参与性。

（1）继承中国传统文化精髓。儒家的“为政以德”是中国传统治国方略的主流，它以“性善论”为基础，因此，道德教化也就有了依据。通过道德教育，每个人都会成为君子，国家因而成为“君子国”。② 这给我国法治建设带来启示，法治并不排斥德治，反而将模糊的“德”这一概念更为明确化、规则化，从而更能尊重人的人格，保障人的权益。因此，从这个意义上讲，法治就是最根本的德治。在推进法治制度创新中，必须继承和发扬中华优秀传统文化的价值观和伦理观，突出中国特色，使制度具有更强的文化适应性，成为社会公众自觉遵守的行为规范。

（2）融入现代法治文化理念。现代法治文化的核心价值取向就是树立民主法治、以人为本、提升“公民意识”的法治理念、弘扬公平正义的法治理念，培育运用法治理念、精神和原则来认识、分析、处理问题的思维方式。因此，我们必须充分吸收一切人类文明成果，以科学的态度和最新的现代法治文化理念推进法治制度创新。

（3）强化社会主义法制。法律制度是法治文化在制度形态上的表现形

---

① 徐显明在《法制日报》撰文指出，制度文化具有统摄性。在法治文化的精神、制度、行为方式、物质承载四个要素中，哪个是最根本的？我认为制度是核心，制度是根本。建设社会主义法治文化，我们也要抓住制度文化这个根本。社会主义法治理念、法治精神固然必要，它是文化中的先导部分，但如果不是把观念提升与精神弘扬融入制度建设之中，就有可能以叶为干。而如果在建设社会主义法治文化过程中把重点放在物质文化上，把盖公检法的大楼或是法治广场等作为重点，那就会本末倒置，最终可能是大楼越盖越高，而司法公信力越来越低。法治文化的核心是制度文化。建设社会主义法治文化的核心是建设社会主义行之有效的法律制度。通过信法、守法、用法、护法而形成全民族的共同生活方式。当把法治作为全社会的共同生活方式时，法治国家、法治政府和法治社会就是建成之时，法治中国就是成功之时。［参见 2014 年 1 月 13 日北京日报理论周刊］

② 参见崔永东．中国传统法律思想与现代法治［M］．北京：社会科学文献出版社，2007：77.

式，法律制度的完善与否，直接影响着法治文化建设的整体效果。法制的变革和进步依赖于某种文化的树立以及普及，因此，法制的核心精神源于一定的文化认同。法制在国家确立后，会对一个国家的文化发展起到推动作用，这种推动作用是在法制与文化相融合过程中产生的，良法促进善治，恶法阻碍善治。法制的产生与完善影响着文化的发展，反之文化也会影响、制约法制，双方总是在社会发展大潮中相互制约、在互动中实现各自的发展。因此，完善的法治制度，必然是一个以先进文化为导向，以法律为依托，具有公正性、权威性、约束性的制度体系。

（4）坚持市场经济制度。法治制度建设不能建立在人性改善的乌托邦梦想之上，必须通过市场经济的手段激励产业结构的调整，激励人们消费偏好的转变。伴随经济全球化的浪潮，新制度经济学派的兴起和繁荣，越来越多的经济学家认为，在经济发展过程中，应考虑制度、文化等非经济因素发挥的重要作用，并将其纳入经济发展理论和分析框架之中，经过专家的分析后认为，在当前瞬息万变的全球经济发展大环境下，经济发展水平是多种综合因素合力影响的结果，但是有一部分经济专家认为，制度安排的不同是造成经济发展水平差异的根本原因，同时，要将法治文化理念融入社会主义市场经济制度体系之中，这样更有利于经济的发展。

（5）扩大社会公众参与。让社会公众参与法治制度建设，不仅可以提高社会公众的法治文化意识，而且可以提高法治制度的认同度和有效性，有利于形成更自觉的法治文化规范和约束机制，促使社会公众积极参与法治建设。制度与文化的协同自古以来就是非常有效的国家治理模式。孔子在《论语》中指出："道之以政，齐之以刑，民免而无耻；道之以德，齐之以礼，有耻且格。"强调以人为本思想，注重激发人的自主管理意识，是依法治国和以德治国相结合的必然选择，也是法治制度创新的有效途径。

2. 法治制度文化创新的主要方向

推动科学发展，建设法治文明，是当前和今后我国经济社会发展的主旋律。完善的制度是推进法治文明建设的重要保障。党的十八届四中全会明确提出全面推进依法治国的决定，为法治制度创新指明了方向，充分体现了党中央对建设法治文明路径的科学设计和精心部署。法治文化核心理念是法治文明制度建设的基本价值取向，因此，用先进的法治文化理念引领法治制度创新，解构现存阻滞法治进程的制度障碍，建立健全具有中国特色社会主义法治制度体系，是法治文化建设的重要任务。按照党的十八届四中全会精神要求，结合法治制度文化特点，创新应从以下几点推进。

第一，坚持法治价值观和伦理观共同建设，在增强全民社会主义法治意识中完善奖惩机制。

一要完善守法诚信的褒奖机制。公民遵守法律的驱动力量主要靠两种形式：以国家强制为主的外在驱动以及以公民内心自觉为主的内在驱动。前者倾向于将人们与法律的关系看成影响方式和工具的作用，认为法律权威的工具性控制功能和威慑力量是个人服从或遵守法律的动因。后者把人们对法律的理解以及与法律的关系看作主观态度问题，从行为与观念、意识之间的内在联系的视角，来理解人们为何要遵守法律。① 从利于社会发展的角度出发，自觉守法较之于强制守法，对于法治建设更加有力。守法诚信是社会公众的基本规范，是社会成员立足于社会的必要条件，因此，完善守法诚信褒奖机制，一方面，要完善守法信用的信息记录，使每一个组织以及公民的信用公开透明。另一方面，在市场经济环境下，诚信守法经营是保证经济健康、高效运转的原则，因此，在制定市场经济政策和规章制度时，要着重在政策导向和利益机制上体现诚信守法的重要内容。

二要完善违法失信行为惩戒机制。国家对违法失信行为的惩戒力度较大，这是因为：一方面，加大对违法失信人员的惩戒力度，树立法律的权威性，任何组织和个人都应该遵守法律，绝对没有凌驾于法律之上的组织或个人存在；另一方面，加大对违法失信人员的惩戒，会对其他社会组织和成员起到教育作用。例如，我国采取专项酒驾治理活动，加大对酒驾的处罚力度，一定程度上遏制了酒驾的发生，维护了社会公共秩序。一些人基于对法律的畏惧，对法律强制性惩罚的害怕而不敢违法。在司法实践中，完善违法失信行为惩戒机制，具有重大的现实意义。例如，被执行人拒不执行法院判决，一定程度上亵渎了法律的权威性，如不加强对这类人员的惩戒，法律的威严从何体现，人们如何树立法治信仰。因此，实行失信人员惩戒机制，使失信人员在经济生活中处处碰壁，一定程度上会净化

---

① 陆毅龙．影响农民守法行为的因素分析——对两种范式的实证检验［J］．中国人民大学学报，2005（4）．

整个社会的经济运行环境，树立法律权威。

第二，加强法治文化宣传教育，增强全民的法治意识，培育全民的法治精神，使人们树立法治信仰。

尽管近年来社会公众的法治意识有了普遍提高，但总体上仍然停留在较低的认知水平上。面对肆意破坏法治环境的行为，一些领导干部维护法律权威的理念还比较淡薄，甚至唯唯诺诺充当违法者的保护伞，部分领导干部为了所谓的一方“国泰民安”的假象，刻意压制对本行政区域内的违法犯罪事实的揭露与报道。然而，他们没有认识到法治文化建设的重要性，认为离自己太遥远，表现了一副“事不关己，高高挂起”的庸官嘴脸。公众的法治意识在现实生活中还是很欠缺的。现实生活中，一些人“信访不信法”，习惯于找门路、托关系、请客送礼，明知道这样做是不对的，讲起大道理来一套一套，但是在具体生活中却带头违法。产生这种现象的原因是多方面的，既有社会制度设计上的缺陷，但更多的是公众的法治意识淡薄、没有真正树立起来对法治的信仰。若不改变领导干部、公众的法治文化观念问题，我国的法治文化制度建设就可能落得“竹篮打水一场空”的结局。因此，必须通过制度化途径，不断提升全民法治意识，促进社会成员充分参与法治文化建设。

一要转变行政理念，建立开放、透明、公平、公正的行政环境，最大限度地吸纳各种社会力量、各类非政府组织、企业及公众参与法治文化建设。二要强化社会公众的决策参与和监督，吸收社会公众参与政策的制定过程，发挥社会公众在法治制度制定和执行过程中的利益表达和监督作用。三要注重发挥乡规民约的作用，继承发扬民族传统文化和乡土知识，对民族传统文化和乡土知识系统做到去粗取精、扬长避短、去伪存真，使之更好地为法治文化建设服务。四要积极倡导公平、正义的法治生活方式，增强人们践行法治的自觉性。五要大力开展全民普法活动，引导公民从观念上、切身体验上认识到法治问题的严重性和法治生活方式的重要性，增强投身法治文化建设事业的积极性和主动性。

第三，坚持法治文化理念与法治制度建设双向互动，切实完善保障人权制度。

人权是人的尊严和价值的集中体现，是人的需求和幸福的综合反映。人不是为国家与法律而存在的，国家与法律是为人而存在的。全面地、充分地实现和保障人权，是现代法律的根本目的。我国历来高度重视和保障人权，在革命、建设和改革各个历史时期，始终把实现和保障人权作为重要理念，贯彻落实到方方面面。保障人权，首先体现在切实保障人民的宪法、法律权利上。2004 年 3 月 14 日，第十届全国人民代表大会第二次会议通过宪法修正案，首次将“人权”概念写入宪法，明确规定“国家尊重和保障人权”。保障人权，必须广泛地开展以尊重和保护人权为主题的法治教育，保障人民的根本权益是法治制度建设的出发点和落脚点。保障人权，必须把尊重和保障人权的原则贯穿立法、行政和司法各个环节之中。把保障人权贯彻到“四个全面”建设过程中，发挥国家功能，积极为保障人权事业谋求发展，促使人权保障事业制度化法治化。就人权和法治的关系而言，尊重和保障人权与公民权利是法治国家和法治社会的基本特征，也是建设法治中国的强大动力。因此，形成完备的法律规范体系的前提是建构比较齐备的公民法律权利体系。

当前我国正处于经济转轨、社会转型时期，社会结构由单一转向多样、固定转向流动、封闭转向开放，就业结构、城乡结构、阶层结构都在发生深刻变化。利益格局深刻调整，各种利益群体和利益集团不断出现，公民对涉及自身利益和权利的问题十分敏感，公民通过法律渠道表达诉求、运用法律武器维权的意识越来越强烈。因此，国家应在法治制度文化建设过程中，体现保障人权的精神，真正使保障人权的规定落地生根。

总而言之，要把法治文化的思想转变为公众的现实行动，就必须将其同法治制度建设紧密结合起来，用先进的法治文化引领法治制度创新，用完善的法治制度规范人们的法治行为，从而增加人们的文化自觉和文化自信，养成良好的行为习惯。中国的社会主义制度优势和底蕴深厚的传统文化优势的结合，必将引领世界法治文化的新方向，引领人类法治建设的新潮流。

三、精神层面的法治文化——法治文化建设的内在要义

精神层面的法治文化是法治文化建设的核心和内在要义，它引领国家法治发展的方向，决定国家法治建设的性质和特点，作用于国家法治发展的速度和质量。

（一）精神层面的法治文化所包括的内容

精神层面的法治文化包括法治理念、法治观念等基本内容，这些方面在我国学者的著述中都使用过，都是法治精神文化所包含的主要方面。大多数概念在执政党文献中，以及在党和国家领导人的讲话中也都使用过。这些内容大多都大同小异，尤其是法治观念、法治理念、法治思想、法治理论这几个概念几乎别无二致，把它们翻译成英语，其含义也基本一致。

从党的十五大确立“依法治国，建立社会主义法治国家”的方略以来，中国共产党在法治精神文化领域提出了一个个逐步精准化的概念。从出现的词汇来看，从法制观念到法治观念，不仅仅是简单的词语的转换，更多的是一种理念的转变。从内涵上看，法制与法治是既有联系，又有区别的。这样一种改变标志着以法治为核心的法治文化建设迎来了发展的机遇期。从相关文件中我们发现，目前得到党的文件予以认可的精神层面法治文化相关概念大致是法治观念、法治理念、法治意识、法治精神、法治思维。除党的文件中出现的概念外，法治思想、法治信仰、法治态度、法治心理、法治偏好、法治立场等概念也被经常使用。相关文件也基本上经历了这样一个渐进的过程：由“法制观念”“法律意识”到“法治精神”，再由“法治精神”到“法治理念”“法治思维”“法治观念”“法治意识”等（见表 5-1）。

表 5-1　党的十五大至党的二十大期间精神层面的法治文化相关概念

文件	关于精神层面的法治文化相关概念的表述	出现的核心概念
党的十五大报告	深入开展普法教育，增强全民的法律意识，着重提高领导干部的法制观念和依法办事能力。法制建设同精神文明建设必须紧密结合，同步推进	法律意识[①]、法制观念
党的十五届三中全会《中共中央关于农业和农村工作若干重大问题的决定》	加强法制教育和宣传，使农村干部增强法制观念和依法办事能力，使广大农民知法守法，履行应尽义务，用法律保护自己的合法权益	法制观念

① 法律意识作为一种特殊的社会意识，是人们关于法律的思想、观点、知识和心理的总称。它具体表现为人们探索法律现象的各种学说，对现行法律的要求与态度，对法律本身与法律适用的理解与把握，以及对人们的行为是否合法的评价等。

续表

文件	关于精神层面的法治文化相关概念的表述	出现的核心概念
党的十六大报告	深入开展法制宣传教育，弘扬法治精神，形成自觉学法守法用法的社会氛围。尊重和保障人权，依法保证全体社会成员平等参与、平等发展的权利	法治精神
党的十七大报告	坚持依法治国基本方略，树立社会主义法治理念，实现国家各项工作法治化。深入开展法制宣传教育，弘扬法治精神，形成自觉学法守法用法的社会氛围	法治理念、法治精神
党的十七届三中全会《中共中央关于推进农村改革发展若干重大问题的决定》	加强农村法制宣传教育，搞好法律服务，提高农民法律意识，推进农村依法治理	法律意识
党的十八大报告	深入开展法制宣传教育，弘扬社会主义法治精神，树立社会主义法治理念，增强全社会学法尊法守法用法意识。提高领导干部运用法治思维和法治方式深化改革、推动发展、化解矛盾、维护稳定的能力	法治精神、法治理念、法治思维
党的十八届三中全会《中共中央关于全面深化改革若干重大问题的决定》	健全社会主义普法教育机制，增强全民法治观念	法治观念
党的十八届四中全会《中共中央关于全面推进依法治国若干重大问题的决定》	法律的权威源自人民的内心拥护和真诚信仰。必须弘扬社会主义法治精神，建设社会主义法治文化……推动全社会树立法治意识。深入开展法治宣传教育，引导全民自觉守法、遇事找法、解决问题靠法	法治精神、法治意识
党的十九大报告	加大全民普法力度，建设社会主义法治文化，树立宪法法律至上、法律面前人人平等的法治理念。增强政治领导本领，坚持战略思维、创新思维、辩证思维、法治思维、底线思维，科学制定和坚决执行党的路线方针政策，把党总揽全局、协调各方落到实处	法治理念、法治思维
党的二十大报告	弘扬社会主义法治精神，传承中华优秀传统法律文化，引导全体人民做社会主义法治的忠实崇尚者、自觉遵守者、坚定捍卫者	法治精神、法治观念

资料来源：根据历次党的会议文件整理。

从表5-1中可以看出，党的文件中出现的关于精神层面的法治文化相关概念基本上是随着经济社会的发展，人们对法治的认识发生变化之后，逐步深入挖掘后出现的。最后，法治建设的进程逐步落实到“法治”这一核心词汇上来。

（二）精神层面的法治文化与物质层面的法治文化的关系

物质层面的法治文化，起着承载和落实法治精神文化理念的重要作用。如何利用符合法治精神文化的物质设施服务人民，营造良好的法治氛围，正是法治文化建设的侧重点。法治物质文化是法治精神文化、法治制度文化和法治行为文化在物质方面的体现，同时对其他三者具有促进作用。

首先，精神层面法治文化需要物质层面法治文化来表现。在我国法治文化体系中，每一个层次的法治文化都缺一不可，尤其是法治精神文化，它看不见、摸不着，似乎是虚无缥缈的事物。在现实生活中，人们往往注重法治物质文化层面，殊不知，法治精神文化是整个法治建设的核心内容。但同时，没有法治物质文化建设，没有法治器物来展示法治精神文化的内容，也是不行的，两者是缺一不可的。

其次，法治物质文化需要法治精神文化来奠定内蕴。法治器物往往蕴含着法治精神文化的精髓，通过器物具有的天然象形和写意的特殊功能，法治器物表现的法治内蕴，一方面显示了法律的神圣感，即法律要成为人们心中的信仰；另一方面法治器物内含的深层次意蕴诠释了法律的不可侵犯性，人们违法必然受到法律的制裁。因此，每一个法治器物在设计时，都会考虑法律的精神象征，法治精神文化在法治器物上的表现是不可缺少的。

最后，法治精神文化与法治物质文化相互转化、相互促进。法治物质文化是法治精神文化的外在表现，是能够使人产生直观感觉的法治物体，法治精神文化指明了法治文化的价值取向，贯穿立法、执法、司法、守法等环节，需要在法治器物上体现出来，两者相互转化、相互促进，共同推动着法治文化向前发展。

（三）精神层面的法治文化与制度层面的法治文化的关系

法治精神文化与法治制度文化是影响法治行为文化的两个重要方面，法治制度文化是法治行为文化的外在规范约束，法治精神文化是法治行为文化的内在价值取向。法治精神文化与法治制度文化有着非常密切的联系，法治制度文化中始终渗透着法治精神文化的价值观，法治精神文化中又包含着法治制度文化创新的成果。从某种意义上说，没有文化价值观的法治制度文化是不存在的，没有法治制度文化形式的法治精神文化也是不存在的。

首先，制度是人类社会发展中形成的有组织的规范体系，是社会公认的比较复杂而有系统的行为规则。从社会学角度讲，制度作为行为规则，由于其所规范的范围、对象、内容、程度和形式不同，且有广义和狭义之分。广义的制度是指在一定历史条件下形成的政治、经济、文化、社会等方面的规范体系，包括法律、法规、规章等正式规则和道德规范、传统禁忌、风俗习惯、乡规民约等非正式规则。狭义的制度是指要求大家共同遵守的行为准则，如政治制度、经济制度、人事制度、工作制度等。

一般而言，法治精神文化是法治制度文化形成的价值取向，法治制度文化对人们的思想观念具有培育作用，法治精神文化对于法治制度文化创新具有引领和促进作用，良好的法治制度文化影响和塑造着人们的思想观念，法治制度文化中包含着特定的法治精神文化理念，法治精神文化中包含着法治制度文化的创新成果，二者之间是一种相辅相成、相互促进、相互融合的关系（见图 5-1）。

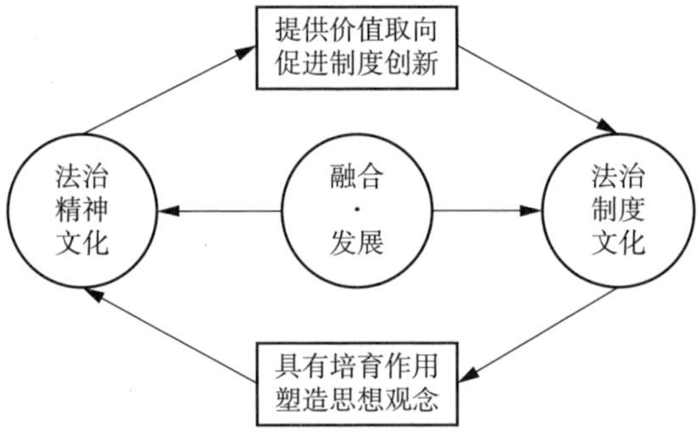

图 5-1　法治精神文化与法治制度文化的关系

其次，“文化是制度之母”①，法治文化的效果取决于如何处理法治精神文化与法治制度文化的关系。梁漱溟先生曾指出：“中国政治上的出路，经济上的出路，不得离开那固有的文化的出路，亦是自明之理。因为问题

① ［美］塞缪尔·亨廷顿，劳伦斯·哈里森．文化的重要作用——价值观如何影响人类进步［M］．程克雄，译．北京：新华出版社，2002：119.

之演成，原以固有文化为背景，问题的解决天然就不能外于它的解决。"① 法治文化是特定价值观指导下的生产方式、生活方式、社会交往、制度规范、知识体系、意识形态等的复合体，法治文化的思想、观念、精神层面与物质、行为层面是无法绝对分离的。虽然人的行为受到思想、观念、精神因素的支配，但是由于人的行为具有社会性特征，每个人的行为最终构成了群体的、社会的共同行为，这就需要建立一种共同遵循的规范。法治文化的精神层面的因素必然会反映、萌生和形成习俗、政策、规章、法律等制度因素，违背这种价值观的行为将会遭受到严重的不适应，甚至会受到系统的抵制而"休克"。法治文化需要通过社会交流及社会传递等特定的途径，被社会成员共同获得和接受。法治文化的存在只有被社会认同、学习、传承和创新发展并成为社会核心价值观时，对于制度建设来说才是有意义的，而被认同和学习的实现，必须依靠一套相关的制度规则，这就是法治精神文化与法治制度文化的统一。当法治文化体现为制度时，主要通过习俗、政策、规章、法律等形式，来影响、规范和约束人们的行为；当法治制度文化体现为具体的规则时，它必然反映法治文化的价值、精神和理念；当法治制度文化诸因素产生和形成之后，就会使人的精神因素通过制度因素转化成为物质成果，也就是人类行为或人类活动的收获。

再次，法治精神文化对于法治制度文化的形成具有促进和引领作用，而法治制度文化对于法治行为文化具有规范和激励作用。法治制度文化作为法治物质文化和法治精神文化的中介，在协调个人与群体、群体与社会的关系，增强社会凝聚力方面发挥着不可或缺的作用，深刻地影响着人们的物质生活和精神生活。

制度是社会成员共同协议/协商的结果，社会生活实践中的各种制度，是具体化、规范化、条文化甚至是强制化的，代表社会价值观的主流文化。制度建设就是把社会意识、思想、理论、精神转化为具体的、明确的、可执行的行为规范的过程。这种行为规范既有正式的也有非正式的。正式规范通常以法律法规的形式固定下来，对违反者处以相应的惩戒和制裁。在我国，法律制度的建立必须经过全国人大常委会审议通过，相关法

① 梁漱溟．东西文化及其哲学［M］．上海：上海三联书店，1989：5.

规必须由国务院或省级人民政府制定，部门规章必须报国务院备案。非正式规范是道德良知的潜规则，有的也体现为乡规民约，但是往往能够被社会成员普遍理解、接受和遵循。人类社会的各种活动在制度的约束和规范下变得和谐有序，人们明白在什么样的情况下应该做什么，不应该做什么。制度不仅是一种约束，对人们的行为还具有强烈的激励作用，合理的制度设计，可以引导和激励人们自觉地向着文化价值指向不断进步，从而培养良好的法治观念和行为习惯。

最后，法治精神文化的演进依托法治制度文化。法治制度文化作为法治精神文化的产物和法治物质文化的工具，一方面构成了人类法治行为文化的习惯和规范，人的行为习惯一般受到社会法律制度的规范和影响；另一方面也制约或主导法治精神文化与法治物质文化的演进，或者说是二者相互影响的。所有法治精神文化的演进过程都首先以法治制度文化变迁的形式发生，无论是纵向观察人类历史，还是横向审视社会现实，法治精神文化的演进与发展必须首先依托法治制度文化，缺少了法治制度文化的变迁，就不存在法治精神文化的发展。这是因为法治制度文化的变迁经常会引发法治文化其他子系统的整体互动式的演进，经过长期的制度规范，人们的法治行为逐渐形成一种习俗和惯例，世代相传便形成了一种新的法治行为文化。例如，在以徒步为主的时代，人们走路都是按照各自的方式自由选择，甚至不会有必须靠左行走或靠右行走的意识。进入汽车时代后，这种无序的行为文化必然会带来交通拥堵、事故频发，因此在对这种传统法治行为文化反思的基础上产生了交通规则。在这种制度的规制下，如今的人们已经形成了按照交通标示标线、信号灯的指示规则各行其道的有序行为模式。这就是说，当一种制度渗透到人们的意识深处并形成自觉行动时，也就成为一种新的文化。

（四）精神层面的法治文化与行为层面的法治文化的关系

1. 精神层面的法治文化与行为层面的法治文化相互转化

从法治文化精神层面到人的法治文化行为层面，需要一个外化的过程，意识产生行动，行动产生外在物质，外在物质影响意识，构成往复循环的结构（见图 5-2）。

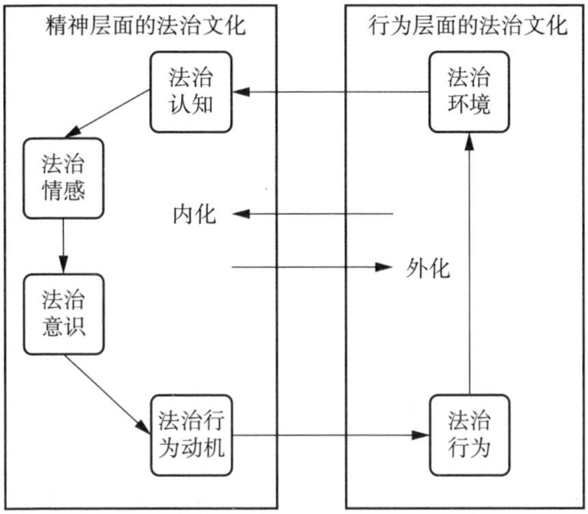

图 5-2　精神层面的法治文化与行为层面的法治文化的转化过程

法治认知是指人在法治活动中对法治现象的感知和认识，既包括感知和认识的方式，也包括所获得的经验、知识、意象，是法治文化产生的最基本步骤。由于人对于法治现象的认知方式、能力和水平的差异，因此产生的知识也不尽相同。

法治认知可以激发法治情感。对法治的情感是伴随人对法治认识的变化而变化的。由最初对法治的畏惧，经历法治事件后态度的转变，到最后对法治的认同，人对法治的情感构成了一个重要的复杂系统。

法治情感可以激发法治意识。法治意识是人们关于法治的心理、看法、思想、理论等的总称。法治意识是现代社会人类文明的重要标志，反映法治道德和伦理倾向。

法治意识产生法治行为动机。在心理学上，一般认为动机涉及行为的发端、方向、强度和持续性，是指一个人想要做某件事情而在心理上形成的思维途径，同时也是一个人在做某种决定时所产生的念头。人对于法治活动的价值判断会左右其行为之前的动机。法治意识不同的人，对法治活动会产生不同的行为动机。

法治行为动机发生后，会指导法治行为，这一过程是人通过大脑来指挥，实施与外在法治环境相关的行动来完成的。

行为由个人思想或欲望决定，行为的产生首先受精神层面文化的影响，心理意识影响着个人行为，而个人的行为又对精神产生一定的反作用，改变心理意识。可以说精神与行为是相互影响、相互转化的。在漫长的历史长河中，人类不仅学会制造和改进工具，而且通过不同方式赋予世界以不同的价值和意义，不断丰富行为方式、思维方式，形成了关于法治文化的可以不断演绎、学习和传承的基本认知过程，使得法治文化及其行为实践都在不断进步，成为人类文明的重要组成部分。

2. 精神层面的法治文化对行为层面的法治文化具有驱动作用

精神层面的法治文化对行为层面的法治文化的作用路径是源于法治理念、法治知识的普及和大众化，起于营造一种气氛，形成一种力量，并通过多种渠道进行内化，使这种观念在个人心中内化，成为每个人的价值取向，进而指导和驱动其法治行为。这一过程中精神层面的法治文化对行为层面的法治文化会产生不同的作用，对行为层面的法治文化的方式、效率、效果会产生影响。

（1）增强对行为层面法治文化的认识

法治精神文化能够增强人们对法治行为文化的认知度，它以法治精神所体现的公平、正义、自由等元素为价值尺度，来对人的法治行为文化进行评判。人们不断地以法治文化作品所反映的观点来重新审视自己的行为。如自党的十八大以来掀起的反腐败浪潮，上至国家级领导人，下至乡村干部，凡是触犯到党纪国法的均受到了法律的制裁。

（2）规范行为层面法治文化的方式

倡导法治文化，逐渐引导人们的价值取向（从藐视法治转向对法治的向往）、生产方式（从垄断经济转向法治经济）和消费方式（从消费者自我维权意识淡漠转向强化）的转变，促进形成法治精神文化与法治行为文化的良性互动。法治精神文化要求人们树立对法治的信仰，人们之所以没有形成法治信仰，在很大程度上还是因为法治出现了瑕疵，日常生活中出现了一些与法治不和谐的“音符”，有权有钱的人肆意破坏法治，弱势老百姓的正当权益得不到保障，出现了不公平和非正义，这对于人们法治信仰的养成是致命的。因此，我们应加强法治文化建设，培育法治文化，用法治精神文化规范法治行为文化。

（3）激发行为层面法治文化的动力

法治行为文化的主体是人，法治精神文化是从建立新的社会价值观与新的法治道德体系出发，主张每个人都是平等的，群体与群体之间应互相尊重、互相平等。这种平等关系还表现在当代人与后代人、国家与国家、社团与社团间的关系。这种新的法治理念通过文化作品传递到欣赏者之中，会使人产生某种动力，起到激发主体法治建设行为的作用。如电影《秋菊打官司》就是将法治、影视和现实社会巧妙结合，其鲜明的时代特征、个性突出的人物形象和平铺直叙的故事情节，将乡土秩序与法律文明碰撞的火花表现得淋漓尽致。

（4）优化行为层面法治文化的体验

法治精神文化能够启发个体的法治情感，对个体心理起到感染作用，这种功能的发挥往往是以体验的形式减轻心理压力，让人从心理上产生幸福的感觉，使人感到践行法治行为文化具有更美好的体验。如一些法治建筑就是通过形体结构、空间组合、装饰手法等，形成抽象形式美来激发人在观赏过程中产生对法治、公平、正义的审美联想，从而形成特定的审美体验。在欣赏以法治文化为主题的法治文化公园、法治刺绣、法治工艺美术、法治现代设计时，人们的情操得到了陶冶，同时也使枯燥无味的法治行为文化充满了乐趣。

四、行为层面的法治文化——法治文化建设的外显形式

行为层面的法治文化把法治思想理论的指引和法律制度规范的要求贯彻落实到每一个社会成员，把法治文化的价值追求和秩序构建实践于每一种法律关系，把纸面的法律落实到具体的社会实践之中，从而实在有效地推动着法治文明的进步。党的十八届四中全会提出“弘扬社会主义法治精神，建设社会主义法治文化”[①] 的战略举措和走向法治中国的伟大目标，要求将法治文化建设融入经济、政治、文化、社会和生态文明建设各方面和全过程，这不仅为法治文化体系建设指明了方向，而且赋予法治文化以新的定位、任务和使命。充分发挥法治文化的引领作用，唤起全民法治意识，以改革创新精神，加快经济发展中行为方式的转变，具有重大的现实意义。当然，法治文化行为层面的实践是一个艰难的历史过程，仍面临着

---

① 本书编写组．中共中央关于全面推进依法治国若干重大问题的决定（辅导读本）［M］．北京：人民出版社，2014：26.

人治思维泛滥、肆意破坏法治环境的现象及其思想和体制障碍，这就需要我们深入研究法治行为文化产生的根源，分析其行为动因和发生规律，进而找出优化法治行为文化外化过程的方法。

（一）法治行为文化实践概述

行为是指人的一切有目的的活动，是在日常生活中所表现出来的一切动作的统称，是人适应不断变化的复杂环境时所做的各种反应。有研究认为，人类行为可概括为三个方面：一是人的智力活动过程；二是人的情绪反应；三是能看得见的各种行动。但在社会学和心理学范畴，往往将行为与认知、情感、意识等区分开来，特指外在的表现。从行为的产生原因来看，行为主要分为本能行为和社会行为两大类，前者是指先天遗传的，后者是在社会交往中的行为。法治行为文化实践是指法治文化外化到那些对法治诸要素产生影响的活动。实际上，人的所有行为都具有物理学意义，因为所有行为都构成了能量流动和物质上的某种转变，这里提出并探讨的法治行为，是从人与法治诸要素之间的关系角度来研究人的行为。

（二）法治行为主体的法治行为文化实践

法治行为文化应该与当前所提倡的法治文化相适应，全社会的人们都应具备理性践行法治文化的高度自觉和文化修养，尊重人们参与法治活动的平等、正义的价值观，转化为自觉行为，并融入人们的日常生活之中。法治行为主体分为公众、企业和政府三大类。公众包括个人与各种社会群体，公众在人类社会生活的各个领域和各个方面发挥最终的决定作用。建设法治文化环境是大家的事业，需要每一位社会成员的参与，必须动员全社会的力量，充分发挥人民群众的积极性、主动性和创造性。企业是各种产品的主要生产者和供应者，是社会物质财富积累的主要贡献者，是市场经济活动的主体，因此企业的行为转变对于政府法治文化建设具有重要的意义。政府①是社会法治文明行为的领导者和组织者，综合运用法律、行政和经济手段，加强引导协调和监督管理，通过政府行为把企业和公众行

---

① 这里指广义的政府，是指国家的立法机关、行政机关和司法机关等公共机关的总合，代表着社会公共权力。

为有效地组织起来。要充分认识法治文明建设在经济社会全面协调、可持续发展中的重要地位和作用，推进政府、企业、公众行为向法治化的方向发展，逐步与社会所提倡的法治文化达到统一。

1. 公众的法治行为文化

公众是法治文化建设的参与者和主要受益者，法治文化建设离不开公众的参与。个人、团体和组织的参与方式与参与程度，将决定法治文化建设目标实现的进程。

公众参与法治建设是民主化与公开化的重要体现，是社会主义民主在法治建设及相关事务中的延伸，是民主精神在法治领域里的具体体现和贯彻。公众参与是实现法治建设公平、公开、公正的重要条件。在法治建设中引入公众参与，信息公开、畅通、全过程知情和参与，政府和其他组织的决策容易获得认同、理解和支持，从而促进了民主决策和科学决策。公众参与法治建设主要包括如下几个方面：

（1）参与法治决策。公众参与法治建设项目听证，特别体现在项目的收费评价中。公众参与可使收费项目中制定的标准更具合理性和可操作性，可以帮助辨析项目收费是否符合当地经济社会发展水平，使大多数人的利益得到保护，防止和避免因决策失误给经济、社会发展带来负面影响，从而有利于最大限度地发挥收费项目的综合和长远效益，让各方都取得满意的结果。

（2）监督政府执法。舆论监督是公众参与法治建设的重要手段。公众可以参与执法的舆论监督，参与对法治建设部门具体行政行为的舆论监督。公众参与的形式可在新闻媒体开辟公众舆论专栏，也可以通过人大、政协提案参与。社会团体和新闻媒体在监督过程中发挥了巨大的作用，为各种社会力量参与法治建设搭建平台。

（3）检测法治环境。公众对于自己身边的法治环境改变往往会产生直观印象，市场经济是法治经济，从政治文明的角度来看，权利的保护和实现是政治文明的核心所在，如此种种，法治环境对法治建设具有决定性的作用。如公众发现有违法犯罪的行为时，及时向执法部门举报，并通报给新闻单位，通过社会舆论对其进行谴责。公众参与法治环境检测，有助于提供法治环境违法证据，有助于形成国家、政府、公众相结合的检测预警体系，带动法治环境保护体制机制创新。

（4）参与法治文化。公众积极参与政府开展的法治文化宣传教育活动。多形式、多方位、多层面地普及法治文化，包括参加普法教育、法治志愿者活动（义务帮诉讼当事人参与诉讼）、法治主题书画比赛、法治文化创意、文艺作品展演等活动。弘扬法治文化，倡导法治文明，营造全社会关心、支持、参与法治环境保护的文化氛围。激发社会公众践行法治的积极性和自觉性，培育社会公众的法治意识和养成法治的行为规范，对在全社会形成平等、正义、自由的法治社会价值观念具有重要的意义。

2. 企业法治行为文化

企业法治文化建设的目标是让企业全体员工能够把践行法治的意识贯穿企业生产经营活动的全过程，做到在提高经济效益中保护法治环境。建设企业法治文化，是一项创造性管理活动，主要包括如下几点：

（1）法治观念培训教育。企业领导和员工要树立法治价值观，定期组织法治理论知识方面的学习和培训活动，如组织关于合同签订法律知识讲座、财务管理法律知识讲座等，掌握法治理论知识，将法治意识和法治价值观贯彻到企业的生产经营活动过程中，并以依法治企理念为指引，用法治方式解决企业发展中的问题，一方面维护了企业的利益，另一方面使企业员工的合法权益得到了保护。所以说只有在法治的环境中，企业的利益才能最大化，企业员工的权益保护力度才能最大化。此外，企业的领导带头遵守法律，这可以起到模范带头作用，把领导干部带头守法、模范守法作为树立法治观念的关键，使领导干部能够深刻地认识到运用法治思维和方式促进发展的作用和价值。

（2）组织开展法治文化活动。充分而有效地发挥和运用企业计算机网络的积极作用，传播法治文化知识，展示法治文化成果，让企业员工真切感受到我国法治文化的强大力量，从而在脑海里深深地树立法治理念，养成依法办事的行事方式；同时，要结合企业的实际情况开展一系列丰富多彩和形式多样的法治文化活动，如企业法治知识竞赛、法治主题演讲等，以活动的形式促进法治文化入手、入脑、入心。

（3）扩大企业法治文化宣传。文化如同血脉一样，注入人类文明的各个方面，影响着个人或团体的各种行为。企业在运行过程中，建立自己的法治文化，通过各种新闻媒体，以及有影响的公关活动，将企业在法治文化建设中的成果，以及在依法治企方面的行动方案和已经取得的成绩公布于众，以此形式彰显企业法治文化建设的决心，向社会发布企业的法治化思想、法治化生产方式以及保护法治环境的公益广告。同时，通过企业公众人物的法治文化活动，使社会公众更多、更好地了解企业的法治文化风采，以及企业倡导的法治文化建设现状，从而提高企业的知名度，扩大社会影响力，树立良好的新的法治企业社会形象。

（4）完善企业法治管理制度。企业法治文化在制度安排上的表现，最明显的问题就是国家对企业主体地位的相应规定，这是整个社会文化对企业所具有的文化地位和角色的基本认定，也是对在整个法治舞台上企业可以发挥作用的空间的基本界定。我国企业目前在属性上已经吸收、承载和体现了现代经济文明的先进的体制和运作方式，已经基本上融合了世界企业文化和法治文化的基本内涵和要求，也表明我国的企业法治文化已经成为世界企业法治文化的一部分。因此，要高度重视法治管理制度的建立与完善，并以此激励广大员工和各级管理者保护法治环境，实现法治效益和社会效益协调统一。

3. 政府法治行为文化

政府是依法行政的公共管理机构，政府法治行为是政府通过法律、政策、经济、文化等手段建设和保护法治环境，其形式多样，实施的对象也存在差异。公众和企业的法治行为是以政府的法治行为为重要导向的，在法治进程中，政府起着关键性作用。政府是建设法治文明的首要责任主体，是促进社会法治文明的首要履行者，政府法治行为表现在以下几个方面：

（1）实施法治管理

法治环境的保护和建设是一项复杂的系统工程，需要通过具体的行政行为来切实加以贯彻。政府的法治行为大体包括行政法规、行政许可、行政审批、征收征用、行政处罚等行政管理方式和规划计划、行政指导、项目奖励等各种强制性较弱或者非强制性的行政行为方式。

政府最主要的法治行为表现为制定并实施法治建设总体规划。在国家层面，我国在“十三五”发展规划中提出，坚定不移走中国特色社会主义法治道路，加快建设中国特色社会主义法治体系，建设社会主义法治国家，推进科学立法、严格执法、公正司法、全民守法，加快建设法治经济和法治社会，把经济社会发展纳入法治轨道。[1] 在地区层面，各地制定了专项的法治建设规划，将法治建设纳入政府治理全过程，掀起了“依法治×”的高潮。同时，加强法治环境保护立法和执法监督。建立健全法治建设的法律体系，加强执法队伍建设，加大执法检查力度，做到有法可依、执法必严、监督到位、依法行政。

（2）推进法治事业

法治事业为整个法治环境建设活动正常运行与协调发展提供服务，如法治文化建设等，由于这些服务具有公益性质，提供法治服务是政府的职能，发展法治事业成为重要的政府法治行为。

开展法治教育。法治教育有着丰富的内涵，涵盖各个领域的教育层面。政府制定法治宣传教育的规划和年度工作计划；制定法治教育条例和各项规章制度；加强宣传教育队伍基本建设，提高宣传教育工作人员的文化素质和技能；改善各类学校的教学与科研装备和办学条件，保证宣传部门必要的设备和资金投入；组织编写各类法治教育的教材与宣传材料、出版物、影视材料等，完善各级学校教育大纲中的法治教育内容；加强对宣传教育人员的培训，建立宣传教育基金，广开筹集资金渠道。

推进法治文化建设。加强法治文化建设规划与政策制度，出台指导意见，科学编制规划，完善体制机制，增强法治文化建设效果。建立法治文化建设资金投入制度，加强基础理论建设，加强法治文化人才制度建设，强化理论研究，完善法治文化产品创作机制，强化人才保障。创新法治文化建设社会参与机制，完善传播机制，创新社会参与方式，搭建社会参与平台，发展法治文化出版事业。使法治观念融入全社会的各项事业中，促进法治建设融入医疗卫生、劳动就业、社会保障、体育事业、社区建设、旅游事业、人口与计划生育、国际合作等各方面工作中。

人类所处的法治环境及其经济社会发展的物质基础决定人类的法治意识，人类的法治意识决定人类的法治行为。古往今来，人类社会经历了不同的发展阶段，生产力的不断发展使得人类生存、生产、生活能力不断提高，法治意识也随之变化，对法治行为产生了重大影响。迈向法治文明时

---

① 中共中央关于制定国民经济和社会发展第十三个五年规划的建议（辅导读本）［M］. 北京：人民出版社，2015：7.

代，人类经济社会发展和生产力提高依然不会停滞，人类追求公平、正义的法治价值观依然不会改变，作为社会中的一员，人类法治行为必须最大限度地适应人类经济社会发展规律，人类与法治系统是共生互动的，法治系统是人类走向法治文明的必经途径。这是评估人类法治行为的最终尺度，也是法治文化要不断进行理论与实践创新、与时俱进，以其适应性保持永不衰竭的生命力的真谛。

（三）人类法治行为文化的影响因素

从人类历史发展来看，人的法治行为文化随着经济社会发展而发展。人类的法治行为文化并不是简单的变化，在一定时期，有各种法治行为同时存在的情况，即便是当今社会，有人在改善法治环境，也有一部分人在破坏法治环境，但是从人类作为整个群体的角度出发，不同的阶段有着其主要的法治行为方式。

法治行为文化是各种要素综合影响的结果，处于不同环境下的人们，出于不同的目的，选择不同的法治行为，对法治环境产生着不同的影响，且影响因素概括起来主要可以分为外在因素和内在因素两个方面。外在因素主要是指客观存在的社会环境和自然环境，内在因素主要是指人的各种心理因素和生理因素。这两个方面也相互作用，进而反映到行为中。归纳起来，法治行为文化主要受以下几种因素影响。

1. 受环境的影响

环境可以分为自然和社会环境两部分，法治意义上的环境因素对于社会行为有着重要的影响，自然环境影响人的社会心理，决定着人们的生活方式，这种认识和理解，正随着法治环境建设开展而不断加深。历史上居住在平原上的人多以种植为生，生活在崇山峻岭中的人多以狩猎和采集为生，这些由自然环境决定的谋生活动，影响着人们的心理和法治行为。环境甚至可以在极短的时间里，激发人的情感进而使人产生相关的行为，如有些人看见优美的法治主题公园、法治宣传栏，看见庄严肃穆的法院办公大楼，就会油然而生一种对法治的敬畏感，进而可能会产生一种自发的守法行为，这些都体现了环境对人的法治行为的激发作用。

每个人的社会行为和社会思想都会受到他人的行为和特征的影响，我们的法治行为方式不是固定不变的，在与各种人建立各种不同的关系时，我们可能会随时调整自己的行为。人对法治环境实施的行为也会受到他人的影响，而影响的类型不同，有的是对别人行为的追随式的行动，有的是受到别人的规劝或接受别人的思想来实施的法治行为。法治思想与意识的交流影响到法治行为，人们对于法治的态度会因为交流而改变，进而影响到行为。

2. 受经济条件的影响

人类在物质生产过程中既创造了物质的生产方式及物质本身，也创造了与物质生产相适应的意识形态，进而，意识形态再次反映到人的生产方式中，这种往复运行的状况，使得人所处的物质条件与其行为方式（创造物质的方式）逐渐变得统一。人类为了使法治环境符合自身的经济取向，不断创新发展法治环境，改变法治体系格局。如果法治环境不能得到优化，就会阻滞经济的发展，给人类发展带来“瓶颈”；相反，如果经济社会发展相对充分，就会对法治环境的改进提供物质保障，两者相辅相成，相互促进。经济条件与法治行为之间也存在某种升华，在物质条件得到满足的情况下，会萌生其他的追求，这会使人的行为发生改变。

3. 受社会文化背景的影响

文化是在一个特定群体社会生活中形成的，并为其成员所共有的生存方式，其中包括价值观、知识、信仰、艺术、法律、风俗习惯、生活态度及行为准则等。不同社会和民族的文化中有许多内容是带有普遍性的，如音乐、舞蹈等。由于物质条件的差异，不同地域、不同种族、不同群体的人的行为都产生了独特的文化基础和文化解释，在某种文化环境下成长起来的人，他的思想体系中深层精神结构是由文化环境决定的，每一种文化又都有自己的独特之处，这些独特之处源于各自不同的社会化进程，进而产生民族特色及法治行为的多样性。我国长期处于人治社会，与法治社会的要求格格不入，在人治社会背景下，人们的行为更多地表现为一种被动守法的状态，法治所需要的公平、正义、自由得不到很好的实现。最有特色的例证是宗教对于法治行为的影响，佛教主张不杀生，道教讲究天与人的统一，这些都直接影响到法治环境建设和保护。

4. 受自身认识能力的影响

经验是现实人的过去，历史经验塑造了当前，是使现在成为事实的所有理由的集合。而自身的认知能力决定了历史经验的变化趋势，一些人能够在认知中不断调整自己的行为。如对“醉酒驾车、飙车、拒不支付劳动报酬等严重危害群众利益行为定为犯罪”的法律规定，就是在不断地对经验认知进行调整，其中对“醉驾入刑”的规定在社会上引起了强烈的反响，这也是在人们的实践中进行研究总结而确定的。

教育是历史经验形成的重要因素，具有不同教育背景的人对法治活动会采取不同的态度，教育决定认知能力和方法，认知能力的大小决定行为走向。在法治行为文化实践中，政府的主要领导者对当地法治建设起着很大的作用。政府的主要领导者对法治的认知程度会决定该地区对法治建设的重视程度，而这种认知程度在某种程度上是一种能力，是对法治问题认识的深度与广度，即能够将法治问题放到更大尺度的社会经济发展和政策中来定位的知识体系的体现，这种能力往往源于这些领导者的从政经历和所接受的教育，是因人而异的。因此，我们发现，一些地区在进行法治建设，而一些地区却作出损害法治的行为，甚至有些官员还在给别人的法治建设工程扣上“面子工程”的帽子，而自己却什么也不做。在这里需要指出的是，这里提到的认识和认识过程主要是法治认识，同时也包括其他的社会经济层面的认识，包括对客体的认识和对自我本体的认识。

5. 受生物及遗传因素的影响

达尔文的生物进化论比较有力地证实了人类与其他动物在种系发生上的连续性，并由此在当时获得了对人类行为的由来进行解释的无可争议的地位，同时一些社会学家和心理学家也开始将进化论推广到整个社会领域，用生物本能来解释人性、人的社会行为及其他社会现象的起源。① 对于人的法治行为文化的产生，也有确切的证据表明与人的生物和遗传因素有关，但这种相关性往往是通过意识形成的过程来体现的，比如，人的一些喜好和性格，可能在法治行为选择中会产生一定的差异，而这种差异会间接影响到法治结果；再如，人对舒适感的追求，会影响到对周边环境的满意程度，进而会影响到对周边环境的行为。当然，人由于遗传会存在不同的气质，气质会影响对待问题的方式。在法治问题上，一些人会选择过

① 参见 J. G. Oliveira，A. L. Barabasi. Human dynamics：Darwin and einstein correspondence patterns［J］. Nature，2005，437：1251.

激行为，一些人会选择温和的态度，两者选择了完全不同的行为。当然，生物遗传因素与社会因素，两者的作用是综合的。因此，我们在法律制定过程中，往往会照顾到多个社会主体的态度进行适度调整，而这种适度调整并不是由单纯的生物遗传所决定的，其中掺杂了一些更为复杂的社会因素。

（四）法治文化与法治行为文化的偏差分析

从时间维度上来说，法治文化和法治行为文化同样历经否定之否定的过程。但法治文化与法治行为文化并不是平行发展的，往往呈现出协调—不协调—协调的往复发展过程，呈现螺旋式上升的态势。一定时空领域内的法治文化与法治行为文化会出现偏差。法治意识往往先于与之对应的法治行为产生，法治行为又形成新的否定当代法治行为的文化，进而反过来改善法治行为。

人类进入现代社会，法治的出现对国家产生了巨大的影响，人们认识到了法治建设的重要性，1997 年，党的十五大郑重提出了“依法治国，建设社会主义法治国家”的重大战略任务。但此时的法治文化中存在着历史上出现的多种文化的冲突，如专制文化与法治文化的冲突、道德滑坡与法治文化建设的冲突等。进入 21 世纪后，整个社会的法治文化主流已经是倡导和谐共生的法治文明，但是对法治的践踏和破坏也在同时进行。当今社会，我们对法治文化建设环境表示担忧，提高人们法治意识，培育法治文化，这是人类法治自觉的集中体现；但同时，人类又以前所未有的速度和规模践踏法治，使多年建设法治的努力化为乌有。这种自相矛盾的行为产生的根源，可以解释为人类尚未有清醒的觉悟，可以解释为人类迫于发展的需要。值得肯定的是，建设与破坏两种力量不可能一直处于平衡状态，当破坏大于建设之时，对这种建设行为的评价就会从积极转向消极。

法治文化与法治行为文化的和谐统一是社会发展的重要目标。从法治文化的历史来看，法治文化由人类创造并随着人类的进步而创新。这一过程长期存在法治文化与法治行为文化的偏差，并主要表现为主流文化与行为的偏差，这种偏差的出现，根本上是由文化冲突造成的，其中隐含诸多深层次的原因。

第一，法治行为文化受到前期文化的影响。如果我们将人类发展与成长的实践定格在一个特定的历史时期，即从其共性来看，这一特定时期的人类，在创造着法治文化的同时，又在某种程度上，接受着来自前人的法治文化传统的规范和约束。文化是行为规范体系，它规定人们行为应当是怎样的，即他们的义务、责任、权利和权力。对于后人或现在的人来说，前人的文化成果隐藏在一个族群生活方式之下，隐藏在潜在的观念系统、意义系统和规则系统之中，包含着特定时期和特定群体中存在的一些历史性和传承性的通则。这些文化的成果，不可避免地成了一个“强加于人”的强制因素，造成当今社会法治行为文化跟不上先进的法治意识的发展，与经济文化的拜金主义，政治文化的权力崇拜，社会文化中的享乐主义相比，法治文化的公平和正义崇拜显然处于相对从属的地位。因此，主动践行法治文化的行为还没有普及，往往是文化上歌唱法治，行为上毁坏法治。

第二，法治行为文化隐含着不同群体的意识差异。不同种族、不同群体的行为与心理都有其文化基础、文化解释，在某种文化环境下成长起来的人，他的思想体系中的深层精神结构被文化环境决定着，当今社会面临着一个多元的文明带来的文化差异问题。法治文化受政治、经济等因素的影响，表现为不同地区、不同民族、不同宗教的差异，无论在人类历史上还是在当今社会，人类的法治文化都是多元共存的格局，这种多元法治文化共存的格局必然带来行为的差异。多元的文化往往纠结在一起，有相互作用、有融合、有对抗，显示出异常复杂的态势，这就造成了行为层面法治文化的矛盾和复杂。

第三，法治行为文化反映人们性格结构的固有差异。对于那些口中大喊法治建设，但在生活中却作出践踏法治行为的人，哪个才是他们真正的面目？弗洛伊德的精神分析理论认为，人的性格结构包括本我、自我、超我三个层次。本我指本能的、无意识的冲动。自我是本我中发展的，属于意识结构部分，遵循“现实原则”。超我包括良心和自我理想两个组成部分，代表道德标准和生活的理想，遵循“至善原则”。不同的人具有不同的本我、自我、超我，特别是潜意识下的本我，其改变的难度较大。法治行为反映了本我、自我、超我这三个层次，只有三者统一才能表现出法治行为的一致性，否则将会出现自我的法治行为与意识不相同步的情况。

第四，法治行为文化的养成需要一定的过程和能力。社会上有些人既是法治倡导者又是破坏者，他们的倡导行为自始至终只具有“口是心非”的特点。法治文化从被人接受并转化为行为需经过提高法治认知、激发法治情感、树立法治意识这一过程，一般来说，人的主观动机与行为效果应是一致的，但有时会发生知行不合拍的现象，使知行脱节，法治文化建设，就要使人们树立法治观念，并使这种意志形成法治行为习惯。

（五）人类法治行为文化实践不断促进法治文化发展

行为体现为物质基础，文化更多体现在意识形态，法治行为文化对法治文化的作用表现在以下几个方面。

1. 更新法治观念意识

法治观念和意识是从实践中产生的，实践本身就是行为过程，法治观念更新的本源是对法治行为文化的反思和创新，是人类发展观念不断创新的历史。这种创新是源于对实践的把握后，在文化上的自觉提升，是一种应对矛盾的思想飞跃。如当前在我国，在精神文化方面，哲学、艺术等正沿着符合法治文明的方向发展，这是在我国改革开放和经济社会发展的历史进程中形成的，如果这种反思只是始于少数人的话，那么通过新的方式的采用，实现社会物质生产和社会生活“法治化”，法治化的理念和行为方式将走入大众生活之中，这会改变大多数人对于法治建设的观念，由此产生的法治文化将上升到社会价值观层次。另外，通过宣传、教育，也可以提升公众的法治意识，这种提升的前提是在外界主动地介入后，公众会与之共鸣，并可能产生一种法治文化自觉。

2. 改进法治制度文化

法治制度文化是法治文化建设的保障体系，关于法治文化组织运行机制和相关保障的规定对法治文化的健康发展具有重要意义。法治制度文化同样是在法治行为文化中产生和建立的。一方面，法治制度文化建设是一个不断适应法治行为文化的过程，是与法治文明建设相辅相成的，并且在发展中不断融合；另一方面，针对法治文化工作的规范，法治文化建设本身的行为方式和方法是改进法治制度文化的重要实践基础。法治制度文化的建设必须与行为实践密切相关，并且符合其行为目标和规律。

3. 催生法治文化产品

不断推进的法治文化建设的行为实践，增强了法治文化发展活力，在时代的高起点上推动法治文化内容和形式的创新。法治行为文化为法治文化作品提供了源源不断的素材，艺术家创作了许多反映法治建设、群众喜闻乐见的优秀法治文化产品。同时，在艺术表现形式上，法治生活的美、法治心灵的美，通过法治艺术手段传递出真善美，传递了一种向上向善的法治价值观。

4. 丰富法治文化理论

理论源自人类对历史发展进程和实践规律的总结，是观念的延伸。科学的理论，具有与时俱进的创新品格和发展特质。要以其科学的世界观和方法论推动法治文化建设，使其形成与当代法治文明建设的总体思路相呼应的思想体系，以指导法治文化的行为实践。在法治文明建设中不断地丰富法治文化的理论，在政策、法规的建设过程中融入法治伦理、法治道德，形成法治文化理论与实践的全面提升。

第二节　法治文化建设的架构

前一节对法治文化建设的内容之间的逻辑关联进行了分析，法治文化建设应从物质、制度、精神和行为四个层面协同推进，这是一个严密的逻辑体系。如果把法治文化建设看作构建一座摩天大厦，只从法治文化建设的内容结构上研究是不够的，这四个层面的文明成果，就好比是一堆堆建筑材料，而党的十八届四中全会提出了关于依法治国的“新十六字方针”，即“科学立法、严格执法、公正司法、全民守法”，就如同是大厦的设计、施工、验收、使用的过程，也就是从大厦的构建思路开始，到大厦构建完成并交付使用，是大厦释放功能的过程。面对一座宏伟的法治文化大厦，研究建筑材料固然重要，因为它是大厦质量的基础和保障，但是研究大厦的构建更为重要，因为它决定着大厦的功能。我们只有深入了解法治文化大厦的设计理念、构架方式、使用功能和维护保障等，才能更好地利用这座法治文化大厦为法治中国服务。对法治文化建设的架构进行深入研究，有利于对法治文化形成的过程产生深刻的认识。

科学立法、严格执法、公正司法和全民守法构成法治建设的完整体系，它们是架构法治文化的四个主要元素。科学立法是法治文化建设的坚实基础，严格执法是法治文化建设的重要支撑，公正司法是法治文化建设的核心环节，全民守法是法治文化建设的重要保障。

一、科学立法是法治文化建设的坚实基础

分析判断法律的良莠优劣是避免陷入法律形式主义泥潭的重要思想指南。内外兼修、形式备和内容良善相统一的法，才是真正生机盎然、具有持久生命力的法。立法应首先确立立法的指导思想和价值取向，避免所立之法互相矛盾冲撞。科学立法的关键在于设计一套演进的规程以及互相配合的政治机制，做到民主立法与专家立法的科学统一。党的十八届四中全会指出："建设中国特色社会主义法治体系，必须坚持立法先行，发挥立法的引领和推动作用，抓住提高立法质量这个关键。……要把公正、公平、公开原则贯穿立法全过程，完善立法体制机制，"① 这是科学立法最权威的阐述，是法治文化研究科学立法的核心价值所在。

（一）立法要以人为本，立法为民

改革开放以来，我国在总结和吸取历史经验教训的基础上，对社会主义民主和法制建设的认识逐步深化，强调为保障人民民主，必须加强社会主义法制，使民主制度化、法制化。治国理政"还是要靠法制，搞法制靠得住些"。② 在新的历史时期，我们要明确立法以人为本，立法为民的宗旨，这是对立法本质认识深化的结果。认真贯彻落实好习近平总书记系列重要讲话精神，实现经济社会持续快速健康发展，维护好和发展好人民的利益，这是我们党全部工作的出发点和落脚点，也是我国立法工作的出发点和落脚点。立法的根本目的就是解放和发展社会生产力，为了国强民富，为民造福，为实现人的全面发展创造条件。所以，立法要以人为本，立法为民。这是由我国的政权性质和中国特色社会主义本质决定的。

（二）立法要体现改革精神

立法要体现改革精神，必然要求立法决策与改革决策相结合。这样立

---

① 本书编写组．中共中央关于全面推进依法治国若干重大问题的决定（辅导读本）[M]．北京：人民出版社，2014：8.

② 邓小平．邓小平文选（第3卷）[M]．北京：人民出版社，1993：379.

法才能了解改革的目标、任务、方法、步骤与改革中的难点和关键所在。立法才能有针对性地解决改革发展中的实际问题，增强立法的目的性，使制定出的法律法规具有相当的前瞻性，进而增强法的稳定性和完善法的调整功能，更好地为改革发展服务，达到立法目的和效果。

改革开放是党的基本路线重要组成部分，是国家大政方针，是我国走向繁荣富强的必由之路。立法体现改革精神，是我国改革开放和社会主义现代化建设深入发展的必然要求。实际上，在旧的管理体制向新的管理体制转换过程中，立法的任务就是要促进和保障国家管理工作积极稳妥地向新的管理体制转换，实现体制机制的创新和规范化，管理的制度化和法律化。

（三）立法要尊重规律，反映规律

反映规律是我国法律制度建设的本质要求。立法要体现党的主张和人民意志的统一，立法是国家的重要政治活动。因此，立法应当尊重规律、反映规律，为了加强党的执政能力建设，改善党的领导和执政方式，2004 年 9 月 19 日，党的十六届四中全会指出："要结合中国实际不断探索和遵循共产党执政规律、社会主义建设规律、人类社会发展规律，以科学的思想、科学的态度、科学的方法领导中国特色社会主义事业。"①

社会生活实践表明，一切事物都是在其内部矛盾运动中发展的。立法就是在事物内部矛盾运动中，找出规律、反映规律和实现规律的具体办法，这样立法才能科学有效地解决经济社会发展中的实际问题。立法工作者在立法实践中认识规律、反映规律的能力和水平，直接关系着甚至决定着立法质量。所以，在认识规律和反映规律这一问题上要做扎实细致的工作。在新的历史条件下，要坚持和发扬我国立法实事求是、尊重规律、反映规律、审慎立法的优良传统。

（四）立法要提高理论思维和战略思维的能力和水平

立法是当今世界各国普遍重视的一项活动。立法对于国家的发展和进步、社会的繁荣和安定，具有重大的作用和意义。当然随着经济社会的发

① 中共中央文献研究室．十六大以来重要文献选编（中）［M］．北京：中央文献出版社，2006：274-275.

展，立法会遇到不同的新问题，涉及社会上不同群体的利益划分和调整，涉及每个民众的切身权利，因此，立法需要从历史和全局发展的战略高度，积极妥善地研究解决问题。

随着我国改革开放和社会主义现代化建设的深入发展，立法需要站在新的历史起点上，运用宽广视野、历史发展的战略眼光，力求做到审时度势、兴利避害。努力提高理论思维、战略思维、辩证思维和创新思维的能力和水平，对做好立法工作，建设中国特色社会主义法律制度，具有重要作用和现实意义。

（五）科学立法、民主立法不断完善和发展

我国社会主义事业深入发展，不断向国家法律制度提出新的要求，有力带动我国立法向科学立法、民主立法方向深入发展。

我国立法应坚持科学决策、民主决策，不断完善公众参与、专家论证与立法机关相结合的决策机制，实行立法工作者、执法工作者和有关专家完美结合，建立健全专家咨询制度。集思广益和多谋善断历来是我国治国理政的宝贵经验。在新的历史条件下，这一宝贵经验对我国立法具有重要指导意义。我国立法坚持从实际出发，贴近实际、贴近群众和生活，不断改进和完善科学立法、民主立法的决策和运行机制，不仅使我国制定的法律法规具有广泛而坚实的群众基础，吸纳众人的经验和智慧，有效提高立法质量，而且由于人民群众广泛地参与立法活动，为法律法规的顺畅实施，创造了有利的条件，收到较好的立法效果。

在立法中，要由重权力轻责任，向权力和责任并重、相互制衡转变；由重义务轻权利，向权利和义务并重、相互协调转变；由重实体轻程序，向实体和程序并重、实体和程序应当合理衔接转变；由重目标轻实效，向目标和实效并重转变。立法不仅要有正确的立法思路，而且需要有好的立法技术。随着国内外形势的发展变化，立法思路必然要随之进行调整，要朝着科学合理的方向深入发展。

（六）推进法律制度创新

中国式现代化建设，在新的历史起点上跨入了更加辉煌的征程，决定了国家法律制度建设必须重视创新。解放思想、转变观念，是实现法律制度创新的思想基础和前提。否则，法制创新就无从谈起。

实现法律制度创新，是极其复杂的科学思维活动，既需要有开拓精神、创新意识，又需要有尊重实际、反映规律的科学态度、严谨作风和求实精神，而且要有扎实的智力支持。正如邓小平同志所说："只靠坚持社会主义道路，没有真才实学，还是不能实现四个现代化。"① 实现法律制度创新，必须善于学习和思考，既要有锐意创新精神，又要有理论储备、知识和经验的积累。具备了创新的基础条件，法律制度创新就会伴随经济社会发展不断前进。立法实践表明，立法理论的发展完善和成熟，是法律制度发展完善和成熟的理论基础和根本标志。

二、严格执法是法治文化建设的重要支撑

严格执法就是依据法律赋予的工作职责，忠实履行、不走样、不失职。作为国家行政权力执行机关，其根本宗旨就是执行人民的意志，实现人民的诉求，维护人民的合法权益。严格执法是法治文化架构的重要组成部分，是社会主义法治建设的一项艰巨任务。人民政府是国家的行政执法主体，是人民群众权益的重要保护者。政府执法状况的情况如何，与人民群众的利益息息相关。因此，人民政府必须下大气力坚决克服执法不严、违法不究的现象，防止产生"破窗效应"，② 使严格执法真正落到实处。

（一）严格执法的体制改革

科学、高效的执法体制，是确保严格执法的关键。党的十八届四中全会明确提出"深化行政执法体制改革"的任务。因此，应从以下几个方面推进执法体制改革。

第一，整合执法机构职能。执法机构的设置及其职能配置，是行政执法体制改革的关键，执法机构职能改革需要立足国家治理需求。首先，要使执法机构设置从"部门需求"导向转为"社会需求"导向。执法机构在

① 邓小平．邓小平文选（第3卷）[M]．北京：人民出版社，1993：262.

② "破窗效应"又称"破窗理论"，其含义是，一扇窗户被打破，如果没有修复，将会导致更多的窗户被打破，甚至整栋楼被拆毁。由美国政治学家詹姆士·威尔逊（James Q. Wilson）和犯罪学家乔治·凯琳（George L. Kelling）观察总结的这一理论指出，环境可以对一个人产生强烈的暗示性和诱导性。"破窗理论"给我们的启示是：任何一种不良现象的存在，都在传递着一种信息，这种信息会导致不良现象的蔓延和扩展。所以要高度警惕那些看起来是偶然的、个别的、轻微的"过错"，否则会纵容更多的人"去打烂更多的窗户玻璃"，就极有可能演变成秩序崩溃的大恶果。所以，对违法的行为应当"零容忍"，并且在第一时间加以纠正和打击。

过去通常由执法部门提出申请，经审定后设立，这种设置很容易夹带部门利益，使得相关的执法权限相互重叠或冲突，有的领域则缺乏具体的执法责任主体。改革的方向就是以“社会需求”为导向设置执法机构，努力回应社会治理和公众需求。其次，执法机构职能从以“事权”为中心转为以“功能”为中心。以前的行政执法权按照领域的不同被配置给不同的政府部门。按照“事权”而非“功能”配置执法职权，使得执法部门内部自成体系，同一大类的执法权力趋于分散化，既有重复监管，又有监管盲点，难以形成公共治理合力。近年来，国家推行大部制改革，将职能相近、业务雷同的执法部门有机整合，消除横向执法权力的分割与交叉，实现执法职能的科学配置。最后，执法机构内部建立决策、执行和监督适度分离的组织体制。目前，我国行政执法部门内部权力高度集中，缺乏分权制衡，容易产生执法腐败。因此，我们除了在外部系统整合执法权的配置，还需要从执法部门的内部视角，按照决策、执行和监督适度分离的目标，重新架构行政执法组织体制，实现依法民主决策、科学有效执行、严格中立监督。

第二，推进综合执法改革。综合执法指由一个执法部门在合理的管理范围内，综合行使多个执法部门职权的行政执法制度。在行政执法领域，因为执法权力配置的分散，经常出现多个执法部门管理一件事情的现象。执法权被过度分解的结果是机构的膨胀、权力的过度分散以及效能的低下，综合执法改革就是要消除这些弊端。从体制上看，综合执法不仅强调执法权的集中，还强调人员、编制、经费以及相关职能的转移，其重心在于集中相近职能，合并执法机构，减少中间层级，杜绝交叉冲突和多头执法。除了扩大相对集中执法的范围，建立相对集中的统一执法体制，综合执法改革还需要形成部门协同执法的机制。总之，无论在权力配置上如何泾渭分明，现代公共管理是日趋复杂的精细活，执法部门的职责边界很难完全划分清楚，尤其是一些公共治理顽疾的处理，离不开多部门协同执法，综合治理。只是与以往执法权简单交叉重复不同，综合执法改革在建立集中执法体制的基础上，要着眼于外围执法权的综合效能，建立必要的部门执法协同机制，以提高行政执法的整体效果。

第三，健全基层执法组织制度。由于我国行政执法机关主要作为政府部门设置，客观上层级较多、力量分散，多数执法力量浮在省市一级，而基层尤其是乡镇一级政府缺乏应有的执法力量。党的十八届四中全会提出要减少执法层级，重点加强基层执法。因此，将执法重心下移，健全基层执法制度，也是执法体制改革的重要环节。首先，针对行政执法机构分层级设置，需要依法明确不同层级各自的执法范围和权限，厘清其工作任务，以此为依据和标准配备执法力量。这项改革的目标是为行政执法体系“消肿”，改变“大机关”的臃肿结构，真正将执法力量配备到一线执法岗位。其次，减少行政执法机构层级。在行政执法组织体制当中，执法机构的层级设置是否科学，直接影响执法效率和成本。根据现代公共治理需要，世界各国行政体制改革的方向是扁平化结构，尽量减少结构设置的层级，将可以放到基层的执法事项下放到基层实施。最后，充实基层执法组织力量。根据执法组织力量与执法任务相匹配的原则，在减少层级的基础上，应当将人力、物力、财力向基层倾斜，以实现执法力量配置的均衡性。因此，要通过组织立法，把人员编制、职权、经费、装备真正配备到基层一线，并不断提高基层执法队伍素质，提升基层执法质量。

第四，完善执法人员管理制度。为防止执法者可能根据不同场域中成本收益的计算，而采取与政府立场不一致的个体化行为，严格执法就离不开完善的执法人员管理制度作保障。一是执法资格准入制度。近年来发生的一些恶性执法事件很大程度上与一些不称职的执法人员从事执法有关。建立统一的执法资格准入条件，将执法者纳入法律职业共同体的资格管理体系，才能杜绝不称职执法人员的行为。为此，应严格执法人员持证上岗和资格管理制度，未取得执法资格的人员不得从事执法工作。二是执法人员培训制度。加强执法人员思想作风建设，全面提高执法人员政治素质；建立执法人员法律专业素质培训机制，提高其运用法治思维和法治方式解决执法中突出矛盾和问题的能力；加强本部门、本领域的业务知识培训，适应现代社会执法的专业化需求，建立复合型专业执法队伍。三是执法绩效考核评价制度。应设计科学合理的考核评价指标体系，健全执法绩效考核评价制度，将考核结果作为执法人员奖励惩处、晋职晋级的重要依据，将以自律为主的内部评判监督机制发展为自律与他律相结合的开放式评判监督机制，形成严格执法、公正执法、文明执法的激励机制。四是执法责任制度。确定不同部门及机构、岗位执法人员的具体执法责任，建立健全严明的执法问责机制。

（二）严格执法的程序完善

严格执法离不开规范完善的程序作保障。目前，我国行政程序立法缺失，部分执法行为在程序规范上无法可依，不遵循法定程序的执法还缺乏有效的监督，从而在实践中造成执法失范等现象。严格执法本身就包含严格依照法定程序执法。因此，完善行政执法程序，通过程序实现对执法行为的规范，是提高执法质量、促进法治文明的重要内容。

第一，程序对执法行为的标准化控制。通过环环相扣的程序，实现对行政执法行为的过程控制，以推进执法顺利、合法运作，实现行政执法权的立法目的。首先，对执法合法性的标准化控制。严格执法的前提是依法执法，依法执法除了执法主体、权限、内容合法之外，还必须程序合法，这些都必须在执法过程中通过程序标准来检测。程序法为行政执法权设定严格的运行规则，将各种执法行为的方法、步骤等通过制度固定下来，以约束行政执法过程，保证行政相对人享有最基本的程序权利，防范行政执法权的滥用。其次，对执法效率的标准化控制。程序法本身蕴含着效率功能。行政程序法是对行政执法实践的科学总结，能够以高度的科学性、规范性、权威性维护行政执法权力，并以严格的时限性要求解决办事拖拉、扯皮等问题，提高行政执法效率。最后，对执法正义的标准化控制。执法程序本身具有独立的价值，在实现程序正义的同时追求实质正义。行政程序法通过确认并保障行政相对人参与性权利，实现行政执法的程序正当。为了追求客观、理性、公正的决定，必须有程序法的规范，使人们能够预见到政府的行为，减少行政裁量行为的错误，从而科学合理地实现实体法。只有完善执法程序，才能保证执法的实质正义。

第二，行政程序立法的完善。目前，我国行政程序立法的系统性不够，精细化程度不高，执法程序的公开透明度不强，导致执法不严密、不规范、不文明等问题的出现。推进严格执法，需要对现有的行政执法程序进行完善，致力于执法程序的法定化、精细化、公开化，不断加强行政执法程序制度建设。从已有的行政程序立法现状来看，行政程序的单项立法所涉及的范围过窄，很多与行政相对人权益相关的重要执法程序还稍显不足，因此，我国加快制定统一的行政程序法典势在必行。行政执法一般程序规范的制度化、法律化的条件已经基本成熟，应当积极创造条件推动统一行政程序法的立法进程，在整体上将正当法律程序、信息公开等基本程序法治原则贯彻到所有行政执法过程当中。同时对重大决策程序、具体执法流程、应急执法程序、特别行政程序、法律责任和救济机制等作出系统规范。在行政程序立法过程中，尤其要讲求精细化和公开化要求。严格执法程序规范的精细化意味着要从细节入手，执法程序不仅要有原则性的规定，更要有具体的规定，不能预留程序漏洞。严格执法程序规范的公开化要求让公众了解行政执法的运行程序，使得每个执法阶段都处在可查阅的公开轨道上，以信息化手段实现行政执法的透明化、民主化，强化行政执法的程序正义。

第三，规范执法自由裁量权。行政执法面对瞬息万变的社会生活，不可能完全按照既有规则实现格式化治理，无论是立法的滞后性局限还是执法自身的特点，都使得在行政执法中必然存在一定的自由裁量空间。行政实体法不得不赋予行政执法主体一定的自由裁量权。为了防止自由裁量权的膨胀和滥用，规范自由裁量权的行使权责/尺度重任便落到了行政程序法上。实践证明，自由裁量权并不可怕，只要从程序上为其确立完善的规则，确保自由裁量权运行在规范、公开的程序法治轨道上，就能大幅降低执法裁量的随意性。程序法对执法裁量权的控制重心，一是健全完善执法自由裁量权的标准，针对立法设定的每一项裁量权，细化其实施条件等，用细化的规则来压缩执法者的裁量空间，防止执法机关规避程序、滥用权力；二是加强执法自由裁量权的运作控制机制，建立执法公开和科学的考核评价办法，使得行政执法的自由裁量权在阳光下运行，通过考核促使自由裁量权的行使符合比例原则和立法目的；三是加强执法自由裁量权的事后监督，通过严厉的责任追究，倒逼执法者依法行使自由裁量权，防范执法者滥用权力。

（三）严格执法的考核监督

实行执法责任制，加强对执法部门和执法人员的考核监督是严格执法的根本保障。科学严格的考核监督，能够形成合理的执法激励机制。

第一，构建科学的执法考核评价体系。这是确保执法规范化建设的重要环节，也是加强对严格执法监督的重要方式。一是在严格执法评价体系的建构上更加系统规范。应当加强顶层设计，实行行政执法考核评价的统一立法，对评估原则等元素进行规定，以形成科学、规范的执法考评评价体系。二是在严格执法评价体系的内容上更加立体多元。构建立体多元的技术指标，才能从不同方面多维评估执法运行状况，避免偏失。三是在严格执法评价体系的实施上更加开放中立。评价体系的设计应立足人大体制和民主社会背景，广泛征求民意，评价体系不仅包含执法系统内部的考核评价，而且突出社会对执法的外部评价；评价的具体实施可以寻求中立的第三方力量，以科研院所或人大机构主导执法评估，采取定量与定性的评估方法，尽量保持评价的客观中立。四是在执法考核评价的结果运用上更加客观理性。将由执法机关内部的行政控制手段，转变为合乎法治规律的执法行为激励机制，避免陷入唯数据论的政绩观陷阱，并通过信息公开和问责机制，强化考核的社会监督功能，真正作用于严格执法的规范化建设。

第二，健全严格执法的人大监督。一方面，要落实人大监督职责。在实际的工作中，人大在监督政府特别是具体行政执法方面还不得力。因此，必须在人大监督行政执法上出台实施细则，针对执法中人民群众反映强烈的普遍性问题，进一步激活人大的质询和特定问题调查制度，设计出严密可行的监督程序，让人大的监督职权真正落地。另一方面，要健全人大监督机构。目前，各级人大中没有专门的监督委员会，加上各级人大常委会工作繁忙，人大监督几乎成了人大代表们个人对行政执法的监督。个人的力量有限，仅通过人大代表个人对政府的执法行为进行监督显然是不够的，因此，可以在各级人大设立专门的监督委员会，作为人大监督执法行为的常设机构，对政府的行为依法进行监督。

第三，加强严格执法的内部监督。与司法、检察机关不同的是，行政执法机关是典型的行政组织，采取自上而下的控制方式，这使得执法监督最有力的方式往往是内部的层级监督。但是情况并非如此，因此改革行政执法内部监督体制机制至关重要。首先，要完善内部监督法规制度。在内部监督的立法上，多依据规章、规范性文件甚至本部门的惯例。因此，要从立法上将行政监督法制化，从而将权力的行使用明确的法律规定下来，达到监督执法行为的目的。其次，改革内部监督组织体制。由专门机关来对执法部门的行为进行监督，这样，便于了解具体的行政执法情况，公众认为执法不公时可以向其投诉，也可以在纪检监察体制改革中，融入对严格执法监督的机制设计，通过提高纪检监察机构的独立性强化对严格执法的监督。最后，严格落实行政执法责任制。执法责任制是实现行政执法权责一致的关键制度，也是倒逼执法者依法执法的重要机制。因此，要严格落实执法责任制，重点是公开权责清单，将问责程序法治化、透明化，防止被问责的官员无故东山再起。

第四，强化严格执法的检察监督。长期以来，我国的法律监督基本停留在诉讼领域内，将检察权对行政权的监督缩减为诉讼监督，不能满足规范行政权正当运行的需要，因此需要进一步从制度上畅通监督渠道，确立高效权威的监督制度。一方面，建立行政公诉制度。相对而言，《中华人民共和国行政诉讼法》对于行政执法的监督功能十分有限，现实正发生的国有资产流失、环境污染等执法违法或失职渎职现象十分普遍，但由于缺乏直接的利害关系人而难以进入司法监督。建立由检察机关作为原告的行政公诉制度，由检察机关代表国家通过行政诉讼实现对行政执法的司法监督，更有助于维护国家法律的实施和法制的统一，达到维护法律秩序的效果。另一方面，完善检察建议制度。检察建议是针对行政执法活动的一种综合性的检察监督方式。为提高检察建议对行政执法的监督效果，应进一步完善检察建议适用的一般规则，包括检察建议应当遵循的原则等，对检察建议采纳情况进行跟踪了解以及检察建议在检察院内部的归口管理等内容。

第五，推进严格执法的社会监督。一方面，完善新闻媒体舆论监督。目前我国新闻媒体的监督作用还需进一步发挥，有的媒体监督在利益引诱下职责失范。因此，既要立法保障新闻记者的采访报道权利，确保新闻记者能够畅通无阻地监督行政执法行为，又要依法规范新闻媒体的报道，防止出现“新闻腐败”。另一方面，保障公民的自媒体监督。公民监督应当在监督政府执法中起着很大的作用，但是由于种种原因，我国公民监督的效果相当有限。因此，需要依法保障公民利用自媒体的监督权，防止出现监督行为出格。对于行政机关而言，应当主动满足并有效回应公民监督的诉求，在寻求良好的官民互动中提高执法的规范化、文明化水平，凝聚严格执法的权威性与公信力。

三、公正司法是法治文化建设的核心环节

司法是调整社会关系及秩序的总开关，是法律实施的核心环节，是实现法律公正的操作环节，是维护社会公平正义的最后一道防线，是法治中

国建设的重中之重。司法公正在法治文化构架中举足轻重。司法的职责就是维护法治秩序，捍卫法治权威。通过司法活动的展开，向广大人民群众传播法治理念，宣示法律神圣不可侵犯，任何人违反法律都必须受到法律的严惩。司法公正需要科学立法作为基础，需要严格执法作为依托，需要全民守法作为支撑，因此法治文化架构的各个方面是一个逻辑严密、互为因果的关系，只有各方面都能够严格按照法治的轨道运行，才能形成完整无缺的法治文化体系。

（一）增强司法公开透明度，使司法在阳光下运行

公正司法的前提是司法公开。司法公开是破除司法神秘的时代要求，司法必须完全置于阳光之下，让证据事实说话。这有利于强化广大司法人员的责任心，形成自我提升的倒逼机制，努力加强自身能力建设。面对信息化、新媒体的迅速发展和人民群众日益增长的权利意识、监督意识，老百姓不仅要知道“怎么样”，而且要知道“为什么这样”。公布办案流程、法律文书和执行信息，有利于人民群众看见司法人员付出的努力，明白案件为什么这样裁判，这样才能取信于民，赢得人民群众对司法工作的理解和支持。

党的十八届四中全会指出：“构建开放、动态、透明、便民的阳光司法机制”[①] 使司法公开成为常态化。首先，深化司法公开，转变观念是基础。关键是要真正树立主动接受监督的观念，认识到司法公开不是司法机关法外施恩，不是额外的工作，而是法律赋予公民的权利，是司法工作的重要组成部分，是司法机关应尽的职责任务。其次，深化司法公开，制度建设是保障。只有通过以公开为核心建立健全一整套对内优化管理、对外接受并落实监督的制度规定，才能赋予司法公开强大的生命力。要完善权利义务告知制度、执法和诉讼文书说理制度、案件公开听证制度、社会参与制度，以及新闻发布和情况通报制度等，促进司法公开工作规范化、制度化。同时，建立司法公开的科学考核评价机制，建立督导制度，加强督促检查，严格落实责任，确保各项公开措施得到不折不扣的落实。[②]

尽管司法公开原则随着法治建设进程的加快发生了时代的变迁，但从

---

① 中共中央文献研究室．十八大以来重要文献选编（中）［M］．北京：中央文献出版社，2016：190.

② 中国法学会．法治中国建设问答［M］．北京：法律出版社，2015：186.

目前来看，公开性、透明性依然不足。现代法治国家的经验表明，要充分发挥司法公开促进司法公正的重要推动作用，司法公开原则有必要通过媒体适时、适度、客观、真实的报道来实现，没有媒体公开司法事实和过程，也就没有司法正义而言。

（二）实现司法独立行使，促进社会公平正义

党的十八届四中全会指出："各级党政机关和领导干部要支持法院、检察院依法独立公正行使职权。建立领导干部干预司法活动、插手具体案件处理的记录、通报和责任追究制度。"① 并且对违反规定的行为作出了处理规定。这些措施为实现独立行使司法权提供了重要的支持。

目前，法院、检察院在省以下国家体制中，党委和政府习惯把这两家司法机关作为普通行政机关对待，在各种重要场合的排名上也往往靠后。加上前些年政法委对司法机关从案件到人员，管得过宽过细，有些地方甚至直接插手案件审理，审判权独立、检察权独立还面临不少障碍。司法机关不能独立行使司法权，使宪法的规定实际上被架空，带来最大的危险就是污染了法治源头，"生产"了冤假错案，最终导致人民群众得不到司法的救济。现在被媒体广泛披露的重大冤假错案，多数背后都存在干预独立司法的隐情。这些现象都严重动摇了宪法、法律权威及司法公信力。

实现独立行使审判权和检察权，在我国法律制度层面已经不存在障碍，问题是怎样排除来自外部对司法的干扰？仅靠司法机关自身的努力是无济于事的。当法治还没有成为人民生活习惯之前，还离不开党委政府的全力支持。党的十八届四中全会指出："改革司法机关人财物管理体制，探索实行法院、检察院司法行政事务管理权和审判权、检察权相分离。"② 这些举措对于排除司法干扰，实现独立行使司法权将会产生深远影响，必将给社会和人民带来福祉。

从构建法治中国全局利益出发，各级党委人大政府都有责任为司法机关排除干扰，作为维护法治的分内工作职责，积极主动做点实实在在、看得见、摸得着的工作，这对于实现公正司法无疑是建功立业之举。司法权

---

① 本书编写组．中共中央关于全面推进依法治国若干重大问题的决定（辅导读本）［M］．北京：人民出版社，2014：21.

② 本书编写组．中共中央关于全面推进依法治国若干重大问题的决定（辅导读本）［M］．北京：人民出版社，2014：22.

的独立行使，绝不仅是司法机关自身的事，而是法治中国的总体利益所在。司法权的独立行使不是司法机关要争取自身什么权利，而是世界法治的经验所在，是中国法治建设的迫切要求。司法权的相对独立理论，是架构中国特色社会主义法治文化的核心内容，是维护法治权威的理论武器。政府机关、权力部门都有支持的责任，领导干部都有不干预司法活动的义务。

（三）造就与公正司法相适应的司法队伍

哈耶尼说过："对正义的实现而言，操作法律的人的质量比其操作的法律内容更为重要。"① 这说明司法队伍在法治建设中的特殊地位。试想一下，再好的法律如果没有一流的司法队伍，那也只能是一纸空文，毫无生命力。目前，我国已经形成了一支基本合格的司法队伍，法官、检察官基本都是受过法律高等院校培育、具有法治专业知识的人才，其中不乏具备博士学位的高素质人才。法官、检察官对法律的担当、对司法尺度的把握、对定罪量刑标准的把握、对自由裁量权的把握，都已经具有很强的判断力、掌控力，法官、检察官已经告别不请示报告就可能出错的低水平时代，依法把审判权、检察权放心交给他们的时机已经成熟。但是，这支队伍还处于上升发展时期，对这支队伍的司法业务培训教育，还是一项长期的艰巨任务。尤其是运用多种手段缩短案件审结周期，科学化解人案矛盾，还是我国司法队伍建设的重要环节。

除此之外，我们还要注重法官队伍的整体建设，使这支队伍在国家的整体架构中处于适当的地位，能够使司法人员享有职业的尊严。对于司法队伍中反映强烈的问题，比如案件剧增导致的法官、检察官人少案多的问题，法官、检察官审理案件受制约层面多的问题，法官、检察官的薪酬与付出不成比例的问题，都是客观存在的，这将直接影响法官的工作积极性，不利于实现公正司法。

（四）加强对司法活动的监督，确保司法权公正行使

不受监督的权力必然导致腐败。权力具有天然的扩张性，必须关进制度的"笼子"里。司法权作为一项公权力，为了防止腐败和权力滥用，必须完善监督制约机制。对司法权的监督制约，包括法律监督、社会监督和

① 李汉昌．美国民事审前程序中值得借鉴的几个问题［J］．法学评论，1988（6）．

舆论监督。我们要综合运用这些监督手段，强化对司法活动运行的监督，防止司法腐败，维护法律权威。要通过法律监督、人大监督，维护我国刑事民事法律的执法尺度统一性、量刑幅度一致性和同罪同判的司法结果。党中央高度重视对司法活动的监督。党的十八届三中全会明确提出，加强和规范对司法活动的法律监督和社会监督。党的十八届四中全会进一步提出，完善检察机关行使监督权的法律制度，加强对刑事诉讼、民事诉讼、行政诉讼的法律监督。

随着人民群众法治意识的增强，互联网等新兴媒体迅速发展，强大的舆论力量推动着社会文明进步。当代司法实践表明，要实现司法公正，尤其要注重媒体对司法公开的监督。媒体监督司法审判的公正性，曝光司法人员徇私枉法的个案，达到杀一儆百的效果，从而使整个社会实现公平公正。司法公开与媒体监督具有相同的法律价值观，因此媒体对司法公开、推进公正司法没有本质对抗。一方面，媒体监督可能会影响司法独立，使司法审判可能更多考虑社会反响，从而在运用法律裁判上受到一定的影响；另一方面，离开媒体监督的司法可能会导致腐败和司法不公，司法审判离开媒体监督，一些冤假错案就可能会发生，法官的自由裁量权就给徇私枉法者开了绿灯，有了贪污腐败的空间。

党的十八届四中全会明确提出，司法机关要及时回应社会关切。规范媒体对案件的报道，防止舆论影响司法公正。一方面，司法机关及时回应社会关切。司法机关要转变观念，克服“恐媒”等错误观念，把媒体作为促进司法公正的驱动力，建立健全新闻发布制度，与媒体建立常态沟通联络机制。同时，建设一支政治过硬的新闻发言人队伍，培养准确把握公众需求的敏锐性，提高与媒体沟通的能力。另一方面，规范媒体对案件的报道。综合考虑舆论监督和司法活动的规律性要求，按照既保障公民言论自由和新闻采访报道权，又不妨碍侦查破案和公正司法，不侵害当事人隐私权的原则，对案件新闻报道进行规范，使舆论和司法形成追求公平正义的最大合力。

四、全民守法是法治文化建设的重要保障

国家的法律制度的建立、法律的实施，都离不开民众的力量，都少不了公民的参与。培育公民守法意识具有很重要的法治价值，好的法律制度、优秀的执法队伍、美好的法治环境，没有广大公民的守法意识，都难

以得到有力的实施，法治的魅力也难以张扬。

全民守法是中国特色社会主义法治建设的起点也是终点，起点带给我们信心和期盼，终点带给我们前进发展的动力。有了全民守法这个起点和终点，任何法律制度的建设和法治文化的发展，都具备坚实的群众基础，都有了广大人民的期待和尊崇，都显得法治的步伐更加有力量。全民守法是构建法治社会崇高的理想境界，需要法治文化的引领，需要通过法治文化渠道营造人人参与的法治理想氛围，达到法治的理想高度。

（一）强调所有党员和国家公职人员带头遵守法制

党员和国家公职人员的思想意识和行为准则,是民众认识党和政府的参照因素。党员和国家公职人员对守法的态度和言行,直接影响群众对法治的信任度和尊崇度,是人民群众能否自觉守法的榜样。党员和国家公职人员带头学法尊法守法用法,是在党的领导下全面推进依法治国的题中应有之义,能否在法治建设上作表率,直接关系法治权威的树立、法治秩序的形成、法治实践的成效。党员和国家公职人员要适应建设法治中国的新要求,在学法上更加全面深入,在尊法上更加坚定自觉,在用法上更加积极主动,在守法上更加严格自律。尤其是高级领导干部,更应该内化于心、外化于行,带头养成遇事用法、办事依法、解决问题靠法的工作习惯,努力做法治型领导干部,给民众不断增添守法信念。党员和国家公职人员的守法状况应该成为其提拔任用的重要考察内容,逐渐构架起依法治国的法治通道。

（二）构建单位、社会、家庭三个层面的守法意识培养圈

单位、社会、家庭是每个公民每天都不可脱离的三个重要生活环境，实行对全体公民的守法意识教育培养，无论是哪一个场所都是不可或缺的。要发挥政府机关、企事业单位、人民团体在法治文化建设中的优势，激发其积极性，建立健全单位参与社会事务、维护公共利益、救助困难群众、帮助特殊人群、预防违法犯罪的机制和制度化渠道。重视社会组织对全民守法的作用，尤其要抓好村委会、居委会和社区村民居民守法意识教育，不断增强他们的法治信仰，增长他们的法律知识，培养他们的法治观念，使广大农民和城市居民在没有法治宣传盲区的情况下，稳步提高全民守法意识。要倡导家庭成员之间传授法律知识，督促家庭成员养成依法办事的行为习惯，形成遵守法制、遇事找法、解决问题靠法的良好家风。

（三）实现全民守法教育进学校、进课堂

邓小平曾指出，要“在全体人民中树立法制观念”，“加强法制重要的是要进行教育，根本问题是教育人。法制教育要从娃娃开始，小学、中学都要进行这个教育，社会上也要进行这个教育”。[①] 抓好各年龄段学生安全普法教育，把全民守法的内容编写进教学大纲，把全民守法教育列为国家教育体系。从小培养孩子的守法意识，才能从小培养起人的守法行为习惯，并且使这种习惯不断延续、提升，最后形成法治思维惯性。使经过小学、中学和大学教育的下一代，都能够自觉尊崇法律、维护法律、学习法律，成为社会主义法治的合格接班人。引导全民自觉守法，在社会治理过程中，在立法、执法、司法和守法等各个环节，开展法治宣传，才能彰显法治的力量，使社会得以良法善治，切实保障公平正义，推动法治建设不断进步。

（四）建立完备的法律服务体系

建设公共法律服务体系。这是每一位公民都有的基本权利，并且都会平等地得到法律的保护，任何组织或个人都无权干涉或阻挠。在我国，公共法律服务是由司法行政机关统筹提供的，目的在于维护公众的权益和利益，使人民群众安居乐业，让人民群众体会到社会公平正义。在现有社会环境之下进行公共法律服务体系建设，就要整合各种资源，拓展多层次、多元化法律服务领域，形成覆盖各级的公共法律服务网络。做好与全面深化改革密切相关的法律服务工作，做好保障和改善民生的重点领域的法律服务工作，健全完善法律服务人员参与信访、调解、群体性案件处置的工作机制。同时，加大对公共法律服务体系正常运转的保障，积极推动将公共法律服务所需经费列入财政预算，将公共法律服务事项纳入政府购买项目，全力促进基本公共法律服务常态化、可持续发展。

完善法律援助制度。我国的法律援助制度起步比较晚，近些年出台了各类法律制度，使法律援助覆盖面逐步扩大，保障能力有了显著增强。随着我国经济社会不断发展和民主法治进程加快推进，法律援助在实施过程中暴露出了一些亟待解决的问题，如法律援助经费缺乏、人员不足、队伍素质差等。因此，加强法律援助工作任重而道远。目前，需要从以下几个

---

① 邓小平．邓小平文选（第 3 卷）［M］．北京：人民出版社，1993：163.

方面推进：一要积极做好为困难群众提供法律援助的工作，困难群众是特殊群体，当其权益受到侵犯时，往往因为缺乏法律知识和资金，存在着个人利益受到损失的风险，因此，从工作重点上扩大法律援助覆盖面。二要深化法律援助便民服务，提高法律援助服务质量，这是“为人民服务”和“以人为本”理念的体现，要使法律援助服务真正发挥其功能。三要完善法律援助工作制度，强化法律援助监管职能，任何一项工作若无监督，就会面临流于形式的风险，因此，做好法律援助监管势在必行。

建立健全司法救助体系。司法救助制度是审判机关在民事诉讼、行政诉讼中，通过对当事人缓交、减交或免交诉讼费用的救济措施，减轻或者免除经济上确有困难的当事人的负担，保证其能够正常参加诉讼，依法维护其合法权益的法律制度。司法救助制度是现代司法文明的产物，也被作为一个国家法制完善程度的衡量标准。由于我国对司法救助制度的研究起步较晚，确立的时间不长，还存在不少问题，因此需要从以下几个方面完善司法救助制度：一要完善立法体系，制定专门的司法救助法，将司法救助的对象、机构、内容、标准、方式以及程序等以法律的形式确定下来，与相关法律体系相衔接，明确司法救助的职责主体。二要扩大救助对象，确保求助权益。三要增加司法救助方式，拓宽司法救助的途径。四要建立司法救助的经费保障机制。

（五）构建全民守法的科学考评机制

牢固树立全民守法的权责统一观念，加强各组织的守法信用记录，建立与市场经济体制相适应的个人守法诚信记录，并配套相应的保障机制，建立违法惩治机制，使守法成为各级组织和个人的内心追求和自觉行动。使法治在社会生活中发挥积极作用，运用法治手段解决涉及道德领域的突出问题，使人们养成一种尊法、守法、学法、用法的良好习惯。增强法治的道德底蕴，强化规则意识，彰显公序良俗，弘扬中华优秀传统文化。

党的十八大报告中提出“科学立法、严格执法、公正司法、全民守法”的十六字法治建设方针，表明中国特色社会主义的法治建设进入了全新的历史阶段，是我国法治建设的重要里程碑。这极大地丰富了社会主义法治文化的内涵，为法治文化加快建设步伐奠定了深厚的理论基础，具有深远的历史意义，开启了法治文化建设的全新征程。

第六章

构建选择：法治文化建设的路径

法治文化作为人类法治实践的产物，是不断发展的。法治文化建设是法治建设与文化建设融合的产物，各国历史传统、基本国情及时代特征的不同，法治文化建设模式、法治文化建设侧重点及法治文化建设路径也有所不同。

文化的多元性决定了世界不可能只存在一种法治文明。法治文化建设既有人类历史的共同必然性、普遍性，也有其特殊性。这意味着，世界的法治文化虽然有共同的原则和要求，但没有统一的固定模式，不同国家在选择法治文化建设模式时，都应结合本国实际与特色，从本国实际情况出发。从文化考察的视角来看，世界范围内的法治模式并不是单一的，而是多种多样的，不同地区、国家或民族由于其历史传统、国情不同，其法治文化建设模式也不相同。新时期我国法治文化建设在传承中国传统文化的同时，应考虑对别的国家先进法治文化进行借鉴，但绝不能盲目全盘照搬。在对西方法治文化进行借鉴的同时，根据本国实际情况创造适宜其生存与发展的土壤，使其真正融入我国社会，为广大人民群众所认可。重返传统法治文化的根基，发掘其合理要素，尤其重视我国文化传统中公共权力自我约束的现代意义。承继传统文化合理内核，以建构符合我国传统文化、切合中国人习惯特点、具有现代法治精神的中国现代法治文化。

第一节　法治文化建设的基本原则

在社会主义现代化建设进程中，中国共产党创造性地将法治文化建设的普遍规律与我国特殊国情相结合，探索出一条适合中国国情的法治文化建设之路。对于法治文化建设而言，破除、摒弃落后的思想观念，确立、完善现代先进的建设原则，是法治文化建设首先要解决的问题。科学的认识、正确的定位、合理的布局、全面的谋划，是法治文化建设科学化、系统化、合理化的重要前提。基于中国法治文化建设的现实状态，科学合理地确认法治文化建设的基本原则，成为化解法治文化建设困境的第一步。

一、坚持党对法治文化建设的领导

中国共产党是社会主义法治文化建设的领导者，要实现党的长期执政，首先就必须加强党的自身建设，使其始终保持先进性并代表人民群众的根本利益。

在社会主义建设的道路上，中国共产党并没有先例可资借鉴。如何正确处理党的领导与法治的关系，也是一个“摸着石头过河”“不断试错”的过程。在这一过程中，重要的不是将会遇到何种问题，而是在面对问题时采取何种态度，中国共产党必须坚持改革的大无畏精神，坦承并及时改正错误，避免走上“路径依赖”“路径锁定”的道路。

首先，党的领导和社会主义法治是一致的，党的主张和人民的意志是高度统一的。在社会主义市场经济繁荣昌盛，中国融入全球市场的大好形势下，党又高瞻远瞩地为中国人民绘制了构建法治国家、法治政府、法治社会的宏伟蓝图，党对法治建设的领导理应是全面推进依法治国的领导核心。我们要清醒地认识到，只有在党的领导下依法治国、厉行法治，社会主义法治才能朝着正确的轨道前进，人民当家作主才能充分实现，国家和社会生活法治化才能有序推进。

其次，党要依据宪法法律治国理政。坚持党领导立法、保证执法、支持司法、带头守法，把依法治国基本方略同依法执政基本方式统一起来，把党纵览全局、协调各方，同人大、政府等机关依法履行职责、开展工作统一起来，把党领导人民制定和实施宪法法律同党坚持在宪法法律范围内活动统一起来，使党的主张通过法定程序成为国家意志，更好地治理国家。

最后，党要依据党内法规管党治党，要求党组织和全体党员做尊法学法守法用法的楷模。习近平总书记在2015年春季省部级领导干部依法治国研讨班的讲话中指出，“各级领导干部在推进依法治国方面肩负着重要责任，全面依法治国必须抓住领导干部这个‘关键少数’。领导干部要做尊法学法守法用法的模范，带动全党全国一起努力，在建设中国特色社会主义法治体系、建设社会主义法治国家上不断见到新成效”。[①]

加强法治文化建设，既要坚决反对人治、专制，也要摒弃违法有理、法不责众、信闹不信法、信权不信法等非法治主义的观念和做法。在法治文化实践中，担任党和国家重要职务的领导干部的责任和担当，是依法治国能否顺利推进的关键所在，党对领导干部的管理教育，尤其是引导党的领导干部从自以为是“党的化身”的错误认识中醒悟过来，改变领导干部在国家管理中的“任性”陋习，使公平正义的法治理念得到张扬，使法治文化健康发展。只有把领导干部无一例外地置身法治监督之下，理性管理的法治才能真正落到实处，才有顽强的生命力。

二、坚持人民主体地位

我们党在推动法治中国建设过程中，高度重视人民群众在法治建设中的主体地位，强调人民是依法治国的主体和力量源泉，坚持人民主体地位的实质是人民当家作主。坚持人民主体地位，要求在立法过程中，恪守以民为本、立法为民理念，健全宪法实施和监督制度，完善立法体制机制，使每一项立法都符合宪法精神、反映人民意志、得到人民拥护；依法保障公民权利，保障公民权利不受侵犯，保障公民权利得到落实，实现公民权利保障法治化；充分发扬人民民主，拓展人民有序参与立法途径，坚持科学立法、民主立法。在法律实施过程中，要坚持法律面前人人平等的基本原则，建立科学完备的法治制度，养成守法、用法的法治行为，营造学法、尊法的法治环境。在思想史上，公平正义虽然是一个普遍性与特殊性相结合、相交织的概念，但是，从法律的层面上看，特别是在中国法律的框架内，在社会主义法治理念的视野中，公平正义的核心内容主要就是法律面前人人平等。法律面前人人平等，既是宪法所规定的社会主义法律的基本原则，也是对社会主义法治理念中的公平正义理念的法律化表达。[②] 严格执法、公正司法、依法行政；加强对法律实施情况的监督，坚持公正司法。因此，坚持人民主体地位，不仅是社会主义法治建设的基本原则，而且是社会主义法治文化建设的重要内涵。

---

① 习近平．习近平谈治国理政（第二卷）[M]．北京：外文出版社，2017：126.

② 参见喻中．社会主义法治理念概论 [M]．北京：法律出版社，2012：223-225.

以人民利益为重，做人民利益的捍卫者，党要成为人民的真正代言人，这是中国共产党的根本宗旨。法治文化必然要为人民权益受到法治保障而提供法治服务。最大限度得到法治文化建设带来的对广大群众合法权益的有效维护，使人民真正成为法治文化的实践者和法治文化的受益者。

三、维护宪法法律权威

维护宪法法律权威，作为推进法治中国建设的一项重要内容，党的十八大以来，以习近平同志为核心的党中央在贯彻落实依法治国基本方略上的一种新发展。当宪法与其他法律规范发生冲突时，宪法具有最高法律效力。维护宪法法律权威最早是由习近平总书记在 2012 年 12 月 4 日纪念现行《中华人民共和国宪法》公布施行 30 周年大会上的讲话中提出来的。维护宪法权威与维护执政党的权威、维护人民的权威是完全一致的。维护宪法法律权威，需要有具体的制度和手段的保障，党的十八届三中全会特别强调要进一步完善宪法监督机制和程序建设，这是抓住了维护宪法法律权威的制度建设的根本。

从我国目前的法治国情来看，要维护宪法法律权威，关键是要重视制度建设。首先，要建立监督宪法实施的专门机构、机制和程序，要保证违宪行为在制度上有专门机构查处。其次，宪法的生命在于实施，宪法应在法律实践中被国家机关、社会组织和公民个人作为自身行为的基本准则，只有宪法在实际生活中作为人们判断行为对错的标准，宪法才真正被人们所需要，因为适用宪法也就可能产生对宪法的解释，纠正违宪行为等。最后，要建立维护宪法法律权威人人有责的机制，防止宪法实施只是国家机关或者只是全国人大及其常委会的事情。我国现行宪法序言明确规定了全国各族人民、一切国家机关和武装力量、各政党和各社会团体、各企业事业组织，都必须以宪法为根本的活动准则，并且负有维护宪法尊严、保证宪法实施的职责。宪法的上述规定要在实践中得到认真落实，宪法才能作为根本法真正地对人们的行为起到规范和指引作用。

四、坚持依法治国与以德治国相结合

党的十八届四中全会提出："必须坚持一手抓法治、一手抓德治……

以道德滋养法治精神、强化道德对法治文化的支撑作用，实现法律和道德相辅相成、法治和德治相得益彰。”① 法律是成文的道德，道德是内心的法律，法律与道德的关系，有时被形容成两个相交的圆圈，重叠的部分代表它们共同的范畴，以外的部分，它们各自拥有排他的影响力。两者都是治国理政的重要手段。

不应割裂法治与德治共同发挥的作用。中国传统法制主张道德应当在调整人们的行为时发挥更重要的作用，儒家认为，道德伦理上的完善是做人的最高标准，是人之所以为人的根本的观点。孟子说，“由是观之，无恻隐之心，非人也；无羞恶之心，非人也；无辞让之心，非人也；无是非之心，非人也”（《孟子·公孙丑上》），道德把人与动物区别开来，是人道的根本体现。道德也是建立一个良好社会的最有效的途径。“道之以政，齐之以刑，民免而无耻；道之以德，齐之以礼，有耻且格”（《论语·为政》），强调了道德比政治法令更为根本的意义。

在全面推进依法治国中，要发挥好法律的他律和规范作用，以法治体现道德理念、强化法律对道德建设的促进作用。只有符合人民的道德意愿、维护人民利益的法律，才能为人民群众所信仰和遵守。要坚持在法律的制定和完善过程中体现社会主义道德要求，真正使符合社会主义核心价值观要求的行为得到鼓励、违背社会主义核心价值观要求的行为受到制约，使法律法规维护公平正义、促进社会和谐发展，使其更好地与社会主义精神文明相结合。

法律和道德都是社会行为规则，但相比较而言，法律调整范围有限，道德调整范围更宽。要把社会主义核心价值观贯彻到法律实施过程中，以社会主义核心价值观作为检验法律实施效果的重要标尺。社会主义核心价值观承载着一个民族、一个国家的精神追求，体现着一个社会评判是非曲直的价值标准。不仅法律的制定要体现社会主义道德规范的要求，法律的实施更应以社会主义核心价值观为指引，确保法律的实施不违背立法初衷、不偏离正确方向。良好的公民道德是建设法治社会的重要基础和前提，在很大程度上影响和制约着国家的法治进程。因此，要加强公民道德

---

① 本书编写组．中共中央关于全面推进依法治国若干重大问题的决定（辅导读本）［M］．北京：人民出版社，2014：7.

建设，为法治建设提供道德支撑。

法治和德治在国家治理中各自起着独特的、不可替代的作用，只有两者紧密结合，国家才能有序治理，社会才能健康运行。因此，我们必须坚持依法治国与以德治国相结合，把法治建设和德治建设紧密结合，实现法律和道德相辅相成、相得益彰，不断推进国家治理体系和治理能力现代化。

五、尊重人类文化多样性

人类是文化的存在，是以文化多样性为特征的存在。国家或社会的治理，甚至说全球治理，都离不开文化多样性的背景，都和文化的治理相联系。

人类文化多样性，包括法治文化多样性，表现出法治道路的多样性。法治文化多样性为各国法治文化相互借鉴提供了条件。学习和借鉴人类法治文化的优秀成果是法治文化发展的一般规律或趋势。封闭的法治文化是落后的。从其他国家的法律制度发展中寻求成功的经验，引进某些行之有效的法律制度，对建立和完善本国相应的法律制度可以起到促进作用，不必事事从头做起。近代以来美国对英国法的借鉴移植，不同时期的日本法对英美法系、大陆法系的借鉴移植就是例证。在全球化的今天，对于外国立法中行之有效的又适合我国目前情况的法律制度，都可以借鉴移植。这对于建立和完善中国特色社会主义法律体系是非常重要的，也是不可或缺的。我们应当在保持中国法律体系的社会主义特色的同时，以开阔的胸襟汲取外国法治文明成果，吐故纳新，在中国法治进程中创造出更加优秀的文明成果。

中国古代“法治”文化内容丰富，显示了中华民族的伟大创造力，在人类法治文化中有着重要的地位。但是，由于中国古代社会进步缓慢，专制制度长期延续，从而使中华“法治”文明在近代落后于西方。新中国成立以来，尤其是改革开放以来，中华民族伟大复兴的事业取得了举世瞩目的成就。党的十七届六中全会通过的《中共中央关于深化文化体制改革、推动社会主义文化大发展大繁荣若干重大问题的决定》号召“坚持和发展多层次、宽领域对外交流格局，借鉴吸收人类优秀文明成果，实施文化走出去战略，不断增强中华文化国际影响力”。这里的“中华文化”应当是包括“中华法治文化”的。作为具有悠久“法治”文化传统的东方文明古国和新兴的发展中大国，中国一定会继续敞开胸怀，在学习借鉴人类法治文化的一切优秀成果的基础上，创造出光辉灿烂的当代中国法治文化成果。①

六、坚持从中国实际出发，实事求是

社会存在决定社会意识，法治文化与一个社会的物质生产方式、经济基础关系密切。一个国家走什么样的法治道路，必然是由该国的国情决定的，必然要与该国的经济社会发展水平、历史文化传统、人民的法律意识等方面相适应。从法治内涵来看，社会主义法治理论，是世界法治文明发展的一般性与中国国情的特殊性相结合的理论。发展和完善中国特色社会主义法治理论，必须遵循现代法治文明的一般规律和普遍要求，但中国特色社会主义法治道路本质不同于西方资本主义法治道路。中国有不同于其他国家的历史文化传统、地理区位特征、独特发展阶段、人们独有的行为习惯和思维方式，因而社会主义法治文化建设必须从我国实际出发，立足自身的法治经验、适应自身的发展要求，在借鉴世界优秀法治文明成果的基础上，放眼整个世界，要具有全球眼光，把根植于民族的历史传统，从民族文化和精神中汲取营养，走中国特色的法治文化发展道路。

中国法治文化建设，既要继承中华优秀传统法律文化精华，又要借鉴西方法治文化优秀成果，培育与时代发展要求相适应的法治意识、法治理念、法治精神、法治信仰。法治本土化和法治国际化两种理论，拓宽了我国法治文化建设的两种不同路径。法治本土化理论认为，中国法治建设是在本国特定经济社会条件下进行的，有着特殊的国情，要立足本国传统法律文化遗产与本土资源，在自身法治生活中发现法治进步因素，继承传统法律文化中与法治文化兼容的内容。例如，对传统文化中以人为本、民贵君轻等民本思想进行转化，在社会主义法治文化中予以定位，使之成为中国法治终极关怀的依据，这种对传统价值观念的重塑和激活便于民众对法治文化的接受。又如，熟人社会、情理社会要求做人做事不仅要从理性逻

① 参见赵建文．国际法视角的文化概念、文化权和文化多样性对我国法治文化建设的启示［M］．北京：社会科学文献出版社，2013：297-306.

辑的角度考虑，还要从人际关系和具体情境的角度考虑，基于这种理念发展而来的现代法治文化中的调解文化，不仅担负着适用法律解决纠纷的功能，还担负着缓解社会矛盾、和谐人际关系、促进社会发展的重任。法治国际化理论认为，当今世界国家化、全球化、一体化趋势日趋明显，为满足经济发展、科技进步、市场拓展要求，要善于借助国外法治经验，遵循国际习惯做法，在实现法治现代化，以便在法治国家建设中后来居上。对于法治文化而言，应坚持走适应本国的建设之路，不盲目崇外，不因循守旧，走科学化的法治文化建设之路。

第二节　法治文化建设的对策

法治文化的发展是一个自然历史过程和自觉能动过程的统一，我们必须高举中国特色社会主义伟大旗帜，全面贯彻党的十八大以来党的历次全会精神，以马克思列宁主义、毛泽东思想、邓小平理论、“三个代表”重要思想、科学发展观、习近平新时代中国特色社会主义思想为指导，从物质、制度、精神和行为四个层面推动我国法治文化建设深入发展。在如何推进法治文化建设问题上，国内学者从不同角度、不同层面对建设策略与方法进行研究探索，有的从法治精神培育角度阐述法治文化建设的原则和要求，有的从文化层面提出法治文化建设的思路和举措，本书选取法治文化建设的四个层面的内容结构作为建设方向，并且在策略上抓住了各个层面的重点建设内容，力争达到提纲挈领的效果。

一、物质层面的法治文化：着力推进法治组织物质文化建设

法治文化建设是一项系统工程，具体到物质层面，包含的元素比较多，分类也比较多。全力推进法治组织物质文化建设，抓住了物质层面的法治文化建设的要害，从而提升法治物质文化建设的实效。

第一，推进政府法治物质文化建设。物质层面的法治文化建设，在整个法治文化建设系统中举足轻重，这是制度、精神以及行为文化在物质层面的体现，对于法治文化整体而言，法治物质文化的文明程度一定意义上显现了法治文化建设成就，所以在政府法治文化建设中，体现法治物质文

化成果的设施就成为建设的重点。如体现政府权威性的庄严肃穆的办公大楼，一般采用灰色的外墙装饰，建筑物的正中间悬挂有国徽。还有政府人员的着装，除了一些特殊部门的着装，例如税务部门、工商行政管理部门等统一穿制服，其他部门的人员在出席重要场合的公务活动时穿灰黑色西装，这已经成为一种惯例。对于政府来说，就是要体现全心全意为人民服务的宗旨，设施环境要体现一种人文关怀，工作人员着装要体现一种政府公信力，其一定意义上代表国家。在制度层面上，是以便民和人文关怀为标准来进行制度设计，对行政行为时限的规定、对具体行政手续办理的规定，总是贯彻一种便民的人文关怀在里面。在精神层面上，要求政府工作人员树立全心全意为人民服务的公仆意识，心里想着人民，处处以人民满意为标准衡量自己的服务优劣。在行为层面上，要求政府工作人员行政行为与公务活动都要贯穿便民、为民思想，做好人民的“勤务员”。以体现便民和人文关怀原则为例，在法治物质文化层面，该原则的表现方式具有直观性与现实性。如在一些政务大厅，有为人们提供的服务指南、有为方便民众等待设立的等候室、有为人们提供的免费开水等。物质层面的法治文化更多地表现为硬件设施，这些都为法治文化建设提供了物质保障，所以我们要不断地丰富和提升物质设施的文明程度，真正使民众得到切切实实的关怀。

第二，推进公安法治物质文化建设。公安法治文化的状态集中体现了中国法治文化的品质，代表着中国法治文化的高度，对社会公众认识法治、体验法治都具有广泛而直接的影响。人民警察在人们心目中的地位较高，他们保护人们的生命财产安全，也是人们日常生活中最常见到和接触到的与法治相关的人。因此，公安机关所具有的公安法治文化对社会和公众的影响最直接、最广泛。公安法治文化的状态集中体现了中国法治文化的品质，公安法治文化所蕴含的法治精神、所形成的法治制度、所表现的法治行为、所承载的物质形态都代表着中国法治文化的高度。因此公安机关和人民警察要树立平等观念和人权意识，平等保护社会不同阶层公众的政治权利和财产权益。确立和践行“立警为公，执法为民”这一公安核心价值观。完善公安法制体系，明确公安法定职权。完善涉及公安机关职权的法律、法规，使之体系配套，确保公安机关的全部权力都有明确的法律授权。运用法治的方式，规范公安执法活动，从程序上规范执法行为。公安法治物质要素包括公安建筑、标识、徽章、车辆、警具等，通过物质外在的形态和象征意义，昭示着公安法治文化理念，代表着国家权威，是震慑犯罪分子的无形力量，是公安法治文化制度层面、精神层面和行为层面的体现。因此，在现有公安法治物质文化的基础上，要进一步完善公安法治物质文化的其他要素，体现时代风格，紧跟时代潮流，举办各种形式的公安法治文化宣传活动，建立公安法治博物馆、廉政教育中心、英雄模范展览室等设施，为公安法治文化建设增光添彩。

第三，推进检察法治物质文化建设。检察物质文明成果也称为检察器物文化，它是检察机关在器物上将自己的目标追求、行为表现区别于其他法治组织的标志物，体现检察法治文化的物质元素。如将《中华人民共和国宪法》赋予检察机关的“国家法律监督”“维护法制统一”“公平、公正、正义、理性、平和”的法治功能和法治职能定位，通过一定的建筑设计或工作场所或服饰特点，将它们的内涵意义展现出来，让人们一看就知道是检察机关。检察器物文明成果还包括检察机关历史遗址遗物、检察先驱们使用过的器物以及与检察事业发展具有历史象征性的相关器物。在检察法治文化建设过程中，建筑设施、器物设施、服饰设施是其主要的物质要素，每个物件都有设计理念、象征意义以及所体现的法治精神，因此要探讨这些文化设施如何更好地弘扬法治精神、传播法治理念，充分挖掘其深厚的意蕴表现，创新设计，真正使其体现新时代检察机关风貌。目前好多检察院在开展法治文化建设中，建立了检察史展览、检察博物馆、荣誉室、法律文化长廊、法治广场、法律浮雕等文化景观，凸显了检察法治文化的法律属性。同时，要密切保持与主流新闻媒体的联系，充分运用报纸、杂志、电视尤其是互联网等新闻媒体，通过设立专栏、制作专题片或专访等节目，搭建检察宣传平台。建立和完善检察机关新闻发布制度，积极推行“检务公开”“检察开放日”活动，不断提高检察工作的透明度，树立检察机关良好的执法形象。全面展示检察法治文化建设的重要成果、及时传递检察机关的重要信息、探讨交流检察法治文化建设的经验做法，铸造检察人员共同的网上精神家园，为社会各界对检察工作的认可、理解和支持创造良好的舆论环境。组织检察人员用身边人、身边事、自己的语言精心设计制作反映检察工作理念、廉政勤政要求的“文化橱窗”“文化长廊”“文化墙”。通过建立检察博物馆、荣誉室、编辑检察志等，展示检察法治文化的深厚底蕴和文化传承，激发检察人的职业使命感、职业荣誉感和归属感。

第四，推进法院法治物质文化建设。法院法治文化建设最为显著的成果就是法院在进行物质文化的建设过程中，融入当代法治理念和传统法院文化遗产精髓。如在法院建设图书馆、博物馆、法制史教育基地和法治文化长廊等。法院在法庭和公共厅堂、通道等处的装饰凸显公平、公正、平等、人权、法治等价值符号。法官在审判时走法官通道、穿法袍、使用法槌等器物，等等。法院的建筑应该说是最能体现法院特点的建筑，因此，法院的建筑首先要满足基本的使用性功能，同时要彰显中国法制的全新形象。法官穿衣戴帽、法庭陈设、法器等显示出来法院的氛围。法院的审判大楼，目的是为审判活动提供专属场所，符合审判的要求，同时要体现中国法制的特色。法院的建筑样式、内部装修、物品摆放等物质形态以一定的形式呈现，一定程度上，都是法院法治文化生产者将一定的象征意图表达于这些法治物质设施中，并且希望社会中的不特定主体能够接受并认同。物质实体具有稳定性、专属性的特点，这给法院的工作领地划分出一个独立的“地盘”，这使法院在社会背景中凸显出一定的独特性。从制度文化到精神文化，再到行为文化，法院文化的内在与外在物质形态整合为法院法治文化。法院法治文化建设要有科学态度，不应千奇百怪地胡乱拼凑，要努力让公众接受法院法治文化，让法院法治文化成果由人民共享。例如，法院博物馆应当向公众免费开放；法院文化长廊不仅是法官自我教育的基地，也应该是教育公众的基地；法院应当为公众提供更好的服务设施；法院所取得的荣誉与公众赞誉也应当在法院公众区域中展出。

二、制度层面的法治文化：着力推进中国社会民主法治建设

“在社会化的组织（制度、体制、管理机制）层面，我们面临着体制改革和建设的双重任务。在这个层面上打造法治文化，是一项与经济体制改革相联系，包括政治和文化体制改革在内的社会整体性改革过程……通过‘使民主制度化、法律化’彻底革除人治的弊端，全面地实现适应法治、执行法治、服务法治、保障法治的系统化设置，是建立法治文化的硬

件基础和切实保证。”① 因此，无论是法治文化的权力运行机制（立法、执法、司法等），还是权力监督机制（一是中国共产党作为执政党，对党员干部的监督体制；二是人大、政府、司法之间的监督体制）和权利保障机制，都要以“民主法治”为根本理念进行制度的设置和构建。

民主法治是构建法治文化制度体系的根本理念。法治是法治文化制度体系的核心，民主是法治文化制度体系的本质特征。法治文化制度体系作为法治文化的制度化表现，当然也必须以“法治”作为核心。就具体表现形式来说，无论是权力运行机制还是权力监督和权利保障机制，其具体组织机构的设立、运行、终结都必须以法治为根据；就实质内容来说，就是要从计划经济体制的权力高度集中的“人治”模式，向市场经济体制的“法治”模式转变。也可以说，我国法治文化制度体系构建的特色就是如何处理好法治与人治的关系，从而更好地实现法治。反对封建的特权思维，就是反对人治思维、肃清专制文化，提倡公民守法、党员干部守纪就是确立法治思维、弘扬法治文化，而我国的法治文化制度体系构建也必然要以法治为核心。

民主要以法治的方式来实现。从民主实践可知，民主理论的多样化和民主具体实践方式的丰富多彩，已经使我们不能够应付自如。面对社会实践的千变万化，我们却不能够穷尽所有具体的民主实践，因此，也决定了我们必须要以法治作为底线和边界，只要在法治的边界内，无论何种形式的民主实践，我们都予以保护和承认。这既是对公民“主体意识”的尊重，也是多元化时代的必然要求。

法治保障民主的实现。就民主的发展而言，一个国家文明程度的高低，不仅体现在是否有各项民主政治权利或者权利的多寡方面，更多地体现在如何行使民主的权利，用什么样的方式、方法来行使民主权利，从而确保民主得到充分和完整地实现。法治作为民主的实现方式，一方面要尊重和保障公民在民主具体实践当中的多样化选择；另一方面还要确保公民参与民主生活形成的有益成果得到充分实现和保护，也即公民的权利和责任的实现和统一。在推进民主法治建设方面，具体有以下措施：

---

① 李德顺．走向民主政治——当代中国政治文明的价值体系初探［M］．北京：法律出版社，2011：216.

首先，推进民主法治的建设，要使民主制度化。现代法治的基石是民主，民主制度化就是将人民当家作主的权利与义务通过制度的形式固定下来，成为全社会行为的共同规范与准则。在社会主义民主制度当中，应包括执政党在内，要将民主与法治统一起来，使执政党与人民一起成为民主法治的主体。一是健全代表制民主，人民通过民意机构来表达意志、行使权力。人民代表大会要切实行使国家权力，体现一切权力属于人民的法治精神。二是发展人民的直接民主。要保证一切权力属于人民，仅代表制民主是不够的，尚有待实行直接选举。必须在基层政权、基层社会生活中实行直接民主，让公民直接管理公共事务。三是保障公民权利。尤其在执法过程中，执法机关代表国家公权力行使法律，公民的权利容易受到侵犯，因此，应建立规范的执法制度，以此约束执法人员的执法行为。四是推进政治体制改革，必须改变权力过于集中的现行体制，以及党政不分的状况，必须改革干部制度，建立干部管理法规，克服官僚主义和各种腐败现象，同心协力促进政治体制民主化的进程。

其次，推进民主法治的建设，要使民主程序化。“民主”的确是一个具有悠久历史的观念意识和制度结构。从实质内涵来看，它是人类生活中“自治”的理想和现实的众多的表征与表达方式之一。民主的政治生活也就是“自治”在人们的政治生活领域的表达方式。

民主程序化就是将民主的活动过程和民主决定的结果通过制度和法律来确认。民主制度可以避免专制与暴政，民主的重要特征就是按照程序办事，如果在实行民主的过程中缺乏规则和程序，民主就有可能难以落实和执行，也有可能无序和混乱，形成多数人的暴政。因此推进民主政治的建设，就要在民主制度化的基础上使之程序化，也就是说，民主的过程，必须有序地参与，必须遵循一定的程序，必须严格依法办事，而不能随心所欲，更不能搞无政府主义，而民主程序化对有效保证民主制度运行起着至关重要的作用。

最后，推进民主法治的建设，要建立健全民主的保障机制。民主政治的核心是人民当家作主，要保证人民能够当家作主，就必须建立健全民主的保障机制。这种保障机制是建立在完善法治建设的基础上，也即通过法治来保障人民当家作主。法治与民主是相互依存的，法治是民主政治的治理方式，能很好地为民主提供运行平台，有效保障民主制度充分发挥良好作用。没有法治，就不可能推进民主政治建设，人民当家作主就得不到真正的保障。要通过建立健全监督机制来保障人民当家作主。要建立科学合理的权力运行机制来保障人民当家作主，将权力关进制度的笼子里。加强监督，通过实施质询与问责机制来保障人民当家作主。

推进中国社会民主法治建设，制度层面的法治文化建设才有建设基础。民主制度化、程序化是民主政治建设、法治建设，也是制度文明的建设，或者说是精神文明建设在政治制度上的反映。文明、民主、法治是社会主义国家建设的伟大目标。路漫漫其修远兮，克服障碍，坚定向前，伟大的目标必将早日实现。

三、精神层面的法治文化：着力推进人本精神文明成果建设

中国法治文化是中国共产党领导人民传承中国传统文化精华、借鉴人类法治文明成果、在当代中国法治实践中形成的，体现社会主义先进文化内在要求的法治理念、法治意识、法治精神、法治信仰、法治思维等精神文明成果的集合。法治文化建设过程，实际上就是通过教育、引导、熏陶和启迪，使法治理念、法治意识、法治精神、法治信仰、法治思维等内化于心、固化于制、外化于行的过程。因而，正确把握法治文化建设的目标取向，对于形成正确思路、采取有力举措、推动建设实践、取得更大成效，具有十分重要的意义。

第一，树立“以人为本”的法治观念。法治观念主要是指积淀在人们心底的权利义务观、法权观和本位观。法治文化的建设应当是以权利为本位的法，要改变人治社会中强调义务本位、轻视公民独立人格和权利的状况，使权利义务观从“义务本位”向“权利本位”实现转变。个人权利与民主的关系十分紧密，是同属于现代法治下的部分，因此，在法治观念方面坚持保护公民合法权利这一法治理念显得尤为重要。法治观念中的法权观是指确立法律至上的观念，改变权大于法、权力凌驾于法律之上的状况，确立不是依据权势者的意志，而是依据法律来行为处事的观念，实现从人治社会的权力至上向当代社会的法律至上观念的转变。法治社会的本位观应当是以人为本，防范公权力对公民权利的侵犯，应当逐步实现从“国家本位”到“社会本位”再向“个人本位”的转变。“以人为本”是将最广大人民群众放置于发展的主体与发展的方向上，以保护个人自由为

核心内容，将实现好、维护好、发展好最广大人民的根本利益作为法治建设的出发点和落脚点，保障人民各项权益，促进人的全面、平等、自由发展。当代中国应当将以人为本、保护公民合法权利作为发展的核心，尤其是迈向社会主义法治化的过程当中，不能走之前国家全能主义的老路子，忽略个体自由和个人发展，而是要努力创造一个平等、自由的法治环境，让最大多数人自由、平等地实现自身发展。因此，我们应当树立“以人为本”的法治理念。

第二，增强社会主义法治意识。首先，增强社会主义法治意识重点在于深入开展法治宣传教育。各级党委政府要加强对普法工作的领导，广泛动员全社会力量，宣传普法工作，健全普法责任机制，加强普法队伍建设，宣传法律知识，繁荣法治文化。目前，我国第八个“五年普法计划”已经正式启动。在新一轮普法计划的实施中，应当创新法治宣传形式，进一步提高普法效果，通过广泛、深入和有效的宣传教育，逐步使法律、法规的基本原理和主要内容，成为社会成员所熟知的基本生活经验和生活常识；把对法律的尊崇，转化为社会成员的基本理念；把对法律的严格遵守，培养成为社会成员的行为习惯和社会风尚；把“以遵守法律为荣、以违反法律为耻”，确立为全民族认同的道德准则和文化意识。毫无疑问，社会成员守法意识的进一步增强，将会有力地推进依法治国理念的实现。① 其次，增强社会主义法治意识关键在于完善褒奖机制和惩戒机制。正确意识的形成，既要坚持扬善，更要坚决惩恶。最后，增强社会主义法治意识根本在于加强公民道德建设。发挥道德在法治建设中的积极作用，把法治建设和道德建设紧密结合起来，做到法治与德治相辅相成、相互促进。同时，要发挥法治在解决道德领域突出问题中的作用。

第三，培育社会主义法治精神。社会主义法治精神的培育，是当前中国法治文化建设的重要内容。只有在人们的头脑中逐步树立起法治意识、法治观念和法治理念，将法治升华为法治精神，人们才会按照社会主义法治文化的内在要求，自觉地规范自己的行为。有了这样的法治精神，各级领导干部才能自觉依法办事；行政执法和司法工作人员才能自觉秉公执法、公正司法；广大人民群众才会自觉守法、用法；社会的公平、公正才

① 参见喻中．社会主义法治理念概论［M］．北京：法律出版社，2012：200-202.

会实现，完善的法治社会也才能够形成。目前，面对新形势，法治宣传教育如何适应时代需要，是摆在我们面前的重要课题。贯彻落实党的十八届四中全会精神和要求，必须在普法工作中强调树立社会主义法治理念、弘扬法治精神、增强公民意识、培育法治文化，深入开展法治宣传教育，把法治教育纳入国民教育体系和精神文明创建内容。自 1986 年开始的“一五”普法以来，我国实施了在全体公民中进行基本普及法律常识的六个五年规划，已经持续了 30 多年。“八五”普法已经于 2021 年拉开序幕。

第四，培育公民法治信仰。法治信仰是发自内心地认同法律、信赖法律、遵守和捍卫法律。首先，培育法治信仰，关键是转变人的思想观念，推动全社会树立法治意识。法治意识的培育取决于整个民族的文明素质，因此，要大力发展社会生产力，加强精神文明建设，普及科学文化教育。培育法治信仰，就要运用法律手段妥善处理各类社会矛盾，切实维护好社会成员的合法权益，从而让人们切实感受到法治的作用。培育法治信仰，就要完善司法管理体制和权力运行机制，提高司法公信力，让人民群众在每一个司法案件中感受到公平正义，筑牢法治信仰的社会根基。其次，培育公民的法治信仰是一项长期、复杂的系统工程。对法律的信仰归根结底是基于法律体现着主体的价值追求与价值理想，这也是法律之所以能够被人信仰的原动力。只有法律体现正义、保障正义、实现正义，从而使人们信仰法律、信仰正义获得了发自主体内心的一种心灵的契合，法律信仰也能由此而确立。再次，增强国家公职人员的法治信仰，是培养公民法治信仰的有效保证。国家公职人员作为由人民委托执掌一定权力的代表和法律的卫士，是法律的具体执行者和操作者，其身正，不令而行；其身不正，虽令不从。若执法者、司法者知法执法又犯法，就会违背人民的意志。为了公民法治信仰的培养，应切实加强对公职人员的法律素质教育。最后，通过传统媒体和网络媒体进行舆论导向和法治宣传，是培养公民法治信仰的广泛基础。电视、报纸、手机、网络等媒介对个案的报道会对案件的公正解决起到巨大的推动作用，在这一过程中，公民也直接或间接培养了对法律的情感。一个国家的公民只有具备法治信仰的心理基础，才有可能迈进法治社会的门槛。

第五，培养法治思维和运用法治方式。领导干部带头培养法治思维和运用法治方式处理事务。培养法治思维，要牢固确立法律红线不能触碰、法律底线不能逾越的观念，树立法律高于权力、法威高于权威、权力必须关进制度笼子里的观念，破除“重权力、轻法律”的传统观念和“重管人、轻律己”的特权思想。一要把法规作为思考问题的逻辑起点，做任何工作首先要考虑法规是怎么定的，而不是首先考虑领导是怎么想的。二要把法规作为化解矛盾的基本准绳，让化解各种现实矛盾的灵活性、创造性始终处在法治的约束之中。三要把法规作为推动工作的重要依据，筹划工作、组织落实都要与法规制度对比，保证社会建设规范有序。总之就是要形成办事依法、遇事找法、解决问题用法、化解矛盾靠法的思维方式。法治理念和法治思维，是在思想观念和思维方式层面，强调依据法律法规思考问题、谋划决策；法治方式，是在实践操作层面，强调依法办事。党的十八届四中全会就提出要把依法办事作为考察干部的重要内容。通过进一步建立健全评比制度、考核制度、责任制度、督察制度及进一步理顺整套制度运行机制，给党员干部戴上学法、尊法、守法的“紧箍咒”，从源头上、从关键点抓好促进全民守法的工作，有效提高领导干部运用法治方式解决问题的能力。

在中国，法治文化就是一种新文化，中国人是“新分子”，为此，在精神层面推动法治文化建设，除以上介绍的措施以外，我们还需要长期不懈地对其进行强制性的法治教育和法治教化。虽然我国现在实行了“九年制义务教育”，有些地方甚至实行到高中的免费全民教育，文盲减少了，但是精神层面的法治文化建设依然任重而道远。

要把文化教育与法治教育结合起来，把法治作为文化教育和通识教育的重要内容，使人们充分地认识到，法治本身就是一种文化，遵守法律本身是有文化的重要表现，把尊重法治塑造成为一种浓厚的文化氛围，在这种文化氛围中，法治才能成为文化。也只有当尊重法治本身成为一种文化时，法治才能成为文化。精神层面的法治文化更应该注重这一点。文化是由历史积淀、传统形成的，以至于人们常常把文化等同于历史和传统。这就告诫人们，文化政策不应急功近利，文化建设不能一蹴而就，而应顺其自然，点滴改进、长期积累、久久为功。法治文化也是如此。当法治水到渠成而为文化之时，才是法治文化建设之际。①

---

① 参见邱本．论法治与文化［M］．北京：社会科学文献出版社，2013：37-48.

四、行为层面的法治文化：着力推进行为主体法治实践建设

有什么样的文化就有什么样的行为，法治文化不能只停留在精神上的理想境界，其终极意义是将其思想和观念外化为外在物质，对法治环境起到某种切实作用。没有法治行为文化，法治文化的效益就不能充分发挥。法治文化行为层面的实践是受到法治精神文化的指引，法治制度文化的规范，将法治文化外化到法治系统物质层面的过程，即将法治文化意识、价值取向和社会适应，转化为人的行为方式，使其在法治建设中产生作用和影响，并取得精神和物质成果。现按照不同的法治行为主体来探讨行为层面的法治文化建设。

（一）公众在人类社会生活的各个领域和各个方面发挥最终的决定作用

建设法治文化环境是大家的事业，需要每一位社会成员的参与，必须动员全社会的力量，充分发挥人民群众的积极性、主动性和创造性。

第一，增强人民群众的法治文化自觉性和自律性。人民群众是法治文化建设的生力军，是国家法治文化建设者，也是成果享受者，其法治文化素养是整个国家法治文化素养的基础，他们的法治文化素养提高了，整个国家实行法治就有了可靠依托。应扎实地开展法治宣传教育，通过思想引导、舆论启迪、文化熏陶，把宪法和法律交给群众，让群众学法、知法、守法、护法，自觉同践踏法治的行为作斗争。实践证明，观念形态的文化只有付诸实践才能发挥作用，只有成为习惯才能筑牢思想根基。深入推进法治文化建设，必须突出实践特色，使之贯穿工作、学习、生活全过程，把法治观念转化为行为准则。

第二，增强执法人员的法治文化自觉性和自律性。建立执法人员法律专业素质培训机制，通过法律知识培训、专门法治知识轮训和新法律法规专题培训，提高运用法治思维和法治方式解决执法中突出矛盾和问题的能力。执法人员必须忠于法律、捍卫法律，严格执法、敢于担当。司法人员必须信仰法律、坚守法治、秉公办案。如果执法人员难以做到执法必严、违法必究，国家法律就会变得有名无实，形同虚设，依法治国就无从落实。因此，执法人员必须切实加强法治文化修养，严格按照宪法和法律行

使自己的职权，只有这样，整个国家才能实现法治，整个社会的法治文化建设才能顺利推进。

第三，增强领导干部的法治文化自觉性和自律性。党的十八届四中全会明确指出：坚持把领导干部带头学法、模范守法作为树立法治意识的关键。领导干部既是法律制度的制定者，又是法律制度的执行者和执行情况的监督者，法治文化状况如何，直接取决于领导干部对法治文化的认识和处理。因此，领导干部必须具备尊法守法的基本素质，带头遵守法律，严格按照法律规范约束自己，教育管理下属、处理内外矛盾，自觉做到恪守原则不动摇，实施法规不走样，履行程序不变通。只有领导干部以身作则、率先垂范，自觉接受人民的监督，才能使遵纪守法在整个社会蔚然成风。

（二）企业是社会上市场经济活动的主体

企业成为法治文化的践行主体，对于整个社会法治文化建设具有重要的积极作用。

企业在我国的经济体系中扮演着不同寻常的角色。企业作为市场经济的主体，能否严格遵守国家法律制度，依法诚信经营，关系到整个经济体系的正常运转，关系到企业的法治文化建设，也间接影响国家整体的法治建设。因此，企业法治文化对于整个国家的法治文化建设至关重要。

首先，推动社会立法系统完善。企业在平时的生产经营活动中若能使法治文化落实到制度层面，严格按照国家法律制度进行生产，那么这种法治文化就会转化成生产力，促进企业生产经营，为企业带来可观的收入。法治文化与企业生产之间产生了一种良性的互动，这种互动随着企业日益强大将会越来越频繁。企业由于法治文化的发展给其带来了一定的价值，久而久之，法治文化就会在企业落地生根，成为企业发展壮大过程中的坚守力量，成为企业上下共同的内心信仰。企业的法治文化建设，同样需要在物质、制度、精神和行为层面协同推进，但是作为企业，制度是其良性发展的重要因素，企业必须有与其相配套的制度。法律保护企业作为独立的主体从事市场经济活动，使其相关的经营活动受到法律保护。这既是法治社会的基本运行依据，也是企业健康发展的需求，企业在公平的市场经济环境下进行生产，这已成为法治社会形成的标志。

企业法治文化的日益发展会促使企业主动融入我国法治文化建设主体力量中，并表现为一种主人翁的精神，根据其自身的经营需求，会对国家制定的法律提出一定的建议。随着企业法治文化的建设，一些企业在用人方面会有更细致的规定，一方面遵守法律的规定，另一方面利用法律未规定的一些灵活性条款约束劳动者的自由流动。因此，在企业法治文化建设中要走的路还很长。我们可以看到，随着企业对法治文化的认同度的提高，立法者应重点从企业生产经营、企业对社会的功能、企业对经济的贡献等不同角度审视企业对立法产生的不同需求，在时机成熟的情况下调整法律结构，优化法律制度，适应时代发展要求，使立法发挥更大的效能，让企业在一个法治的环境下健康茁壮成长，这是法治中国建设的需要，也是法治思维和理念的优化。

其次，促进企业依法经营，加大企业失信行为的惩罚力度。法治建设的主要任务之一就是为社会提供制度规范，使生产经营中的企业按照法律依法行为，只有在法治的制度平台之上才有可能构建和谐社会。企业作为市场主体从事市场经济活动，其行为需要法律来调整。企业法治文化建设要求，企业要用法律思维依法办事，依照法律规定进行经济活动，法律规范企业行为，并给相关利益各方带来行为结果的合理预期，保障了市场经济活动的合理运行。企业形成法治文化传统后，会产生效仿效应和榜样力量，其他企业也会研究模仿，从而建立一种社会共同认同的企业间纠纷解决机制。随着企业遵从法律手段的多样化，企业的法务部门发挥着重要的作用，在企业的发展壮大过程中，会越来越依赖于法律来解决纠纷，这对法治社会来说，久而久之就会在企业中、各企业之间，以及企业与其他单位或个体之间形成一种良性的纠纷解决机制。

企业作为市场主体的经营资格是其内在条件的综合体现，是其具备所需经营条件的充分证明。按照规定和程序取得经营资格，是市场主体进行经营活动的首要前提，如果一个市场主体连这点也做不到，它就很难使人相信它会在经营活动中遵守有关的市场规则和诚信原则。欺诈所支付的成本及其收益的对比关系，实际上是约束欺诈者的最主要的经济要素。失信的严重程度，往往取决于失信者经济收益和惩罚成本的大小对比关系。因此，建立信用机制的一个重要措施，就是要使欺诈交易者为自己的失信行为支付高昂的成本。企业若是失信企业，国家将以非常严厉的手段予以制裁和惩罚。由于提高了失信行为的支付成本，失信行为的经济收益与其所支付的成本相对较小，因此，失信行为也就失去了经济利益上的存在意义。所以说，企业的信用问题是其进行市场经济活动的先决条件，企业应视信用为其生产经营活动的生命线，遵守国家法律规定，遵守市场经营规则，主动履行法定义务，使企业成为市场经济活动的生力军。

最后，促进企业法治观念的传播。企业作为市场经济运行的细胞，企业法治文化的发展会影响其员工的法治观念，在法治文化的熏陶下，企业依法行为，员工也养成了遵守法律、崇尚法治的观念。企业的法治文化对员工产生这种导向作用是双向的，其互相影响、互相促进。在一个良好的企业法治文化氛围中，企业员工接收到这种法治理念，并加以传播，因此，企业法治文化的不断完善，必定随着经济社会的发展、员工的合理流动而得到不断的加强。企业法治文化建设是社会整体法治文化建设的重要组成部分，两者之间相互促进、相互影响、相互制约。企业法治文化的建设，为法治观念的传播建立了必要的渠道，将为企业创造可预期的稳定的社会环境，以此推动企业的良性发展，促进社会经济的繁荣发展。

（三）政府是社会法治文明行为的领导者和组织者

政府要综合运用法律、行政和经济手段，加强引导协调和监督管理，通过政府行为把企业和公众行为有效地组织起来。

政府法治文化建设需要制度的保障。2008 年，国务院发布了《国务院关于加强市县政府依法行政的决定》，针对市县政府的实际情况，提出了依法行政八个方面共 30 项任务。2010 年，国务院发布了《国务院关于加强法治政府建设的意见》；2012 年，《中华人民共和国行政强制法》颁布；2012 年党的十八大再次重申建设法治政府的明确目标和时间表。为深入推进依法行政，加快建设法治政府，如期实现法治政府基本建成的奋斗目标，中共中央、国务院印发《法治政府建设实施纲要（2015—2020 年）》，这就为加强政府法治文化建设提供了新的发展契机。

政府职能包括重大事项决策权、行政执法权等。在全面推进依法治国的新时代，法治政府的建设对政府的行政职能提出了更高的要求。第一，加强行政程序制度建设，提高行政执法效果。根据党的十八届四中全会精神，在全面履行政府职能过程中应当注重程序制度，健全依法决策的法定程序，加强对全面推进依法治国的统一领导，这些程序包括行政立法、执法等程序制度，维护公共利益合法的安定性。第二，加强城市综合执法体系建设。结合我国的法治实践，城市综合执法受到社会的普遍关注。因此，在这个问题上体现全面推进依法治国的积极效果，必然对公众法治观念的形成和培养产生积极影响。第三，完善行政协议的法律机制。行政协议在实践中具有很高的弹性和灵活性，充分体现了国家执法方式的转变以及现代民主化、社会化、服务化理念，因此有必要将行政协议制度纳入法治政府建设中来，把对行政协议相关的新认识和新要求通过制度化与法治化的形式表现出来。第四，规范行政委托。所谓行政委托，即政府不直接实施某个公共行政行为，而是委托其他组织或个人以其名义实施，行为后果归属于委托方承担的法律制度。结合党的十八届四中全会建设中国特色社会主义法治体系的精神，应首先将行政委托本身看作符合当今社会发展的执法方式。在此基础上，要用法治理念对其加以具体引导，使之规范化、法治化，并且更好地实现公共行政的总目标。第五，加强重要行政管理领域的长效治理机制。社会主义市场经济本质上是法治经济，法治经济要求政府借助制度化的法律手段，完善、更新和创新执法体制，使行政机关在社会主义市场经济的法治化建设中起到良好的带头作用。

领导干部要带头遵守法律，维护法律权威。“法之不行，自上犯之。”我们的社会正在从人治走向法治，一些领导干部思想转不过弯子来，要求群众守法，自己却滥用职权，置法律于不顾，对群众讲的一套，自己做的又是一套，群众就会认为仍然是权大于法，这就形成不了全社会的法治意识。似乎是越有权就越想搞人治，越不愿意有法治，这就成了社会前进的障碍。如何在领导机关、领导干部中培养法治意识，以使执掌权力的人具有为国家民族长远着想的胸怀，宁肯放弃特权也要厉行法治，这是民主政治建设中首先要解决的问题。

加强法治教育，推进法治文化建设。政府推动下的法治文化建设，必然要求政府作出具体的工作。对于政府而言，加强法治教育是必备的手段之一，就是将法治教育贯穿各级学校教育的全过程，使法治教育内容融入教材之中，采取灵活多样的形式，达到润物细无声的效果。目前，我国法治传播主要是由政府采取灌输的方式方法，大多数情况下停留在法律规范的层面，这与我国的法治建设的步伐严重失调。尽管当前公众的法治意识在不断增强，但是在整体上，全民法治观念还是有待提高，因此，法治教育任重而道远。法治教育的实质就是要从组织上和思想上施加影响，以保证法治文化达到高水平，法治意识得到发展，以使人们确立一种符合社会主义主流文化的价值观念。

法治文化的建设，应坚持四个层面共同建设，不能顾此失彼，它们是相互联系、相互制约、不可分离的一个整体。在法治文化建设中既要防止把社会主义法治文化过于抽象化、神化，认为推动法治文化建设是政府的事情，需要政府有所作为，与其他单位和公众没有关系，同时把法治文化建设仅仅理解为解决法治意识、法治观念、法治精神的问题，此外，也要尽量避免把法治文化建设过于具体化、物化，把法治文化局限于法治文艺、法治宣传、法治影视、法治报纸图书制作等具体文化活动，以免陷入以偏概全、一叶障目的观察思考误区。法治文化是立体的，多角度、多层面的文化集合体，具有强大的生命力。无论是过于抽象还是过于物化的认识，都是对法治文化的片面理解，是对法治文化功能性不全面、不完备的认识，不清除这种片面认识，就难以正确把握法治文化的前进方向。

第三节　法治文化建设的运行机制

法治文化建设是一个动态的过程，要实现建设的规范化、科学化，就必须建立一套相互协调、相互影响的运行机制。法治文化的运行机制是由相互联系、相互制约的不同要素构成的动态系统。全面建构结构优化、管理科学的法治文化建设运行机制，是法治文化建设的必然要求，也是促进法治文化建设工作体系创新面临的重要课题。新形势下，应重点从以下几个方面推动法治文化建设运行机制的完善。

一、构建法治文化建设的动力机制

法治文化建设需要一定的动力来促进，若是没有这种内发性的因素由内到外的促进或者刺激，法治文化建设也就没有了生机。当今社会，各种社会思潮涌动，由于价值观的不同导致文化习惯上的差异。

迄今为止，中国法治文化建设依靠的主要是一种典型的政治推动机制，即通过制定各种文件和法律法规，对法治文化建设提出具体要求，对于中国法治文化而言，政治推动力在一定程度上见效快，这种政治制度的优势我们还不能完全抛弃，还要充分发挥这一优势，迅速开创法治文化建设新局面。但是，我们也要防止政治推动的最终结果极有可能与法治文化的要求背道而驰，这是政治推动的一个致命缺陷。因此，要改变这种方式，必须对其进行改革与创新，发挥其目前在法治文化建设中的主导作用，从长远来看，还是要发挥社会所推崇的市场、竞争机制的动力作用，提升人们的法治意识和法治信仰，这才是法治文化建设的内推力。

在政治推动法治文化建设的基础上，以公众的需求和制度应用为中心，发挥法治的推动作用，实现法治文化建设政治推动与法治推动相互促进，并逐步向以法治推动为主的范式变革。党的十八届四中全会指出，法律的权威源自人民的内心拥护和信仰。公众对法治的评价高低是推动法治文化发展的强大动力，法治文化建设就是要以人民群众的满意与否作为法治文化是否形成的评判标准。人民群众作为守法主体和法治文化建设参与主体，参与到法治文化建设过程中，一旦人民群众在法治文化建设过程中享受到利益，其会在内心深处产生对法治的向往和维护，人民群众就会主动参与到法治文化建设过程中。因此，从某种意义上讲，公众的参与比政府推动法治文化建设更有说服力，久而久之，这种无形的力量就会在公众的内心沉淀，并且形成一种行为习惯，其内心会产生一种强大的法治信仰，应该说这才是法治文化建设的可取之路。任何其他的强制性手段都会在目前的社会中发展成一种阻滞法治发展的反向力，如果不加以制止或改革，法治建设之路就会走得异常艰辛。因此，中国所进行的法治文化建设所遇到的推动力匮乏与建设效果不显现，究其原因，与公众的参与热情不高、参与渠道不畅、参与制度不健全息息相关，最根本的原因还是公众在法治文化建设中没有获得应有的关照和保护，其内心深处产生一种违和感，种种迹象表明其很难成为法治文化建设主体。所以说，法治文化建设如果不以实现人民群众所体会到的公平正义为核心，不切实保护人民的权利与利益，不扩大人民的法治建设参与度，法治文化建设就不可能找到得以扎实牢固而长久保持的基石。

一般意义上来讲，社会主义市场经济也是法治文化的发展动力。随着社会主义市场经济的不断深入和发展，其对社会主义法治文化建设提出更高的要求，从而推动社会主义法治文化在更高层次上向前发展。在社会主义市场经济的伟大实践中，能够不断发现社会主义法治文化存在的问题及不足，并深入思考和剖析其中的原因，从而在立法上改善，在执法上加强，在司法上推进。社会主义市场经济还能够成为检验社会主义法治文化所确立的理念、原则与规则正确与否的标准。例如，随着包括社会主义市场经济建设在内的社会主义建设实践深入发展，必然对社会主义法治文化发展过程中如何借鉴国外法治经验提出现实紧迫要求。在这个问题上关键看包括社会主义市场经济在内的社会主义建设实践需要什么样的法治经验并不断接受实践检验，以更好地改进提高。人类社会发展历史证明，国外法治优秀经验对人类社会的发展与进步发挥着推动作用，加强社会主义法治建设应加大借鉴和吸收的力度。但也要充分认清国外法治理念和模式的阶级本质与理论局限，在中国特色社会主义建设实践中选择适合我国国情的国外法治精髓，努力将国外法治经验与我国实际情况有机结合，走中国特色社会主义法治发展道路。

当前，我国所进行的法治文化建设已经进入一个新的发展阶段，新时代，新征程，法治文化建设应紧密关注社会发展潮流，体现时代特色，深入挖掘推动法治文化建设的力量，高瞻远瞩，加强顶层设计，找准发展着力点，构筑多元动力机制，使法治文化建设的政治推动模式向形成合力的多种推动方式纵深阶段发展。

二、优化法治文化建设的传播机制

优化法治文化的传播机制，增强传播能力，对于公众法治文化权益的保障和实现有重要作用。充分认识加快构建法治文化传播体系的重要意义，研究传播规律，强化传播手段，增强法治文化的国际传播能力。通过法治文化相关作品创作、法治文化宣传阵地建设等各类传播媒介提高法治文化的辐射力和影响力，是发展法治文化建设要着力抓好的工作。

（一）法治文化传播手段

现代传播体系要根据经济社会发展的新形势发展现代传播手段，这样才能使人们的法治文化权益受到保护，得到实现。法治文化作为公共文化的重要组成部分，应该积极依托公共文化的传播手段和传播体系。

面对世界传播格局的新变化，我们必须充分认识变革对于现在传播手段的影响，运用多种形式的新媒体来传播法治文化的价值理念。要积极探索、创新传播方式。要综合利用电视、网络、报纸等传统媒体，同时要密切关注手机的传播功能，运用微信、QQ、博客、微博等各类新媒体手段和工具来传播法治文化思想。努力制作包含法治理念、易于公众接受的法治文化公益广告，使公众在平时的生活中每时每刻都体会到法治文化的存在。法治文化传播的最终目的是通过民众的体验来获得法治文化理念，因此尝试通过体验传播的手段让民众直接接受法治文化的教育。应注重各种传播方式的综合运用，形成完善的法治文化传播体系。为传播对象提供不同层次、多种类型、各具特色的表达、参与和交流的平台，从而形成社会公众积极参与的互动联动传播，扩大传播的覆盖面，强化传播的渗透力和感染力，使公众法治文化意识得到普遍提升，并逐步转化为法治文化行为。

（二）法治文化传播活动

多途径广泛传播法治文化。自国家层面实行的普法活动实施以来，我国大力推进了法治文化建设，目前进入了开展法治宣传教育的第八个“五年规划”。要利用各种节日和平台开展法治文化宣传教育和法制知识普及，利用报刊、电台、电影、电视、网络、手机等各种新闻和信息媒体，传播法治文化。

打造法治文化高峰论坛品牌。站在国家战略的高度，贴近民生，将“中国特色社会主义法治文化论坛”等打造为具有中国特色的代表性的论坛精品。通过开展高峰论坛，深入法治文化体系进行研究、挖掘、修复、传承、发展和创新建设，不断增强法治文化与时俱进的适应性，提升公民的法治文化自觉、自信、自强，增强法治文化核心凝聚力、竞争力。在条件成熟的时候，走上国际论坛，以中国法治文化巨大的渗透力和感染力，屹立于世界民族文化之林。继续开展法治文明示范创建活动，深入开展文明城市、文明单位创建活动，开展“依法治×”理论和实践活动。让法治文化进城镇、进乡村、进学校、进企业。

（三）法治文化宣传教育

法治文化宣传教育是精神层面法治文化建设的重要环节，法治文化建设的一项内容就是通过宣传教育，改变大众思想观念，培育公众法治思维和法治生活方式，倡导人们树立尊重法治、维护法治、践行法治的理念，营造健康、良好的法治文化氛围，充分发挥法治文化“以文化人”“以文育人”的文化本质性作用。

党的十五大后，“依法治国，建设社会主义法治国家”被写入了宪法。1999 年，中央电视台《今日说法》栏目开播；2001 年，中央电视台“首届全国律师辩论大赛”举行。时至今日，以中央电视台为例，涉及法治内容的电视栏目层出不穷。例如：《经济与法》《焦点访谈》《今日说法》《新闻调查》《道德观察》《法治在线》等。就电视传媒而言，目前在受众上基本上是全覆盖，面对如此大的受众人群，电视法治节目也推陈出新，呈现出欣欣向荣的景象。这种繁荣盛况不仅与社会的经济发展有关，也是政治更加文明、人民文化生活更加丰富的反映。人民群众对法治节目的关注度普遍提高，有些人更加关注与自身生活相关的法治节目，这既是人们法治意识提高的表现，也是法治文化深入人心的体现。同时，还要加强法治文化知识创作，面向全社会广大读者，编写知识性、趣味性、民族性和时代性强的法治文化读物。鼓励和组织学术界人士撰写和创作有影响力的法治文化研究文章。组织翻译国外优秀的法治文化读物。开展优秀法治作品评选与表彰活动。

建立政府主导、多方参与的法治文化宣传教育机制。构建法治文化宣传教育平台。各级政府或者非政府组织、团体应积极参与法治文化宣传教育活动。法治文化教育要从孩子抓起。面向中小学生，更新教材内容，加强户外教育基地建设，使法治文化知识进教材、进课堂、进头脑。从古今中外的名家作品中筛选出与法治哲学、伦理相关的精品，通俗化解析后列入语文、地理、自然、生物等教材中。尤其是加强看得见、摸得到、可践行的法治艺术作品、影视作品等对青少年潜移默化的意识培养、价值引导、行为熏陶作用。

在法治文化宣传教育中，从宣传对象来看，在坚持社会普法的同时，我们要针对社会“高层次主体”进行普法。这里的“高层次主体”主要是指具有一些强势地位的社会群体，如官员、教师、管理人员等。以执法者为例，执法人员具有比行政管理相对人更良好的法律素质，这样更能实现良好的社会治理。从法治宣传的内容来看，我们要更注重典型案例，尤其是正面案例的宣传报道。对于违法行为本身的报道不宜过多，更应侧重报道违法行为如何受到法律的有效制裁以及违法行为人受到制裁后其自身所受到的不利影响等。这样才能对社会形成更好的警示效用。从法治宣传的效果来看，我们不应单纯地注重受众掌握了怎样的法律，而应更注重受众到底对法律树立了怎样的信心。从法治宣传的形式来看，我们要创新传统的办板报、发宣传材料、挂横幅、贴标语等简单、乏味的宣传形式。在统一的普法工作之外，更要充分发挥各类媒体在日常生活中所具有的宣传效力。要严格规范媒体的活动，使媒体能够以多样化的形式向社会传递科学、准确的法治信息。

深入开展以宪法为重点内容的、形式多样的全民法治宣传教育活动。巩固和发展法治宣传教育阵地，结合城市文化建设，建设一批融艺术性和标志性为一体的法治宣传教育设施，把法治宣传教育与法治实践紧密结合起来，开展基层民主法治创建活动。突出抓好各级领导干部和公职人员的法治教育工作，把法律知识培训纳入领导干部及公职人员理论培训的总体计划。进一步探索和完善法治文化宣传教育的组织保障机制、经费保障机制和考核评估机制，不断将法治文化宣传教育工作引向深入。

（四）法治文艺作品创作

第一，作为法治文化的重要载体，法治文学是社会法纪生态的即时聚焦，是守卫秩序、守卫正义、守卫真善美的形象反映，是推进当代法治文化建设的本土软实力。作为中国文学的重要分支，中华法治文学的涵盖面很宽，凡是论述和反映社会法治生活、法纪生态的文章，无论以何种体裁问世，都应该纳入法治文学的视野而予以研究，不仅包括通常人们所熟知的侦破、推理小说等体裁的法治文学作品，还包括纪律法治历史的诸多法治文献。这些法治文献和法治文学作品共同构筑了中国法治文化的宝库。这些法治文学可分为：法典型文章，如《通典》《仪制令》等；政论型文章，如《易经》《尚书》等；传记型文章，如《左传》《史记》等；案牍型文章；申诉型文章；演义型文章；杂录型文章；纯文艺型文章。[①] 法治作品必须有鲜明而坚定的法治主题，灌注强烈的民族感情，体现出深沉的

① 参见王运声，易孟林，陈鸿彝，等．中国法治文化概论［M］. 北京：群众出版社，2015：493-500.

民族气派，凸显民众对社会正义的热切呼唤，得到基层社会的热忱拥戴。

第二，法治艺术是指以法治生活为创造题材的艺术。法治艺术源远流长，从古至今百花齐放，种类繁多，灿烂如夏日天上的星辰。法治艺术在法治中国建设的伟大事业中有着独特的价值和地位。本书所指的法治艺术，主要有法治造型艺术中的法治书法艺术、法治绘画艺术、法治摄影艺术、法治雕塑艺术，法治表演艺术中的法治音乐艺术、法治舞蹈艺术，法治实用艺术中的法治建筑艺术，法治综合艺术中的法治戏剧艺术、法治戏曲艺术、法治曲艺艺术等门类。如歌曲《将法治进行到底》《法律伴我茁壮成长》无一不是充分运用了音乐的魅力来传达法治思想与情感。如双人舞《梦想》，便是用舞蹈表现出每个孩子都有一个梦想就是当一名警察，舞蹈者用这个梦想演绎了一段故事，告诉一个闯红灯的小姑娘，要遵守交通规则，记住红灯停绿灯行。

21 世纪以来，随着全面依法治国方略的推进，全国各地因地制宜，运用各种法治艺术形式创造性地开展法治宣传，传播法治文化，各种普法活动如火如荼地进行。一些地方甚至采用广场舞来宣传法治。如辽宁省抚顺市委全面依法治市委员会办公室在全市开展的法治歌曲广场舞大赛活动就取得了很好的效果。把一些群众熟知和喜爱的普法歌曲《普法之歌》《法律援助之歌》《法治力量》等法治歌曲作为舞蹈编排曲目，使全市城乡居民在寓教于乐的活动中营造出良好的法治文明环境。

第三，法治影视是以宣传依法治国理念为主旨、以让受众获得法治教育和启迪为使命的含有法治元素的影视作品，包括但不限于电视剧、电影以及各类法治纪实或综艺节目等。法治影视搭建了普通民众能够参与国家法治建设的平台，奠定了法治文化体系的坚实的群众基础。通过电视、电影和网络等大众传播媒体，借助法治影视这一参与度高、覆盖率广的传播手段，使原本国家单向、被动的法治信息传递转变为国家与民众之间的双向、主动的交流与互动。法治影视提供了社会公众参与法治文化建设的重要途径，不但增强了社会公众的法律意识，而且增强了社会公众对我国法治文化建设的认识和了解。

简单来讲，法治文化是一个国家或民族对于法治生活所持有的以价值观为核心的思维方式和行为方式。法治影视创作要符合民族文化心理和民族法治文化。法治影视承载着社会主义法治文化的时代精神，它在以文化影响力作用于社会大众精神的同时，也如春雨般无声地影响着社会大众法治观念的形成。

（五）法治文化国际传播能力

信息传播能力是衡量社会文明程度的标尺之一，是社会共同体实现政治和谐、经济发展、军事进步和文化繁荣的重要条件。法治文化中的许多内容是中国的优秀传统文化，增强法治文化的国际传播能力，是我国法治文化传播体系的一项重要任务。

增强法治文化的国际传播能力可以尝试依托分布在全球各地的“孔子学院”，在孔子学院的课程中增加关于法治文化的教学内容。这是一个巨大的传播网络，将成为法治文化国际传播的重要载体。此外，也可以尝试通过大型的国际活动传播法治文化。国家层面的“一带一路”国际合作高峰论坛、高校举办的“一带一路”法治论坛、各种研究机构与国外举行的法治学术研讨会等形式都是很好的传播平台。这些内容更丰富的法治文化宣传和实践活动，介绍了当今中国在加强法治建设、改善法治环境方面所做的努力和取得的成就，可促进中外法治文化交流，从而让世界了解中国法治文化，让中国法治文化走向世界。

三、培育法治文化建设的创新机制

以政府为支撑、以教育为重点、以社会为依托，采取多项措施加强和完善法治文化的传承创新体系。这是法治文化建设进入新时代的基本要求。

（一）加强优秀传统法治文化的传承

中华民族优秀传统法治文化是中华优秀传统文化的重要组成部分。法治文化不仅是中华民族宝贵的精神财富，也为和谐世界与人类的可持续发展提供了重要的东方智慧。优秀传统法治文化传承体系建设，是一个系统化的社会工程，需要所有相关部门协调行动，从顶层设计上作出战略规划和部署。

第一，法治文化的发展受多种因素的影响和制约，是一个自然历史过程与自觉能动过程的统一，不可能一蹴而就。从发展阶段来看，法治文化目前还是初级阶段的社会主义法治文化，发展的水平和层次受到经济社会环境的影响，法治文化要想谋取大发展，这一过程注定是坎坷的，充满了荆棘。法治文化是一个从不成熟到比较成熟、从不完善到比较完善的演进过程，这一过程离不开对社会实践的总结和提高，离不开对古今中外思想文化的借鉴与交流。传统法治文化思想包含在儒家、道家、佛家的典籍之中，因此，我们应运用科学的方法论和世界观，通过一定的手段，对我国古代治国的实践经验和思想成果进行总结、分析、批判性吸收，丰富和发展具有中国特色的法治文化。

第二，做好法治文化遗产资源保护工作。采取有力措施保护法治文化遗产，建立相关法律法规和标准体系，使法治文化保护有所遵循、有所借鉴。对重要的法治文化资源要采取专项保护措施，鼓励积极申报国家或世界文化遗产。加大对相关项目的资金支持，加大基础设施建设，成立专门的档案馆、博物馆等。对不同时期、不同地域、不同民族、不同内涵的法治文化，实行专项分类保护。繁荣发展少数民族法治文化事业，特别重视少数民族特色法治文化保护与传承工作和濒危法治文化的抢救、修复和传承工作。

第三，加强传统法治文化研究。重视传统法治文化研究基地建设，鼓励申报各个级别研究项目，针对不同内容有计划、分阶段地开展传统法治文化研究，从研究中取其精华、去其糟粕，古为今用、推陈出新。加强对传统法治文化内涵的挖掘，丰富法治文化理论。

第四，广泛开展优秀传统法治文化教育普及活动，使法治文化成为小学、中学的重要课程。要切实做好中小学生的传统法治文化教育，各学科课程都要结合学科特点融入法治文化的内容，编写法治文化的专门读本，开设绿色教育的通识课程，使学生比较系统地接受优秀传统法治文化教育，培养学生的法治道德和法治责任意识。

（二）建设法治文化创新体系

法治文化创新是适应法治文明建设的时代要求，是建设社会主义先进文化的必由之路，是法治文化保持生命力的内在要求。

建立和完善法治文化创新主体。建立专门的研究机构，培养研究团队，加强法治文化的价值体系建设。重点鼓励高校特别是政法类院校成立专门的法治文化研究机构，探索高校与政府在法治文化建设上的合作机制，充分发挥高校在法治理论研究方面的优势，发挥政府在物质保障和实践平台搭建方面的优势，强强联合共同推进法治文化理论的研究和学习，繁荣发展法治哲学和社会科学。

开展法治文化理论创新。重视对法治文化内涵的挖掘和提炼，使法治文化与历史文化、道德文化、人文文化、民族文化、民俗文化衔接和融合，多角度地考量不同历史时期、不同文明发展阶段，法治文化起源、发展的精神和物质成果，及其对人类文明的影响，对文明的孕育和引导，加强对法治文化历史价值的再认识。法治文化创新的方法包括源于社会实践的原始创新、继承传统并融通中西的集成创新、引进国外洋为中用的消化吸收创新等。

当前，我国法治文化建设迎来了千载难逢的好机遇，我们要按照党的十九大、二十大关于法治文化建设的新要求，把大力繁荣法治文化作为全局性和战略性的重大任务，为法治中国目标实现提供强有力的精神动力、智力支撑。

首先，在体现时代性中创新。法治的价值目标是与时俱进的，其内容随着时代的发展变化而变化，不同的时代，法治追求的目标不同，体现时代精神是文化创新的重要追求。法治文化创新，首要的是要坚持以本民族的优秀传统文化为基础，在为传统文化注入时代精神的努力中，不忘本、不媚外，遵循时代发展规律和特点，对中华民族传统法治文化进行创造性转化和创新性发展，借鉴国外优秀法治文化因子，把跨越时空、具有当代价值的法治文化精神弘扬起来，激活其生命力。因此，社会主义法治文化建设不能离开文化传统空谈文化创新，要在传承发扬中华民族优秀法治文化的同时，加强对其法治思想元素的挖掘和阐发，赋予传统法治精神新的时代内涵，积极适应时代发展的新特点和广大人民的新要求，引导理解认同、自觉践行。同时，在形式上要加强新媒体新技术的运用，更新传统观念，积极主动作为，大力提升新媒体技术在普法宣传和法治教育中的作用。

其次，在体现特色性中创新。法治文化既不能简单地继承，也不能一味地吸收，而是在继承中弘扬，在吸收中取精，在发展中创新。中华民族几千年历史形成的中华传统文化既有其铸就灿烂文明的积极建设性的文化精华，也有其受长期封建社会影响而形成的消极负面的文化糟粕。社会主义法治文化应该是既植根于母体文化又实现其现代转型和超越的法治文化，对中华传统文化“取其精华，去其糟粕”。“专制文化”向“和谐文化”的创造性转化与发展是社会发展的历史潮流，是不可阻挡的。在中国法治文化建设过程中，西方的法治文化发展模式为其提供了借鉴。例如，英国法治现代化的模式是经验主义的法治现代化模式，英国人走过的是一条渐进改良的内生型法治发展道路，英国法治文化建设提供的经验借鉴就是：建立适度强大的政治权威，进而实现政治与法律的良性互动，是顺利走向法治的必要前提。由于不同民族法治文化产生的历史环境不同、价值取向不同，相应的法治理念模式也就不同。我国所走的法治文化道路，必然要在继承和发扬中国传统法治文化优秀成分基础之上，积极加强与全世界各民族的法治文化交流，充分汲取世界先进法治文化营养，为我所用，融合创新。

最后，在体现实践性中创新。实践是法治文化创新的原动力，一方面，实践不断出现新情况，提出新问题，需要法治文化不断创新，以适应新情况、回答新问题。另一方面，实践的发展，为法治文化创新提供了更为丰富的资源，准备了更加充足的条件。社会主义法治文化必须顺应我国经济社会发展要求，在实现中华民族伟大复兴的历史征程中，在处于改革攻坚期、发展机遇期、社会风险期“三期叠加”的时期，法治文化建设面临的困难重重。因此，应深入研判法治文化的基本现状及发展策略，根据国家基本国情，同正在建设的社会主义现代化主动适应，同新时代的改革开放主动适应，总结我国几十年来法治建设的经验和教训，围绕法治中国的历史使命和重大实践，推进法治文化建设理论与实践创新，发展符合中国特色，体现新时代中国特色社会主义发展规律的法治文化。

（三）加强法治文化产业创新发展

文化产业不同于以满足人们生活需要为主要特征的其他产业，其呈现多元化的发展趋势，法治文化虽然已经被人们熟知，但法治文化产业具有比一般文化产业更强的公益属性，其市场竞争力相比之下更加薄弱。法治文化产业是在国家政策指导和市场引导下，以反映法治文化为主题的，以法治文化为创意来源，体现法治文化理念，为社会公众提供实物形态的法治文化创意产品和可参与的法治文化服务为主的市场化、产业化经营活动。法治文化产业创新是在复杂的经济、社会发展系统中进行的，包括法治文化产业理论、法治文化产业创新等多个领域，面对新情况，创新思路一旦不清楚，就可能丧失核心竞争力。

第一，坚持社会效益与经济效益相互统一。法治文化产业在满足全民多元化、多层次的精神需求，提高和丰富全民法治文化素养和精神境界的同时，也具有外部经济性、具有一定的社会公益效益。通过发展法治文化产业，推进法治文化的保护、挖掘、修复、传承、发展和创新建设，并能够带动相关产业发展，表现为公益性的特点。让民族的法治文化产业、产品走出国门，以其巨大的渗透力和感染力，屹立于世界民族文化之林，将有利于增强本国文化发展活力，有利于塑造国家、民族整体的文化形象，确立和提升国家、民族在世界法治文明中的地位及其独特的精神价值。

第二，规划法治文化产业方向，保障产业运行。我国的法治文化产业方兴未艾，要坚持科学规划，将法治文化纳入文化发展总体规划，遵循“高标准规划、高水平建设”的原则实施规划。在规划中明确产业重点。有针对性地设立扶持政策和专项资金，支持优秀传统法治文化产业和创意产品的传承与研发。要加快建立健全法治文化产品生产、服务、消费、商业运作等方面的法律法规，依法加强对法治文化产业发展的规范管理，促进法治文化产品生产要素的合理流动，完善产权交易机制，为法治文化企业创造公开、公平、公正的产权交易环境。

第三，鼓励文化消费，扩大产业规模。不断适应人民群众日益增长的对美好生活的需要，创新发展法治文化产品和服务，使其更加符合人们生活需求，提高人们法治文化消费意识，培育新的消费热点。开发与法治文化相结合的影视作品、新闻出版物，带动相关产业发展。结合各地区法治文化资源情况建设一批法治文化产业园区，为法治文化产业的发展提供强有力的支撑，并使其成为当地文化建设新的增长点。

总而言之，文化产业近几年已经迅速成为许多发达国家和地区的支柱产业，并呈现集群式、跨越式发展态势，在产业结构优化升级中发挥了重要作用。契合这种世界潮流，在国家政策引导和政府强力推动下，我国的文化产业的整体规模和实力得到快速提升。法治文化产业作为法治文化体系的重要内容以及文化产业的组成部分，对于促进我国文化产业的繁荣发展、弘扬我国博大精深的法治文化思想、提高人们的法治文化素养和推进法治文明建设有着不可替代的作用。

四、完善法治文化建设的保障机制

法治文化建设需要一定的物质财力保障，需要各个相关部门的合力协作，若没有公共财政的投入，没有政府相关的措施加以建设，将成为一个建设的真空地带。在法治文化建设实践中，会发现某些在各种会议上高谈阔论“法治文化如何如何重要”，而在实际工作中却对法治文化建设视而不见、搁置一边的情况，在全面推进依法治国的战略下，这已成为阻碍法治建设的一大重症，必须加以改变。各级政府需要做好法治文化的顶层设计，以项目为载体，以公共财政投入为支撑，构建法治文化建设的保障机制。要将法治文化建设经费纳入当年的财政预算，保障群众广泛享有基本的公共文化服务。

（一）加强法治文化的基础设施建设

大力加强法治文化博物馆和法治文化公园等设施建设。法治文化博物馆是传承和弘扬中华法治文化，向国人和世人展示中华民族悠久法治文化丰富内涵、开展法治教育的重要场所和文化载体。它的数量多少、水平高低，是体现一个国家或地区法治文明程度的重要标志。近期，国家应把法治文化博物馆建设列为工作重点之一，统筹规划，合理布局，建设精品，逐渐形成完善的全国法治文化博物馆体系。

集中全国人民力量在首都北京建设国家法治文化博物馆。通过这一文化载体，向全社会传播法治文明理念、展示法治建设成就和未来规划展望等。加强区域性国家级或省级法治文化博物馆建设。可以以公安、检察、法院等典型的法治系统为依托，建设一批规模适当、独具特色的法治博物馆、文化馆等法治教育基地。对已有的场馆要进一步加强硬件和软件建设，丰富文化内涵，提高博物馆的建设水平。同时，应不断改革经营模式，免费向社会开放，充分发挥其服务社会的文化效益。

传承和弘扬法治文化离不开一定的物质载体，将法治文化的理念融入法治文化公园建设中，使其成为宣传法治文化理念的重要载体，江苏省在这一方面作出了表率。在该省，各种法治宣传教育中心、检察文化长廊、法治文化街、交通安全体验营、反腐倡廉警示教育基地、禁毒教育馆、宪法长廊、税收文化宣传教育基地、法治文化市场、法治文化展厅、法治文化主题教育室等设施一应俱全，遍布全省各地。最让人欣慰的是，在以中华传统美德为主题的美德园，让居民在欣赏蕴含中华传统美德作品的同时接受法治文化的熏陶，营造了法治和道德相辅相成的良好氛围。

（二）加强法治文化的保障能力建设

加强法治文化保障能力建设，是党和政府树立以人为本发展理念的体现，可以有效提升人们的文明素质，营造一种和谐的法治文化氛围，形成全社会共同遵守的核心价值观。

第一，加大公共财政支持法治文化建设的力度。近年来，我国加大对文化产业的投资力度，决策者们充分认识到了文化在国家发展建设中的软实力作用，没有文化的支撑，经济社会发展就会失去动力。因此，作为文化重要部分的法治文化也就成为投资的热点。法治文化服务支出在整个政府的财政公共支出中占据的比重越来越大，有些地方政府在当地建设了多层次、高规格的法治文化设施。加强法治文化建设，加大对法治文化投入力度，这已经成为某些地方政府决策者的共识。

第二，应逐步完善公民法治文化需求表达和法治文化决策参与机制。当前我国实施的是自上而下的政府主导型法治文化建设模式，政府司法行政部门与文化管理部门等相关单位要进行调查研究，完善人民法治文化需求的表达途径，依靠人民群众的集体力量建设法治文化，倾听他们的法治文化需求，吸收一部分人参与法治文化决策，改变法治文化提供的公共产品和服务与人民群众多样性文化需求之间错位、不对称的现象，这一工作也是推进国家治理体系和治理能力现代化的要求，因此，促进法治文化服务决策的科学化、民主化，就显得格外重要和紧迫。这样可以避免很多问题的产生，真正把保障人民群众知情权、参与权、监督权贯彻于法治文化服务体系建设过程中，让人民群众得到实惠。

第三，创新推动公共文化服务体系建设的体制机制和模式。坚持市场导向，推进政府职能转变，增强政府行政服务能力、加大行政监管力度，政府应适应经济社会发展需要，创新法治文化发展模式，形成高效的公共文化服务建设体制机制，政府可以通过第三方购买服务等形式发展法治文化，借鉴国外法治文化建设经验，挖掘社会上的一切可资利用的资源提高法治文化的供给能力，以人民群众的文化权益为工作的出发点和落脚点，以人民满意不满意作为衡量工作的标准，实现人民群众法治文化利益的最大化。法治文化应主动融入文化建设的大潮流之中，做到你中有我、我中有你，避免重复建设，例如一些地方的法治宣传中心既可以是法治文化教育基地，也可以作为廉政教育示范点。

第四，建立法治文化服务的标准和绩效评估体系。在法治文化建设过程中，要有一定的法治文化服务标准和范围，实行这样的标准和范围，有利于提升对法治文化服务现状的直观把握，可以通过对细化的标准制定进行分析，考察某地法治文化建设过程中的疏漏与不足之处，并及时予以完善。我国目前区域经济发展极不平衡，各地财政保障能力因地而异，因此，制定基本的法治文化服务标准，有利于法治文化建设者明确我国法治文化服务的范围、最低的供给规模和质量要求，以及人员、设施、日常运行费用核心的要求内容，将其纳入当地政府的绩效考核范围之内，真正产生推动法治文化建设的动力和机制。在此基础上，要研究提出符合当地实际的法治文化服务体系，建设绩效评价指标体系，配套相应的制度。这就有助于各地区之间进行横向的比较，激励与鞭策法治文化服务体系建设程度相对落后的地区，通过采取积极举措推进法治文化服务体系建设。同时，在评估过程中要坚持公开透明，把政府评估与专家学者、社会公众等社会主体评估有机地结合在一起，通过多方主体的参与，提高法治文化服务政策评估的透明度、客观性和公正性。当然，这一过程的本身就意味着法治文化的进步与发展。

结 语

历史教训一次次唤醒我们，一个民族文化传统的形成与演变，是多种因素在历史长河中相互融合、碰撞的结果。实现封建社会文化传统的脱胎换骨，这是新时代的需要，是对社会文化的抉择、提炼和重塑的过程，它有赖于对孕育封建社会文化传统的深层结构的改造，以及对于中国经济、政治、文化等相关领域的改革。如果说封建社会文化传统的形成是一个自发的过程，那么对它的转换则是一个文化自觉的过程，因此，中国社会主义法治文化应时应势登上了历史的舞台。

当前，就全世界的法治文化发展历史来看，中国的法治文化还处于发展关键期，要使法治文化体现人类最高的法律文化成就，就必须努力汲取其他社会文明的法治精华。社会主义法治是在深刻反思人类历史上各种类型优秀法治思想的基础上不断发展完善的。美国著名政论家弗里德曼指出："美国成功的秘诀不在于华尔街，也不在于硅谷，其真正的秘诀在于长盛不衰的法治。正是这种法治使每个人可以充分发展而不论谁在掌权。无论是普通民众还是政府官员，不允许有超越于法律之上的特权。"毫无疑问，美国的法治我们是不能照搬的，但是可以汲取其优秀的精华为我所用。中华民族具备了这种崇尚法治的精神，何患法治文化不能建立，何患法治中国目标不能实现。

中国经过40多年的改革开放，正沿着一代代中国共产党人开创的中国特色社会主义道路前进，通过国内外一系列领域的改革，开创出了人类历史上追求富强、民主、文明、和谐、美丽的新天地。在当今的法治文化建设中，如何形成一种科学、理性的法治改革观，处理好法律改革与经济、社会和文化进步的关系问题，平稳过渡"法治成长期"，自然是不能回避的大问题。党的十八届四中全会把建设社会主义法治文化作为全面推进依法治国的重要工作，这是具有远见卓识的战略决策，对于推动文化与法治的互动融合，充分发挥法治文化对法治建设的引领和促进作用，具有十分重要的意义。在全面推进依法治国进程中，只有把法治文化建设摆在突出位置，积极探索创新法治文化建设的新途径、新方法，以社会主义法治文化引领社会主义法治实践，才能不断提升法治建设的整体水平。

法治文化并非抽象的哲理和空洞的说教，它就在我们身边，体现在我们的日常生活中。在社会主义市场经济条件下，如何推动法治文化建设，没有现成的经验和例子可以借鉴，当前法治文化建设还存在着一些问题，需要我们认真研究，积极探索法治文化建设新途径，理念需要不断更新、实践需要不断探索、政策需要不断完善。同时，应突出重点、着力加大资金投入，在法治文化建设中既要运用新科技技术，又要把握好传承创新；既要重视法治文化的普及，又要推动法治文化的创新提高。中国的法治文化建设还要遵循文化建设的特有规律，把握法治建设的内在要求，找准文化建设与法治建设的结合点，坚定不移地走中国特色社会主义法治文化道路，坚持法治主张什么，法治文化就宣扬什么。只有深刻领会社会主义法治建设的主基调，才能准确把握社会主义法治文化发展的主旋律，充分发挥法治文化支撑法治建设的作用。

人类法治文化的核心价值导向是实现法治文明。21 世纪，在法治文化的引导下，人类将告别过去，走向一个全新的文明时代，即法治文明。法治文化的崛起，顺应并契合了法治文明时代发展的大趋势，体现了社会主义核心价值观和先进文化前进方向。法治文明时代必然是法治文化大发展、大繁荣的时代。法治文化根植于民众之中，坚持以人为本，坚持法治文化的发展为了人民，法治文化发展依靠人民，法治文化成果由人民共享，促进人的自由全面发展，是全面建设法治文化的应有之义，也是推动社会主义文化大发展、大繁荣的重要途径。因此，只有努力构建法治文化体系，弘扬优秀传统文化，借鉴西方优秀法治文化因子，并不断与时俱进、创新发展，才能真正进入法治文明真善美统一的新时代。法治文化建设不仅体现了习近平新时代中国特色社会主义思想的要求，也是法治文化所倡导的全新发展理念与模式。作为一种思维方式和活动方式的法治文化，必然实现从有形到无形——境界的提升与生活方式的变迁。只有全社会共同努力，转向更高文明的生产与生活方式，我国法治文明的宏伟目标才能早日实现，进而稳步迈入社会主义法治文明的新时代，最终实现全社会人民的福祉。

参考文献

一、经典文献类

[1] 中共中央马克思恩格斯列宁斯大林著作编译局．马克思恩格斯文集(第1卷)[M]. 北京：人民出版社，2009.

[2] 中共中央马克思恩格斯列宁斯大林著作编译局．马克思恩格斯全集(第1卷)[M]. 北京：人民出版社，1995.

[3] 中共中央马克思恩格斯列宁斯大林著作编译局．马克思恩格斯全集(第2卷)[M]. 北京：人民出版社，2005.

[4] 中共中央马克思恩格斯列宁斯大林著作编译局．马克思恩格斯全集(第3卷)[M]. 北京：人民出版社，2002.

[5] 中共中央马克思恩格斯列宁斯大林著作编译局．马克思恩格斯全集(第21卷)[M]. 北京：人民出版社，2003.

[6] 中共中央马克思恩格斯列宁斯大林著作编译局．马克思恩格斯全集(第25卷)[M]. 北京：人民出版社，1974.

[7] 中共中央马克思恩格斯列宁斯大林著作编译局．马克思恩格斯选集(第1卷)[M]. 北京：人民出版社，2012.

[8] 中共中央马克思恩格斯列宁斯大林著作编译局．马克思恩格斯选集(第3卷)[M]. 北京：人民出版社，2012.

[9] 中共中央马克思恩格斯列宁斯大林著作编译局．列宁全集(第2卷)[M]. 北京：人民出版社，1984.

[10] 中共中央马克思恩格斯列宁斯大林著作编译局．列宁全集(第12卷)[M]. 北京：人民出版社，1987.

[11] 中共中央马克思恩格斯列宁斯大林著作编译局．列宁全集(第33卷)[M]. 北京：人民出版社，1985.

[12] 中共中央马克思恩格斯列宁斯大林著作编译局．列宁全集(第36卷)[M]．北京：人民出版社，1985.

[13] 中共中央马克思恩格斯列宁斯大林著作编译局．列宁全集(第38卷)[M]．北京：人民出版社，1986.

[14] 中共中央马克思恩格斯列宁斯大林著作编译局．列宁全集(第42卷)[M]．北京：人民出版社，1987.

[15] 中共中央马克思恩格斯列宁斯大林著作编译局．列宁全集(第43卷)[M]．北京：人民出版社，1987.

[16] 中共中央马克思恩格斯列宁斯大林著作编译局．列宁选集(第3卷)[M]．北京：人民出版社，2012.

[17] 毛泽东．毛泽东文集(第6卷)[M]．北京：人民出版社，1999.

[18] 毛泽东．毛泽东选集(第2卷)[M]．北京：人民出版社，1991.

[19] 毛泽东．毛泽东选集(第3卷)[M]．北京：人民出版社，1991.

[20] 毛泽东．毛泽东选集(第4卷)[M]．北京：人民出版社，1991.

[21] 董必武．董必武政治法律文集[M]．北京：法律出版社，1986.

[22] 董必武．董必武法学文集[M]．北京：法律出版社，2001.

[23] 邓小平．邓小平文选(第1卷)[M]．北京：人民出版社，1994.

[24] 邓小平．邓小平文选(第2卷)[M]．北京：人民出版社，1994.

[25] 邓小平．邓小平文选(第3卷)[M]．北京：人民出版社，1993.

[26] 江泽民．江泽民文选(第1卷)[M]．北京：人民出版社，2006.

[27] 江泽民．江泽民文选(第2卷)[M]．北京：人民出版社，2006.

[28] 江泽民．江泽民文选(第3卷)[M]．北京：人民出版社，2006.

[29] 中共中央文献研究室．十六大以来重要文献选编(中)[M]．北京：中央文献出版社，2006.

[30] 中共中央文献研究室．十八大以来重要文献选编(上)[M]．北京：中央文献出版社，2014.

[31] 中共中央文献研究室．十八大以来重要文献选编(中)[M]．北京：中央文献出版社，2016.

[32] 习近平．习近平谈治国理政(第一卷)[M]．北京：外文出版社，2014.

[33] 习近平．习近平谈治国理政(第二卷)[M]．北京：外文出版社，2017.

二、外文译著类

[1][日]川岛武宜．现代化与法[M]．王志安，等译．北京：中国政法大学出版社，1994.

[2][美]弗里德曼．法律制度[M]．李琼英，等译．北京：中国政法大学出版社，1994.

[3][英]马林诺夫斯基．文化论[M]．费孝通，等译．北京：中国民间文艺出版社，1987.

[4][德]海德格尔．在通向语言的途中[M]．孙周兴，译．北京：商务印书馆，2005.

[5][美]本杰明·N. 卡多佐．法律的成长·法律科学的悖论[M]．董炯，彭冰，译．北京：中国法制出版社，2002.

[6][英]哈特．法律的概念[M]．张文显，等译．北京：中国大百科全书出版社，2003.

[7][美]理查德·A. 波斯纳．法理学问题[M]．苏力，译．北京：中国政法大学出版社，2002.

[8][德]哈特穆特·毛雷尔．行政法学总论[M]．高家伟，译．北京：法律出版社，2000.

[9][美]克鲁克洪，等．文化与个人[M]．高佳，等译．杭州：浙江人民出版社，1986.

[10][德]康德．判断力的批判[M]．韦卓民，译．北京：商务印书馆，1970.

[11][美]L. A. 怀特．文化科学——人和文明的研究[M]．杭州：浙江人民出版社，1988.

[12][美]E. 博登海默．法理学——法哲学及其方法[M]．邓正来，姬敬武，译．北京：华夏出版社，1987.

[13][美]E. 博登海默．法理学：法律哲学与法律方法[M]．邓正来，译．北京：中国政法大学出版社，1999.

[14][美]博登海默．博登海默法理学[M]．潘汉典，译．北京：法律出版社，2015.

[15][瑞士]皮亚杰．结构主义[M]．北京：商务印书馆，1996.

[16][意]阿奎那．阿奎那政治著作选[M]．马清槐，译．北京：商务印书馆，1963.

[17][美]罗尔斯．正义论[M]．何怀宏，等译．北京：中国社会科学出版社，1988.

[18][英]詹宁斯．法与宪法[M]．龚祥瑞，侯健，译．北京：生活·读书·新知三联出版社，1997.

[19][美]伯尔曼．法律与革命——西方法律传统的形成[M]．贺卫方，等译．北京：中国大百科全书出版社，1993.

[20][法]托克维尔．论美国的民主(上)[M]．董果良，译．北京：商务印书馆，1991.

[21][美]罗伯特·伯格，罗纳德·菲德瑞柯．人类行为[M]．梅毅，译．北京：中国社会科学出版社，1993.

[22][美]塞缪尔·亨廷顿，劳伦斯·哈里森．文化的重要作用——价值观如何影响人类进步[M]．程克雄，译．北京：新华出版社，2002.

[23][法]孟德斯鸠．论法的精神(上册)[M]．张雁深，译．北京：商务印书馆，1961.

[24][古希腊]亚里士多德．政治学[M]．吴寿彭，译．北京：商务印书馆，1965.

[25][美]露丝·本尼迪克特．文化模式[M]．王炜，等译．北京：社会科学文献出版社，2009.

[26][法]维克多·埃尔．文化观念[M]．康新文，晓文，译．上海：上海人民出版社，1988.

[27][英]威廉·韦德．行政法[M]．楚建，译．北京：中国大百科全书出版社，1997.

三、中文著作类

[1] 陆永泉．邓小平法制思想研究[M]．南京：江苏人民出版社，1998.

[2] 张大中，郑建邦，刘永平．毛泽东科学社会主义思想研究[M]．北京：中国人民大学出版社，1993.

[3] 中国检察学会．毛泽东法制思想论集[M]．北京：中国检察出版

社，1993.

［4］荣长海，张景荣．邓小平若干基本观点研究［M］．天津：天津社会科学院出版社，2000.

［5］蒋传光．建构中国法治社会的指南——邓小平法制思想研究［M］．合肥：安徽大学出版社，2000.

［6］陈金全．新中国法律思想史［M］．北京：人民出版社，2011.

［7］黄之英．中国法治之路［M］．北京：北京大学出版社，2000.

［8］李林．中国法治建设60年［M］．北京：中国社会科学出版社，2010.

［9］范进学，夏泽祥，秦强．法治文明论［M］．北京：中国经济出版社，2008.

［10］中国法学会．法治中国建设问答［M］．北京：法律出版社，2015.

［11］钱弘道．中国法治增长点——学者和官员畅谈录［M］．北京：中国社会科学出版社，2012.

［12］刘同君．守法伦理的理论逻辑［M］．济南：山东人民出版社，2005.

［13］江泽慧．生态文明时代的主流文化——中国生态文化体系研究总论［M］．北京：人民出版社，2013.

［14］刘作翔．法律文化理论［M］．北京：商务印书馆，1999.

［15］李林，冯军．依法治国与法治文化建设［M］．北京：社会科学文献出版社，2013.

［16］尚巍，侯锡林．行为科学理论基础［M］．沈阳：东北大学出版社，1993.

［17］王运声，易孟林，陈鸿彝，等．中国法治文化概论［M］．北京：群众出版社，2015.

［18］北京大学法律系．法学论文集［M］．北京：光明日报出版社，1987.

［19］武树臣，等．中国传统法律文化［M］．北京：北京大学出版社，1994.

［20］王人博，程燎原．法治论［M］．济南：山东人民出版社，1998.

［21］陈弘毅．法治、启蒙与现代法的精神［M］．北京：中国政法大学

出版社，1998.
［22］高鸿钧，等．法治：理念与制度［M］．北京：中国政法大学出版社，2002.
［23］刘平．法治与法治思维［M］．上海：世纪出版集团，上海人民出版社，2013.
［24］黄稻，刘海亮．社会主义法治意识［M］．北京：人民出版社，1995.
［25］庄锡昌，顾晓鸣，顾云深，等．多维视野中的文化理论［M］．杭州：浙江人民出版社，1987.
［26］徐行言．中西文化比较［M］．北京：北京大学出版社，2004.
［27］郑晓云．文化认同与文化变迁［M］．北京：中国社会科学出版社，1992.
［28］梁治平．新波斯人信札［M］．贵阳：贵州人民出版社，1988.
［29］费孝通．乡土中国［M］．北京：生活·读书·新知三联书店，1985.
［30］张建云．主体意识论［M］．石家庄：河北人民出版社，2004.
［31］何勤华，等．法律文化三人谈［M］．北京：北京大学出版社，2010.
［32］张岱年，程宜山．中国文化论争［M］．北京：中国人民大学出版社，2009.
［33］徐大同．西方政治思想史（第一卷）［M］．天津：天津人民出版社，2005.
［34］法学教材编辑部编写组．西方法律思想史资料选编［M］．北京：北京大学出版社，1983.
［35］李瑜青．人文精神与法治文明关系研究［M］．北京：法律出版社，2007.
［36］高建．西方政治思想史［M］．天津：天津人民出版社，2005.
［37］严存生．法治的观念与体制——法治国家与政党政治［M］．北京：商务印书馆，2013.
［38］林来梵．文人法学［M］．北京：清华大学出版社，2013.
［39］马戎，周星．二十一世纪：文化自觉与跨文化对话［M］．北京：

北京大学出版社，2001.

[40] 喻中．社会主义法治理念概论[M]. 北京：法律出版社，2012.

[41] 梁漱溟．东西文化及其哲学[M]. 北京：商务印书馆，2004.

[42] 范忠信．中西法文化的暗合与差异[M]. 北京：中国政法大学出版社，2001.

[43] 韩春晖．社会管理的法治思维[M]. 北京：法律出版社，2013.

[44] 刘哲昕．文明与法治——寻找一条通往未来的路[M]. 上海：世纪出版集团，上海人民出版社，2011.

[45] 李林，田禾，吕艳滨：中国法治这十年(2002—2012)[M]. 北京：方志出版社，2015.

[46] 中国法律史学会．中国文化与法治[M]. 北京：社会科学文献出版社，2007.

[47] 苏晓宏，等．法治的向度与文化视域[M]. 北京：法律出版社，2013.

[48] 李德顺．中国特色社会主义法治文化研究[M]. 北京：中国政法大学出版社，2016.

[49] 李德顺．走向民主政治——当代中国政治文明的价值体系初探[M]. 北京：法律出版社，2011.

[50] 何勤华．法律文化史研究(第一卷)[M]. 北京：商务印书馆，2004.

[51] 李龙．政治文明与法治国家[M]. 武汉：武汉大学出版社，2007.

[52] 颜晓峰．建设法治中国[M]. 北京：社会科学文献出版社，2015.

[53] 张建华．法治文化读本[M]. 北京：中国书籍出版社，2013.

四、学术论文类

[1] 郑成良．论法律文化的要素与结构[J]. 社会学研究，1989(2).

[2] 龚廷泰．法院文化建设的最高境界：追求司法的真善美[J]. 中国审计，2012(1).

[3] 刘斌．法治文化三题[J]. 中国政法大学学报，2011(3).

[4] 郭道晖. 人民的利益是最高的法律——学习列宁的法制思想[J]. 法学评论，1992(4).

[5] 张文显. 法律文化的释义[J]. 法学研究，1992(5).

[6] 慕槐. 法律文化随感录[J]. 比较法研究，1989(2).

[7] 杜万华. 法律文化在立法中的作用[J]. 学习与探索，1990(1).

[8] 刘作翔. 法治文化的几个理论问题[J]. 法学论坛，2012(1).

[9] 李林. 社会主义法治文化概念的几个问题[J]. 北京联合大学学报(人文社会科学版)，2012(2).

[10] 缪蒂生. 论中国特色社会主义法治文化[J]. 中共中央党校学报，2009(4).

[11] 王金霞. 论当代中国的法治文化概念[J]. 中国政法大学学报，2014(1).

[12] 李德顺. 法治文化论纲[J]. 中国政法大学学报，2007(1).

[13] 刘雁鹏. 中国特色社会主义法治文化的构成要素[J]. 社会科学家，2014(11).

[14] 张文显. 法治的文化内涵——法治中国的文化建构[J]. 吉林大学社会科学学报，2015(4).

[15] 梁平. 语义与实践：中国特色法治文化及其建设进路探究[J]. 法学杂志，2013(3).

[16] 刘斌. 中国当代法治文化的研究范畴[J]. 中国政法大学学报，2009(6).

[17] 李林. 我国社会主义法治文化建设的若干问题[J]. 哈尔滨工业大学学报(社会科学版)，2012(5).

[18] 张波. 论当代中国法律文化的多样性及中国特色法治文化的生成[J]. 南京社会科学，2001(11).

[19] 陈波. 近现代西方法治观的嬗变与借鉴意义[J]. 武汉交通管理干部学院学报，2002(12).

[20] 习近平. 加快建设社会主义法治国家[J]. 求是，2015(1).

[21] 曾小华. 什么是制度文化[J]. 中共杭州市委党校学报，2001(1).

[22] 陈立旭. 增强浙江公共文化服务能力的五点建议[J]. 观察与思考，2012(1).

［23］李汉昌．美国民事审前程序中值得借鉴的几个问题［J］．法学评论，1988(6)．

［24］张有根．试论企业法治文化建设［J］．江苏商论，2012(12)．

［25］袁晓晖．提升“四力”推进企业法治文化建设［J］．国资报告，2017(6)．

［26］黄蓓蓓．企业法治文化建设初探——以“依法治企”为视角［J］．法制与社会，2013(1)．

［27］张薇薇．法袍与法文化［J］．法律科学，2000(5)．

［28］刘道纪．警察徽章的文化内涵［J］．人民公安，2010(6)．

［29］尤一平．西方市民社会法治对架构我国法治之路的启示［J］．法制与社会，2014(4)．

［30］陆毅龙．影响农民守法行为的因素分析——对两种范式的实证检验［J］．中国人民大学学报，2005(4)．

［31］闫少华，谭韩．习近平法治思想研究［J］．理论学刊，2017(6)．

五、学位论文类

［1］冯宇．中国电视法治文化批判［D］．成都：四川大学，2004.

［2］王金刚．中国传统法律文化与法治文化建构［D］．济南：山东大学，2006.

［3］乔以明．论法治文化建设的社会化路径［D］．成都：四川大学，2006.

［4］马悦红．公共领域传播机制的法治文化构建功能［D］．哈尔滨：黑龙江大学，2009.

［5］陈爽．试论英国法治文化的形成［D］．北京：北方工业大学，2010.

［6］刘印．企业法治文化建设研究——以 FS 公司为案例［D］．南京：南京理工大学，2011.

［7］田政．当代法治文化研究［D］．淮北：淮北师范大学，2011.

［8］孟娟．国家软实力视角下的法治文化价值研究［D］．兰州：西北师范大学，2011.

［9］陈阁．和谐社会视域中当代中国法治文化的生成［D］．泰安：山

东农业大学，2011.

［10］李峰．论我国高校法治文化建设［D］．合肥：安徽农业大学，2011.

［11］杨复卫．分化社会视野下法治文化的整合追求［D］．武汉：中南民族大学，2012.

［12］张萍．企业法治文化研究［D］．上海：华东政法大学，2012.

［13］刘香．中国行政机关的法治文化建设研究——基于马克思主义经典作家法治文化建设理念的视角［D］．洛阳：河南科技大学，2013.

［14］杨金光．契合与共生：文化软实力语境中的中国法治文化研究［D］．兰州：兰州理工大学，2013.

［15］殷超群．法治文化视野下的税收法定原则［D］．北京：中国政法大学，2013.

［16］徐慧敏．高职院校法治文化建设研究——以张家口职业技术学院为例［D］．秦皇岛：燕山大学，2013.

［17］潘浩．城区法治文化建设探析——以东部地区某城区为例［D］．上海：复旦大学，2013.

［18］王延伟．社会转型视角下的当代中国法治文化建设［D］．延安：延安大学，2014.

［19］王晓萌．法治文化环境建设的社会效益研究［D］．包头：内蒙古科技大学，2015.

［20］李笑囡．中国特色社会主义法治文化研究［D］．长春：长春师范大学，2015.

［21］黄福政．声景观设计在引潮河法治文化广场中的应用［D］．扬州：扬州大学，2015.

［22］李慧芳．国家治理现代化视野中的法治文化问题研究［D］．天津：天津师范大学，2016.

［23］张建智．农村法治文化调查研究——以鲁南地区×镇为个案［D］．沈阳：沈阳师范大学，2016.

［24］刘真真．社会主义核心价值观与法治文化建设逻辑关系研究［D］．上海：上海师范大学，2016.

［25］唐丽丽．中国特色社会主义法治文化建设研究［D］．大庆：东北

石油大学，2016.

[26] 刘绍艺．新形势下我国基层法治文化建设研究[D]．淄博：山东理工大学，2016.

[27] 张焕焕．高校法治文化建设存在的问题及对策研究——以武汉地区高校为例[D]．武汉：华中师范大学，2016.

[28] 黄玉华．葛兰西文化领导权理论及其对当代中国法治文化建设的启示[D]．南宁：广西民族大学，2016.

[29] 胡钢．民间治理的法治文化研究[D]．赣州：江西理工大学，2016.

[30] 王璐．马克思主义文化观视角下我国法治文化建设研究[D]．齐齐哈尔：齐齐哈尔大学，2016.

[31] 王雪．孟子民本思想的当代法治文化价值[D]．大连：辽宁师范大学，2016.

[32] 阎智洪．法治文化建设的价值引领研究[D]．包头：内蒙古科技大学，2017.

[33] 张维．中国特色社会主义物化法治文化研究——以法院建筑为例[D]．武汉：华中师范大学，2017.

[34] 王硕．西方法治文化的形成、发展及其启示[D]．上海：上海师范大学，2017.

[35] 司静宜．基于思想政治教育维度的高校法治文化建设研究[D]．天津：天津工业大学，2017.

[36] 张凡．当代大学生法治观念培育研究[D]．武汉：华中师范大学，2017.

六、文件辞书类

[1] 胡锦涛．坚定不移沿着中国特色社会主义道路前进为全面建成小康社会而奋斗——在中国共产党第十八次全国代表大会上的报告[M]．北京：人民出版社，2012.

[2] 习近平．在首都各界纪念现行宪法公布施行30周年大会上的讲话[N]．人民日报，2012-12-05(2).

[3] 中共中央宣传部，中共中央文献研究室．论文化建设——重要论

述摘编[M]. 北京：学习出版社，中央文献出版社，2012.

[4] 中共中央关于全面推进依法治国若干重大问题的决定(辅导读本)[M]. 北京：人民出版社，2014.

[5] 中共中央关于制定国民经济和社会发展第十三个五年规划的建议[M]. 北京：人民出版社，2015.

[6] 中国共产党第十八届中央委员会第四次全体会议文件汇编[M]. 北京：人民出版社，2014.

[7] 党的十九大报告学习辅导百问[M]. 北京：党建读物出版社，学习出版社，2017.

[8] 习近平关于全面依法治国论述摘编[M]. 北京：中央文献出版社，2015.

[9] 习近平总书记系列重要讲话读本[M]. 北京：人民出版社，学习出版社，2014.

[10] 习近平. 在纪念孔子诞辰2565周年国际学术研讨会暨国际儒学联合会第五届会员大会开幕会上的讲话[M]. 北京：人民出版社，2014.

[11] 殷泓. 中国法治评估报告2015[N]. 人民日报，2016-04-11(3).

[12] 江泽民. 实行和坚持依法治国、保障国家长治久安[N]. 人民日报，1996-02-09(1).

[13] 徐爱国. 从法律文化到法治文化[N]. 人民法院报，2012-02-17(5).

[14] 辞海编辑委员会编. 辞海(下)[M]. 上海：上海辞书出版社，1989.

[15] 辞海(缩印本)[M]. 上海：上海辞书出版社，1979.

[16] 辞源(第二册)[M]. 北京：商务印书馆，1980.

[17] 梁实秋. 名扬百科大辞典[M]. 北京：光明日报出版社，1988.

[18] 牛津法律大辞典[M]. 北京：光明日报出版社，1989.

[19] 文化学辞典[M]. 北京：中央民族学院出版社，1988.

[20] 苏联百科词典[M]. 北京：中国大百科全书出版社，1986.

七、国外文献类

[1] J. Finnis. Natural law and natural rights [M]. Oxford University

Press, 1980.

[2] J. Raz. The authority of law[M]. Clarendon Press, 1979.

[3] Conrad Johnson. Philosophy of law[M]. Macmillan Publishing Company, 1993.

[4] J. M. Kelly. A Short history of western legal theory[M]. Oxford University Press, 1992.

[5] Randall Peerenboom. Fly high the banner of socialist rule of law with Chinese characteristics! What does the 4th plenum decision mean for legal reforms in China? [J]. Hague Journal on the Rule of Law, 2015(7): 49-74.

[6] T. Mavrikosadamou. Rule of law and the democratization process: The case of Albania[J]. Democratization, 2014(6): 1153-1171.

[7] Gillian K. Hadfield, Barry R. Weingast. Microfoundations of the rule of law[J]. Annu. Rev. Polit. Sci, 2014(17): 21-42.

[8] N. Hasani. How does democracy and the rule of law promote economc growth in developing countries? The case of albania[J]. Journal of Academic Research in Economics, 2016(8).

[9] J. G. Oliveira, A. L. Barabasi. Human dynamics: Darwin and einstein correspondence patterns[J]. Nature, 2005, 437: 1251.

后　记

本书的出版经历了一个漫长的过程，由于受到疫情等各方面因素的影响，出版事宜一再延迟，现在终于将要付梓出版了，感觉心里一块石头落地，轻松了许多。

法治文化这一概念的提出有一个过程，法治文化建设研究，实际上从一个侧面考察了中国法治建设的历程，它们是同向同行的。研究法治文化建设的理论自觉在于对当代法治中国建设的现实回应，是为了更有效地培育法治文化提供相关学理支撑。本书从法治文化的基础理论出发，通过对马克思主义理论的法治文化思想的挖掘和创新性转化，对中国传统法治文化思想的扬弃继承，以及对西方法治文化思想的批判借鉴，阐明了法治文化建设的必要性和逻辑理路，在此基础上提出了中国法治文化建设的路径。

在本书的编辑出版过程中，中国经济出版社罗茜老师给予了大力支持，并提出了中肯的意见，感谢她认真细致的工作，使本拙著得以顺利出版。我的硕士生导师胡金野教授在百忙之中，抽出宝贵的时间审读我的书稿，并为本书作序。我的学生李永红、李衍豪认真负责、严谨细致地校对了书稿。本书的出版得到了甘肃政法大学马克思主义学院学科建设经费的资助，在此一并表示感谢！

本书是2021年国家社科西部项目《总体国家安全观视域下西北地区公安机关伊斯兰教事务管理法治化研究》（21XZJ009）；甘肃省2021年度社科规划一般项目《“三全一新”育人理念下专业课教学与思政教育的合力联动教学体系构建研究》（2021YB086）；2022年度甘肃省高等学校创新基金项目《甘肃少数民族自治地区治理体系现代化研

究》（2022A-102）；2022年度甘肃省人文社会科学一般项目《甘肃少数民族自治地区乡村治理体系现代化国家建构研究》（22ZC05）；甘肃政法大学2020年度“习近平法治思想与马克思主义法学理论发展”校级专项项目“习近平法治思想的人民性研究”（GZF2020XZX04）的阶段性研究成果。

本书在撰写过程中，参考、吸收了学界同行的一些观点和论断，尽管在书稿中有详细的注释和说明，但还是要诚挚地感谢他们。由于作者的学术水平所限，对同行专家观点的理解不到位、引用不合理之处在所难免，敬请各位同行谅解并提出批评意见。

刘建宁

2024年7月23日